教育部高校思想政治理论课教师研究专项重大课题攻关项目

“高校思政课习近平新时代中国特色社会主义思想教学案例库建设研究”

（项目批准号：21JDSZKZ01）

新时代
高校思想政治理论课
教学案例精选

（第3辑）

主　编　杨慧民　刘鹏飞

参编者（以姓氏笔画为序）

王　娜　王冠文　王晶梅　王新影

刘秉贤　杨丽丽　张　灿　张　超

屈　宏　赵　劲　贾　迪　葛丽君

中国人民大学出版社

·北京·

主要作者简介

杨慧民，大连理工大学思想政治理论课案例教学研究中心主任，马克思主义学院教授、博士生导师。累计 44 期在“中宣部、教育部全国高校思想政治理论课骨干教师研修班”上介绍案例教学经验。国家高层次人才特殊支持计划教学名师，马克思主义理论研究和建设工程重点教材《马克思主义基本原理》编写组主要成员，国家级精品资源共享课、国家一流本科课程“马克思主义基本原理”建设负责人，国家级教学成果奖二等奖获得者，教育部高校思想政治理论课名师工作室（大连理工大学）负责人。入选全国高校中青年思想政治理论课教师择优资助计划、思想政治教育中青年杰出人才支持计划。主持完成教育部哲学社会科学研究重大课题攻关项目 1 项、国家社科基金一般项目 2 项、教育部人文社科项目 10 多项。在《哲学研究》《光明日报》等发表研究论文 70 多篇，其中《新华文摘》等全文转载 5 篇。论文荣获辽宁省哲学社会科学奖·成果奖（第六届）一等奖。在高等教育出版社、中国人民大学出版社主编出版思政课案例教学专著、教材教辅 40 多部。

内容简介

本书是以马克思主义理论研究和建设工程重点教材《习近平新时代中国特色社会主义思想概论》的主要内容和逻辑结构为蓝本，以活化教学内容、激活课堂教学、推动教材体系向教学体系和信仰体系转化为着力点，以扎实推进习近平新时代中国特色社会主义思想进课堂、进学生头脑为理念而编写的教学参考用书。本书精选和解析了 29 个学理说得透、事例讲得活、学生听得懂、实践用得上的典型案例。力求既有平实的理论分析，突出思想教育性和理论深度，又有真实案例的细致刻画；既坚持内容为王，又注重学理渗透；既立足“高大上”，又着力“接地气”。全书取材新颖精当，内容鲜活充实，问题讨论层次分明，教学建议贴近实际，总结提升深入浅出，适合广大高校思政课一线教师和思想政治教育工作者阅读使用。

总序

新时代催生新思想，新思想引领新实践。党的十九大报告鲜明指出，“中国特色社会主义进入了新时代”。这是我们党准确把握我国发展新特点新要求所作出的一个重大政治判断。而作出这一重大政治判断的理论标志，是习近平新时代中国特色社会主义思想的创立。习近平新时代中国特色社会主义思想之“新”，主要体现在它创立于新时代中国特色社会主义的伟大实践中。

党的十九大报告将习近平新时代中国特色社会主义思想的主要内容概括为“八个明确”“十四个坚持”，党的十九届六中全会将“八个明确”拓展为“十个明确”，党的二十大报告将其概括为“十个明确”“十四个坚持”“十三个方面成就”。

习近平在党的二十大报告中指出，继续推进实践基础上的理论创新，首先要把握好新时代中国特色社会主义思想的世界观和方法论，坚持好、运用好贯穿其中的立场观点方法，并从六个方面作出概括和阐述，强调必须坚持人民至上、必须坚持自信自立、必须坚持守正创新、必须坚持问题导向、必须坚持系统观念、必须坚持胸怀天下。这一概括深刻揭示了习近平新时代中国特色社会主义思想的理论品格和鲜明特质，充分彰显了习近平新时代中国特色社会主义思想的真理力量和实践伟力。

“十个明确”“十四个坚持”“十三个方面成就”“六个必须坚持”内在贯通、有机统一，凝结着我们党认识世界、改造世界的宝贵经验和重大成果，体现了理论与实际相结合、认识论和方法论相统一的鲜明特色，共同构成了习近平新时代中国特色社会主义思想的科学体系。

学懂弄通落实党的二十大精神和党的二十届三中全会精神，深入推进习近平新时代中国特色社会主义思想坚定不移进教材、生动活泼进课堂、融会贯通进学生头脑，使党的创新理论全面融入高校思想政治理论课，更好武装青年、引领青年，筑牢青年学生成长成才的科学思想基础，使之加深对新时代中国特色社会主义的思想认同、理论认同、情感认同，是当前和今后一个时期全国高校思想政治理论工作者的首要政治任务和庄严使命。

我们推出这套丛书，正是要以全新的理念、扎实的行动将习近平新时代中国特色社会主义思想学深悟透、落到实处；正是要全景展示习近平新时代中国特色社会主义思想指引下的生动实践和伟大成就，充分展示习近平总书记的人格魅力和为民情怀，展现全国各族人民、各行各业因社会发展进步而不断增强的获得感、幸福感、安全感；正是要用生动的笔触、鲜活的案例全方位呈现新时代我们党治国理政的新气象，以及党和国家事业取得的历史性成就、发生的历史性变革，向世人展示一个更加立体、丰富、生动的现代中国。

为了实现这一目标，我们课题组依托教育部高校思想政治理论课名师工作室（大连理工大学）开展工作，用时两年多精心选编了一批学理说得透、事例讲得活、学生听得懂、实践用得上的典型教学案例，既有深入浅出的理论分析，突出思想性和理论深度，又有案例实践的细致刻画，是我们20多年来努力探索思想政治理论课案例教学改革的又一潜心积淀。这一批典型教学案例，折射出以习近平同志为核心的党中央的清醒坚定与从容自信，显示出14亿多中国人的意气风发和昂扬斗志，展现出各行各业砥砺前行的生动实践，昭示了中华民族伟大复兴中国梦的光明道路和壮美前程。

本套丛书主要以马克思主义理论研究和建设工程重点教材《习近平新时代中国特色社会主义思想概论》的主要内容和逻辑结构为蓝本，每个案例所对应的章节内容，我们已尽可能地在教学建议处列出，并在总结提升建议环节结合案例详尽展开论述。同时，为充分展示习近平新时代中国特色社会主义思想深邃的理论视域，把案例教学的潜在优势转化成实实在在的教学效果，在分析案例时我们并非仅仅围绕一个教学主题展开，而是以某一个主题为主线，有所兼顾，以突出思想政治理论课案例教学独有的综合性、贯通性和一体化特点。

我们相信，把这一批典型教学案例“用足、用好、用活”，定能引导当代青年大学生深刻领会习近平新时代中国特色社会主义思想的精神实质和丰富内涵，以紧跟时代的理论自觉、坚如磐石的战略定力、不忘初心的历史担当，勇做新时代新征程的坚定者、奋进者、搏击者；定能凝聚全面建设社会主义现代化国家的强大正能量，提振同心共筑中国梦的精气神，汇聚中华民族伟大复兴的磅礴伟力，提升中国共产党的思想引领力，谱写好新时代社会主义现代化新征程的壮丽篇章。

目录

案例 1

数据见证新时代伟大成就

核心阅读

新时代的伟大变革，标注划时代的历史印记。党的十八大以来，以习近平同志为核心的党中央采取一系列战略性举措，推进一系列变革性实践，实现一系列突破性进展，取得一系列标志性成果，经受住了来自经济、政治、意识形态、自然界等方面的风险挑战考验，党和国家事业取得历史性成就、发生历史性变革，推动我国迈上全面建设社会主义现代化国家新征程。一组组数据，见证我国综合国力、国际影响力、人民生活水平稳步提升，彰显我国发展基础更牢、发展质量更优、发展动力更为强劲。中华民族伟大复兴已经进入不可逆转的历史进程。

时代转换总是有可以体认的事实作为信息符号，中国特色社会主义进入新时代具有鲜明的新特征。

党的十八大以来，以习近平同志为核心的党中央开创治国理政的崭新格局，形成了一系列变革性实践、突破性进展、标志性成果，成为新时代的鲜明标识。

读懂新时代的伟大成就，对于我们看清风雨来时路、走稳实干当下路、照亮奋斗未来路至关重要。

读懂新时代的伟大成就，数据最有说服力。让我们通过五组数据，记录新时代中国在经济、政治、文化、社会、生态文明方面的前进步伐，展现新时代以来中国发展的动力和成就。

超 134 万亿元：中国经济站上新的历史起点

当今世界正面临百年未有之大变局，世界经济受多重负面因素影响，下行压力持续加大。但令世人感到震惊的是，中国经济却能够逆势而上，不仅跑得快，而且跑得稳。

2013 年至 2024 年，我国的国内生产总值（GDP）从 56.9 万亿元增长到 134.9 万亿元，按年平均汇率折算，经济总量达 18.9 万亿美元，稳居世界第二位。2020 年，中国是全球唯一一个实现经济正增长的主要经济体。2020—2023 年间，中国经济年均增长达到 4.5％，高于世界平均增速 2.5 个百分点左右，经济增速将继续在主要经济体中居于前列。

纵向看，我国年GDP增量，已远超20世纪90年代初期全年GDP。我国经济1个百分点增速带来的增量，相当于10年前的约2.1个百分点增速带来的增量。经济总量持续提高的同时，人均GDP实现新突破，从2012年的38 354元增长到2024年的95 749元。财政收入从2012年的11.72万亿元增长至2024年的21.97万亿元，接近翻一番。2024年，我国固定资产投资（不含农户）为51.44万亿元，比2012年增长了一倍。

中国经济占全球份额稳步提升，国际影响力与日俱增。

中国社会消费品零售总额从2012年的21.03万亿元增至2024年的48.79万亿元，稳居全球第二大消费市场、第一大网络零售市场和全球第二大进口市场。

自2017年起，我国连续7年保持货物贸易第一大国地位、民营企业年度进出口规模所占比重超50%、与“一带一路”共建国家货物贸易额年均增长达8%……新时代以来，我国外贸不断实现新突破，2024年进出口总值为43.85万亿元。

新时代以来，中国对世界经济发挥的“稳定器”和“动力源”作用持续凸显。2024年，中国经济总量占世界经济的比重上升到16%以上，对世界经济增长的年平均贡献率超过30%，成为推动全球经济增长的最大引擎。

超464万件：以全面从严治党推进自我革命

反腐败斗争是最彻底的自我革命，也是新时代进行的伟大斗争中的关键一役。党的十八大以来，我们党敢于刀刃向内、敢于刮骨疗毒、敢于壮士断腕，始终保持惩治腐败高压态势，不论地区领域，不论在职退休，该开刀就开刀，该清除就清除，书写了人类反腐败斗争的历史新篇章，探索出一条依靠党的自我革命、跳出历史周期率的成功路径。

不论什么人、不论其职务高低，只要触犯了党纪国法，就都要受到严肃追究和严厉惩处，这绝不是一句空话。

2013—2022年的十年间，全国纪检监察机关立案审查调查464.8万件、470.9万人。立案审查调查中管干部553人，处分厅局级干部2.5万多人、县处级干部18.2万多人。其中，中央纪委国家监委立案审查调查的553名中管干部当中，含十八届中央委员、中央候补委员49人，十八届中央纪委委员12人；十九届中央委员、中央候补委员12人，十九届中央纪委委员6人。全国纪检监察机关共立案审查调查各级“一把手”20.7万人。

党的自我革命力度不断加大，反腐败斗争取得压倒性胜利并得到全面巩固。

2024年，全国纪检监察机关共接收信访举报356.3万件次，其中检举控告类信访举报100.7万件次。处置问题线索217.5万件。全国纪检监察机关共立案87.7万件，其中立案省部级及以上干部73人；共处分88.9万人，其中包括省部级干部73人。国家统计局的调查显示，95.8%的群众对全面从严治党、遏制腐败充满信心，比2012年提高16.5个百分点。

超1亿平方米：公共文化服务体系快速发展

党的十八大以来，我国公共文化服务以推动文化服务高质量发展为主题，以改革创新为动力，呈现出持续快速发展、品质全面提升、城乡共同繁荣、人民群众文化获得感和幸福感显著增强的新局面。

2012—2022年，我国以公共图书馆、文化馆、博物馆、乡镇（街道）综合文化站为主的公共文化服务机构设施总面积由 5 700 多万平方米增加到 1 亿多平方米，公共文化服务惠及总人次由 15 亿多增加到 30 多亿，人均文化事业费由 35.46 元增加到 80.20 元。

2024 年，我国数字阅读作品总量约为 6 307.26 万部，同比增长 6.31%，图书存储量达到 15 亿册。

在国际可比的体现公共图书馆发展水平的共性指标中，我国公共图书馆的设施总量、设施总面积和纸质藏书总量，2019 年已经跃居世界第一位。

在文化公共服务方面，我国广播电视实现了从村村通到户户通，全国广播和电视节目综合人口覆盖率均超过 99.5%。同时，广播电视提供的服务也逐渐从单一向综合转变。截至 2023 年末，全国群众文化团队的数量超过 46 万个，比 2012 年增加了 50%，各级文化部门还持续组织开展像歌咏比赛、广场舞展演、乡村“村晚”之类的群众文化活动，打造出专属于群众的文艺舞台。

国家网信部门重点打击“色、丑、怪、假、俗、赌”等违法违规信息内容，2024 年共侦办网络违法犯罪案件 11.9 万余起，关停违法违规账号 33 万余个，打赏失度、规范失范、功能失范、恶意营销等突出问题得到了有效治理。

超 4 亿人：民生福祉持续改善

步入新时代，中国如期打赢脱贫攻坚战，如期全面建成小康社会。2024 年，居民人均可支配收入增加到 41 314 元，形成了超 4 亿人的世界上规模最大、最具成长性的中等收入群体。

2021 年，习近平在全国脱贫攻坚总结表彰大会上发表重要讲话，庄严宣告，中国现行标准下 9 899 万农村贫困人口全部脱贫，832 个贫困县全部摘帽，12.8 万个贫困村全部出列。2012—2020 年，平均每年减贫 1 000 多万人，相当于一个中等国家的人口数量，提前 10 年实现联合国《2030 年可持续发展议程》中的减贫目标，对全球减贫贡献率超过了 70%。

城镇新增就业规模显著扩大。2012 年以来，全国城镇新增就业人数连续保持在 1 100 万人以上，全国基本实现社会保险法定人员全覆盖，2024 年，基本养老、失业、工伤保险参保人数分别达 10.7 亿人、2.5 亿人、3 亿人，建成了世界上规模最大的社会保障体系。在连续多年上调基础上，2024 年退休人员基本养老金再涨 3%，有力增进了人民福祉。农村居民人均可支配收入增速持续快于城镇居民，2024 年，城乡居民人均可支配收入比降至 2.34∶1。

2024 年，全国综合交通网络的总里程超过 600 万公里，其中铁路运营里程 16 万公里，公路通车里程 540 万公里；2023 年，全国港口拥有生产性码头泊位 2.2 万个，民用颁证机场达到 259 个……5G 基站总数达 321.5 万个；以工业互联网为代表的新一代信息技术加速应用突破；5G 由生产外围向核心控制环节延伸……我国已建成全球最大光纤网络，建成全球规模最大、技术领先的网络基础设施。

前所未有的“四横三纵”国家水网主骨架和大动脉正在形成，全球电压等级最高、装机规模最大、资源配置能力最强的特大型电网已经建成……新时代以来，在重大交通枢纽工程建设、水利工程建设、信息基础设施建设、国家战略储备等方面，我国取得了诸多世界领先成果，多个领域的基础设施建设水平实现了跨越式发展。

超58亿吨：绿色低碳生产生活方式加快形成

新时代以来，中国以年均3%的能源消费增速支撑年均6.6%的经济增长，是全球能耗强度降低最快的国家之一。中国超额完成到2020年碳排放强度下降40%～45%的目标，累计减排二氧化碳超58亿吨，建成全球规模最大的碳市场和清洁发电体系。

截至2022年底，非化石能源发电装机10年增长2.8倍，达到12.7亿千瓦，占全部装机的49.5%；非化石能源消费比重提高7.8个百分点，达到17.5%。能源安全保障迈上新台阶，煤、油、气、核、可再生能源多轮驱动的能源供应体系不断完善。

2023年，全国339个地级及以上城市中，203个城市环境空气质量达标。地表水环境继续改善。2024年，3 641个国家地表水考核断面中，水质优良（Ⅰ至Ⅲ类）断面比例为90.4%，同比上升1.0个百分点。

坚持山水林田湖草沙系统性治理，加强生态系统保护修复，推进大规模国土绿化行动。新时代以来，全国累计完成造林10.2亿亩，人工林面积稳居世界第一位。

思考讨论

1. 结合案例思考，进入新时代，我国经济社会发展取得了哪些方面的实践成效？

2. 你认为，新时代党和国家事业发展形成一系列变革性实践、突破性进展、标志性成果的根本原因是什么？

3. 立足于中国式现代化新征程，如何让“中国号”巨轮劈波斩浪、一往无前？

教学建议

本案例主要适用于第一章第二节“中国特色社会主义进入新时代”部分的辅助教学。案例主要展示的是党的十八大以来，以习近平同志为核心的党中央团结带领全国各族人民，在中国特色社会主义道路上踔厉奋发、勇毅前行、团结奋斗，形成一系列变革性实践、突破性进展、标志性成果的生动实践。

组织教学建议

第一，本部分知识体系的建构具有特定的时空场域，在开展案例教学前，教师应着重引导学生充分把握“新时代”的历史方位。课前，教师可推荐学生自主阅读《新时代这十年（2012—2022）》等书目，让学生结合党的十九大报告中“三个意味着”的相关内容对“新时代”的内涵进行初步把握。在开展案例教学之前，教师还可组织课堂研讨并着重引导学生理解，党的十八大以来，中国特色社会主义进入新时代，这是我国发展新的历史方位，这一重大政治判断，不是凭空作出的，而是有着充分的历史、时代、理论和实践的依据。这是我们党在科学把握世情国情党情深刻变化的基础上，作出的一项关系全局的重大战略考量和重大政治论断，赋予党的历史使命、理论遵循、目标任务新的时代内涵，为我们深刻把握当代中国发展的新阶段特征、科学制定党的路线方针政策提供了时代坐标和基本依据。

第二，教师应着重引导学生厘清本案例的叙述逻辑，进而全方位把握我国经济社会发展的实践成效。进入新时代，以习近平同志为核心的党中央以新发展理念为引领，统筹推进“五位一体”总体布局，解决了许多长期想解决而没有解决的难题，办成了许多过去想办而没有办成的大事，党和国家事业取得历史性成就、发生历史性变革。在经济方面，中国经济总量翻了一番，成为世界经济增长的动力之源、稳定之锚；在政治方面，以全面从严治党推进自我革命探索出跳出历史周期率的成功路径；在文化方面，文化事业和文化产业蓬勃发展，文艺创作由“高原”向“高峰”迈进；在社会方面，如期全面建成小康社会，持续加强和改善民生；在生态文明方面，着力推动发展方式绿色低碳转型，绿色低碳生产生活方式加快形成。

第三，教师在教学过程中应充分用好案例数据，着力优化教学设计，真正做到以“数”说“理”，“数”“理”结合，推动知识性教育向价值性教育转变。要以数据为抓手，紧扣树立坚定的战略自信这一教学主题，为学生讲清楚坚定道路自信、理论自信、制度自信、文化自信的“道理”，讲透彻“新时代”在党史、新中国史、改革开放史、社会主义发展史、中华民族发展史上具有伟大历史意义的“原理”，讲明白新时代坚持和发展中国特色社会主义要一以贯之的“哲理”……总之，就是要引导学生理解，实现中华民族伟大复兴的中国梦，需要一代又一代人在中国特色社会主义伟大实践中自信自强、守正创新、踔厉奋发、勇毅前行。

■ 总结提升建议

第一，新时代的成就是全方位的、开创性的，变革是深层次的、根本性的。如何看全方位？新时代以来，以习近平同志为核心的党中央，从整体上谋篇布局、排兵布阵，从全局上运筹帷幄、多点发力，在经济建设、政治建设、文化建设、社会建设、生态文明建设和党的建设上取得了巨大成就，可以说新时代的伟大成就体现在各个方面、各个领域，全面开花、处处结果。开创性有哪些？新时代以来，以习近平同志为核心的党中央，提出一系列新理念新思想新战略，推出一系列重大举措，推进一系列重大工作，我国各方面面貌为之一新，焕发出无限生机与活力。深层次“深”在哪里？新时代以来，以习近平同志为核心的党中央，以卓越高超的智慧推进全面深化改革，敢于涉深水、闯险滩、啃硬骨，重要领域和关键环节改革取得突破性进展，具有无可比拟的力度、广度和深度。为什么是根本性的？新时代以来，以习近平同志为核心的党中央，在破中立，在立中破，坚持破立并举，推动党的面貌、国家的面貌、人民的面貌、中华民族的面貌发生前所未有的变化，特别是以踏石留印、抓铁有痕的劲头全面从严治党，对未来发展产生方向性和决定性的深远影响。

第二，新时代的伟大成就是党团结带领人民在中国特色社会主义道路上拼出来、干出来、奋斗出来的。马克思主义认为，时间是“人的发展的空间”。中国传统文化强调功崇惟志，业广惟勤。从党的十八大到二十大，10 年、3 600 多天、87 000 多个小时，时光刻录机在中华大地上飞速运转，岁月的针脚在历史的年轮上划出一道道深深的印记。这10年，有涉滩之险，有爬坡之艰，有闯关之难，在党和国家发展进程中极不寻常、极不平凡，我们肩负的任务的繁重性和艰巨性世所罕见、史所罕见。以习近平同志为核心的党中央审时度势、果敢抉择，锐意进取、攻坚克难，统筹推进“五位一体”总体布局，协调推进“四个全面”战略布局，从全局上确立了新时代坚持和发展中国特色社会主义的战略规划与部署，团结带领全党全军全国各族人民义无反顾地进行具有许多新的历史特点的伟大斗争，始终掌握新时代新征程党和国家事业发展的历史主动，方能让一个个“不可能”变成可能，一道道“无解题”得到破解。自信才能自觉，自觉方能自为。找到一条好的道路不容易，走好这条道路更不容易。站上新起点、迈步新征程，我们要更加深切体会到，要想把命运掌握在自己手中，就要有志不改、道不变的坚定；我们要更加深刻认识到，坚持中国共产党的领导，坚持中国特色社会主义，既是我们必须不断推进的伟大事业，又是我们开辟未来的根本保证。

第三，新时代的伟大变革，在党史、新中国史、改革开放史、社会主义发展史、中华民族发展史上具有里程碑意义。在新时代的伟大实践中，我国发展实现全方位、历史性大跨越。经济迈上高质量发展之路，经济实力、科技实力、综合国力跃上新的大台阶，人民生活水平跃上新的大台阶。我们党不断强化自我革命，坚持以人民为中心的价值旨归，不断优化教育体系、公共文化体系、社会保障体系，书写了经济快速发展和社会长期稳定两大奇迹新篇章，如期实现了脱贫攻坚、全面建成小康社会的奋斗目标。我国发展具备了更为坚实的物质基础、更为完善的制度保证，实现中华民族伟大复兴进入了不可逆转的历史进程。新时代的伟大成就，系统回答了“建设什么样的长期执政的马克思主义政党、怎样建设长期执政的马克思主义政党”的重大时代课题；日益展现出一个不断为世界作出新的更大贡献的可信、可敬、可爱的国际形象；深化了对“摸着石头过河”与“加强顶层设计”辩证统一的规律性认识，推动改革开放事业步入新的历史阶段；赋予了科学社会主义新的时代内涵，开辟了马克思主义中国化时代化新境界；为实现中华民族伟大复兴提供了更为完善的制度保证、更为坚实的物质基础、更为主动的精神力量。

■ 启示意义

坚定对中国特色社会主义的战略自信，推动中国特色社会主义不断开拓前进。中国特色社会主义包括道路、理论、制度、文化四个方面。其中，道路是实现途径，理论是行动指南，制度是根本保障，文化是精神力量，四者统一于中国特色社会主义伟大实践中。新时代以来，以习近平同志为核心的党中央团结带领人民采取一系列战略性举措，推进一系列变革性实践，实现一系列突破性进展，取得一系列标志性成果，党和国家事业取得历史性成就、发生历史性变革，推动我国迈上全面建设社会主义现代化国家新征程。新时代的伟大成就、伟大变革是全方位的，其不可争辩地证明中国共产党领导下的中国特色社会主义走得对、走得通、走得好。党的二十大报告指出：“中国共产党为什么能，中国特色社会主义为什么好，归根到底是马克思主义行，是中国化时代化的马克思主义行。”这两个“行”，揭示了“中国共产党为什么能，中国特色社会主义为什么好”的内在密码。自信才能自觉，自觉方能自为。在实现中华民族伟大复兴的新征程上，我们要回答的重大理论与现实问题不少，但最具方向性的问题就是举什么旗、走什么路、朝什么方向继续前进。找到一条好的道路不容易，走好这条道路更不容易。站上新起点、迈步新征程，我们要更加深切体会到，坚持马克思主义的指导，坚持中国共产党的领导，坚持中国特色社会主义，既是我们必须不断推进的伟大事业，又是我们开辟未来的根本保证。我们要更加深刻认识到，想要确保党和国家的事业始终立于不败之地，不断创造新的伟大奇迹，就必须不断强化对中国特色社会主义的道路自信、理论自信、制度自信、文化自信，要有志不改、道不变的坚定。

案例 2

“世界屋脊”之上，何以屡创人间奇迹

核心阅读

“民亦劳止，汔可小康。”全面建成小康社会，承载着中华民族孜孜以求的美好梦想。位于世界最高和最年轻的青藏高原上的西藏自治区，面积约占中国总面积的 1/8，曾经是全国唯一的省级集中连片特困地区，是典型的“贫中之贫、困中之困、难中之难、坚中之坚”。打赢西藏地区脱贫攻坚战，是全面建成小康社会的关键之举，也是实现西藏长治久安和长足发展的重要保障。在以习近平同志为核心的党中央的关怀和领导下，在全国人民的大力支持下，经过各族人民艰苦奋斗，西藏各项事业都取得了历史性成就、发生了历史性变革。到 2019 年底，西藏全面打赢了脱贫攻坚战，全区 62.8 万建档立卡贫困人口全部脱贫。西藏与全国其他地区同步全面建成小康社会，在“世界屋脊”上创造了一个亘古未有的人间奇迹。

西藏地处的青藏高原，有“世界屋脊”“地球第三极”之称，平均海拔 4 000 米以上。约占中国总面积 1/8 的西藏自治区，曾是全国贫困发生率最高、贫困程度最深、扶贫成本最高、脱贫难度最大的区域。自脱贫攻坚战打响以来，西藏人民在 123 万平方公里的广袤大地上，创造了一个亘古未有的人间奇迹，全面小康理想照进现实。

吹响战贫冲锋号

西藏，这片地广人稀的“人间净土”，由于各种历史、自然、社会因素的影响，长期处于欠发达状态。1951 年西藏和平解放时，当地贫困发生率高达 80%。随后几十年，国家对西藏实施了综合性的援助行动。尽管如此，到 2012 年时，西藏的贫困发生率仍有 26%，60 多万人仍处于贫困状态。

2013 年 3 月，习近平参加十二届全国人大一次会议西藏代表团的审议时，强调要加快推进西藏跨越式发展和长治久安，确保到 2020 年同全国一道实现全面建成小康社会宏伟目标。习近平为西藏工作把舵定向、谋篇布局，提出了“治国必治边、治边先稳藏”的战略思想，明确了新时代党的治藏方略，主持召开了中央第六次、第七次西藏工作座谈会，制定了惠及西藏各族人民的一系列政策。

西藏自治区将脱贫攻坚作为头等大事和第一民生工程，用精准扶贫、精准脱贫方略全面解决区域性整体贫困问题，立下了确保到 2020 年西藏自治区贫困人口全部脱贫的军令状，率先设立省级脱贫攻坚指挥部。按照“区负总责、地市直管、县抓落实、乡镇专干”的管理体制和“工作到村、扶贫到户”的工作机制，层层分解目标任务，构建了责任清晰、各负其责、合力攻坚的责任体系，形成了“专项扶贫、行业扶贫、金融扶贫、社会扶贫、援藏扶贫”“五位一体”大扶贫格局。

搬进幸福小康家

西藏山南市加查县冷达乡有一个共康村，“共康”寓意“感谢共产党，同步奔小康”。共康村是为易地扶贫搬迁而建的新村，由加查县、曲松县、隆子县、措美县的 369 户 1 296 名贫困群众组成，相关群众于 2018 年 7 月全部搬迁入住。共康村基础设施配套齐全，小孩在本村就能上幼儿园，村民生病了可去本村的卫生院，村里还有超市、茶馆、餐馆。村民全部参加了医保，适龄儿童入学率达到 100%。在县、乡、村的扶持下，共康村产业发展有限责任公司成立，下设生态养殖互助组、经果林种植与销售互助组、农畜产品加工与销售互助组、劳务输出互助组、农机推广互助组。村里对全村青壮劳力进行技能培训并将他们编入不同的工作互助组，做到了“人人有平台、人人有事做、人人有收入”。2018 年，全村人均收入达到 7 016 元，贫困发生率降为零。2019 年，共康村被评为“全国乡村治理示范村”。

特殊的地理环境是西藏很多地区贫困的主因之一。“一方水土养不了一方人”，让广大群众在脱贫路上步履蹒跚。西藏自治区把易地扶贫搬迁作为关键之举，以系统思维谋划搬迁前后的农牧民生计，将易地扶贫搬迁与城镇化、边境示范村建设等结合，建成 965 个易地扶贫搬迁安置区（点），26.6 万人搬迁入住，占农牧民总数的近 10%，超过贫困人口总数的 1/3。

撑起生态小康梦

日喀则市吉隆镇，素有“喜马拉雅后花园”的美誉，这里景色优美、气候宜人。而位于吉隆镇南端的吉普村，飞瀑急流、古木参天，吉普大峡谷将灵动的原始自然风光之美展露无遗。

晴天一身土、雨天一身泥，曾是吉普村的生动写照。近年来，日喀则加快推进旅游产业，重视美丽乡村建设。

“村子变得越来越美了。”对于村里的变化，村民次仁感触最深，“经过改造，村子彻底告别了‘脏、乱、差’，庭院环境、村组道路都实现了绿化、美化、亮化、净化，全村 19 户，家家吃上‘旅游饭’。”

每年 5—10 月是旅游旺季，大量国内外游客前来吉普村“打卡”。民宿负责人索朗普赤整天忙前忙后，为一批批远道而来的客人准备“农家餐”。“食材全部来自本地，纯天然、无污染。附近山上采挖来的雪莲、贝母、天麻等名贵药材，常常销售一空，家里人均年收入过万元。”索朗普赤说。

吉普村的今昔变化，只是西藏“依托好生态、引得游人来”的一个生动缩影。

2021 年，西藏和平解放 70 周年习近平总书记赴西藏考察调研。7 月 21 日，他乘车来到尼洋河大桥，了解雅鲁藏布江及尼洋河流域生态环境保护等情况。“保护好西藏生态环境，利在千秋、泽被天下，太重要了！在这里，生态具有非常重要的战略意义。”总书记语重心长。

今天的西藏是世界上生态环境最好的地区之一。禁止开发或限制开发区域面积约占全区国土面积的70%。依托着丰富的自然资源和林下资源，高原上的百姓们正捧起旅游“金饭碗”，实现了既要“绿起来”，也要“富起来”的生态脱贫目标。2023年，西藏接待国内外游客超过5 500万人次，旅游总收入超过650亿元，均创历史新高。

建好边境小康村

山路回环，翻越重重大山；云蒸霞蔚，林间气象万千。沿着新修的公路，从拉萨驱车数小时，一座群山环抱的小镇呈现眼前。这里，是西藏自治区山南市隆子县玉麦乡。

自20世纪60年代起很长的一段时间里，这片数千平方公里的土地上只有桑杰曲巴带着女儿卓嘎、央宗放牧守边。2017年10月28日，对卓嘎姐妹和玉麦人民来说是极其不平凡的一天。这天，她们盼来了习近平总书记的回信。总书记在信中亲切说道：“我相信，在大家的共同努力下，玉麦这个曾经的‘三人乡’，一定能建成幸福、美丽的小康乡，乡亲们的日子也一定会越过越红火！”几年后，玉麦旧貌换新颜：柏油路通到了村口，水电信网安装好了，新房子也盖起来了，拥有“边境游”“牧家乐”等特色旅游产业。今天的玉麦乡已是幸福美丽边境小康示范乡，生活着200多人。

西藏有21个边境县。从2018年开始，西藏实施以“神圣国土守护者、幸福家园建设者”为主题的乡村振兴工程，将边境群众脱贫致富和守边固边相结合，补齐基础设施和公共服务短板，加快边境地区发展。截至2021年底，西藏620多个边境小康村全部建成。放眼望去，在西藏长达4 000多公里的边境线上，柏油公路、电网、宽带等通村进户，学校、医院、文化广场纷纷落地，依托边境地区资源禀赋发展特色产业，越来越多的村民走上致富路。

一个个环境优美的小康村点亮西藏边境线，守护着每一寸国土。

同心铸就小康路

平均海拔4 500米以上的阿里地区，被誉为“世界屋脊的屋脊”。札达县底雅乡干部赤列旺姆走遍了全乡所有村、小组，记录脱贫过程中各类问题的笔记本留下了好几本。

2018年，那曲市双湖县措折罗玛镇罗玛尼直村扶贫干部次旦久美在前往村委会途中突然晕倒，将生命奉献给了扶贫事业。

众多的党员干部奋斗于苦寒之地，扎根在牧区，生活在农家，用汗水乃至生命，诠释着对脱贫攻坚必胜的信念。截至2022年，西藏已连续选派10批共21万余人次干部开展驻村帮扶工作。驻村干部成为带领农牧民脱贫致富奔小康的“领头羊”。

在西藏干部群众的背后，还有来自全国其他地区的大力支援。对西藏实行对口支援最早开始于1973年，由八省市对口支援西藏卫生事业。1994年7月，中央召开第三次西藏工作座谈会，明确提出“分片负责、对口支援、定期轮换”的援藏模式，对口援藏大幕正式拉开。17个对口援藏省市及16家对口援藏央企，不断加大投入力度。党的十八大之后的10年间，全国对口援藏共投入援藏扶贫资金170多亿元，实施援藏扶贫项目2 300多个。

截至2019年底，西藏累计实现62.8万建档立卡贫困人口脱贫，74个国家级贫困县（区）全部摘帽，贫困发生率实现动态清零。至此，西藏历史性消除了绝对贫困问题。2020年，西藏地区居民人均可支配收入21 744元。

2021年7月，习近平在西藏考察调研期间，叮嘱新入藏的年轻干部弘扬好特别能吃苦、特别能战斗、特别能忍耐、特别能团结、特别能奉献的“老西藏精神”。

截至2021年，西藏第一产业向现代农牧业转变，在国民经济中的比重持续下降，下降到7.92%。第二产业从无到有，在国民经济中的比重为41.95%，包括清洁能源、农畜产品加工业、藏医药业等在内的富有西藏特色的现代工业体系建立起来。第三产业摆脱早期的初级形态，占比增长到50.13%，在国民经济中占据首位，商贸、交通运输、邮电通信、金融、文化旅游等现代服务业整体发展。2024年，西藏地区生产总值达2 764.94亿元，同比增长6.3%，增速位居全国前列。

曾经一出生就是农奴的索朗顿珠感慨说：“今天的好生活，过去做梦也想不到。”

民主改革使西藏社会制度一步跨千年，脱贫攻坚让西藏人民生活方式一步跨千年。雪域高原，换了人间!

思考讨论

1. 中央民族工作会议暨国务院第六次全国民族团结进步表彰大会强调，“打好扶贫攻坚战，民族地区是主战场”。西藏全面建成小康社会取得了哪些显著成效？积累了哪些宝贵经验？

2. “治国必治边、治边先稳藏”。西藏全面建成小康社会具有哪些特殊重要的意义？如何认识全面建成小康社会在我国社会主义现代化进程中的重大意义？

3. 你如何理解习近平强调的“全面建成小康社会，一个民族都不能少”？

教学建议

本案例主要适用于第二章第一节“中华民族近代以来最伟大的梦想”部分的辅助教学。全面建成小康社会是实现中华民族伟大复兴中国梦的关键一步。案例主要介绍了全国贫困发生率最高、贫困程度最深、扶贫成本最高、脱贫难度最大的西藏地区脱贫攻坚奔小康的奋斗历程，体现了社会主义制度集中力量办大事的巨大优越性，彰显了各兄弟民族互帮互助、血脉相连的强大民族凝聚力，践行了党和政府“全面实现小康，少数民族一个都不能少，一个都不能掉队”的庄严承诺。

■ 组织教学建议

第一，在使用本案例之前，可以引导学生在课外查找资料，了解西藏特殊的自然状况及其发展历史，也可以组织学生观看一些与案例内容相关的视频，如由中央广播电视总台摄制的纪录片《一跃跨千年——西藏和平解放70年》。该纪录片结合历史影像、典型故事，回顾了西藏和平解放后70年的发展历程，展现了西藏“短短几十年、跨越上千年”的发展奇迹和各族群众幸福生活的美好画卷。短短70余载，西藏从黑暗走向光明、从落后走向进步、从贫穷走向富裕、从专制走向民主、从封闭走向开放，社会制度实现历史性跨越，经济实现跨越式发展，社会事业全面进步，人民生活极大改善，城乡面貌今非昔比。实践证明，没有共产党，没有和平解放，就没有壮阔蓬勃的新西藏，就没有西藏人民幸福美好的今天。通过查阅资料和观看视频，学生可以了解党的治藏方略如何一步步造福西藏各族群众，西藏人民70多年来幸福指数如何一步步提升，从而为案例讨论打下良好基础。

第二，引导学生分析西藏脱贫攻坚战面临的严峻挑战和特殊困难，总结西藏全面建成小康社会取得的显著成效。和平解放前的西藏，是一个黑暗、落后的封建农奴制社会，经济社会发展极其封闭落后，广大农牧民生活极其贫困艰苦。由于各种历史、自然、社会因素影响，和平解放后的西藏长期处于欠发达状态。在脱贫攻坚战打响之初，西藏是我国唯一的集省级集中连片特困地区、民族地区、边疆地区于一体的地区，是全国贫困发生率最高、贫困程度最深、扶贫成本最高、脱贫难度最大的地区，要完成与全国同步全面建成小康社会的任务，可以说是难上加难。但经过艰苦奋斗，西藏经济社会发展取得了历史性成就、发生了历史性变革，与全国同步全面建成小康社会。西藏全面建成小康社会取得的显著成效主要体现为：一是脱贫攻坚全面胜利。截至2019年底，西藏累计实现62.8万建档立卡贫困人口脱贫，74个国家级贫困县（区）全部摘帽，贫困发生率实现动态清零。二是生态安全屏障日益坚实。西藏是世界上生态环境最好的地区之一，大部分区域处于原生状态。三是产业结构不断优化升级，呈现出“三二一”的发展特征。西藏第一产业向现代农牧业转变，在产业结构中占比不足10%。第二产业在产业结构中保持在40%左右，富有西藏特色的现代工业体系初步建立。第三产业占比达到50%以上，成为区域经济的主要产业。特别是依托丰富的自然资源和林下资源，西藏的文旅产业发展迅猛。四是基础设施实现超常规发展。即使在边境乡村，也实现了柏油公路、电网、宽带等通村进户。五是人民生活水平显著提高，幸福指数大幅提升。

第三，引导学生分析西藏全面建成小康社会取得历史性成就的主要原因。西藏全面建成小康社会取得历史性成就，得益于党中央对西藏脱贫攻坚的坚强领导，得益于西藏自治区上下同心、尽锐出战、战天斗地、矢志脱贫的伟大实践，得益于中华民族大家庭的无私援助、同心奋斗。其中最根本的原因在于中国共产党强有力的领导和中国特色社会主义制度的巨大优势。党的十八大以来，以习近平同志为核心的党中央把脱贫攻坚摆到治国理政的突出位置，树立科学治贫、精准脱贫理念，采取超常规硬举措，健全扶贫工作机制，加快突破民族地区发展瓶颈，确保实现民族地区与全国其他地区一道，同步全面建成小康社会。党中央把西藏确定为“三区三州”中唯一的省级集中连片特困地区，在政策、资金、项目等方面都给予西藏重点照顾、特殊倾斜。对口援藏机制的建立完善，既是社会主义制度下中央支持西藏经济社会发展的制度创举，也成为中华民族守望相助、手足相亲的生动体现。西藏自治区坚持精准扶贫、精准脱贫基本方略，严格落实“五级书记”抓扶贫工作机制，汇集各方资源，凝聚攻坚合力，带领各族干部群众彻底解决了束缚千百年的绝对贫困问题。党的领导为西藏打赢脱贫攻坚战提供了坚强组织保障，集中力量办大事的制度优势为西藏打赢脱贫攻坚战提供了强有力的支撑。

■ 总结提升建议

第一，作为“两屏四地一通道一前沿”的西藏，在国家战略中具有特殊地位，完成决战脱贫攻坚、决胜全面小康的任务异常艰巨。西藏是我国重要的国家安全屏障、生态安全屏障，是我国重要的战略资源储备基地、高原特色农产品基地、中华民族特色文化保护地、世界旅游目的地，是我国面向南亚开放的重要通道，是我国同西方反华势力和境内外敌对势力、分裂势力斗争的前沿，战略地位极其重要，迫切需要加快经济社会发展。民族地区和广大农村是全面建成小康社会的“短板”。我国的深度贫困问题主要集中在民族地区。西藏各族人民是中华民族大家庭中的重要成员。没有民族地区的全面小康和现代化，就没有全国的全面小康和现代化。民族地区贫困人口多、贫困程度深、基础条件差、脱贫难度大。与其他贫困地区相比，集省级集中连片特困地区、民族地区、边疆地区于一体的西藏地区，贫困问题更特殊，脱贫形势更严峻，也直接影响到我国稳边、固边、强边的国防安全。西藏的脱贫攻坚，是一场没有硝烟的战争，是西藏历史上投入力度最大、动员范围最广、贫困群众得实惠最多、脱贫成效最为明显的伟大减贫实践，践行了中国共产党人“全面实现小康，少数民族一个都不能少，一个都不能掉队”的庄严承诺，彰显了“中国之治”的巨大优势。经过艰苦奋斗，西藏地区贫困发生率实现了动态清零。西藏脱贫攻坚取得的巨大成就，为西藏历史性消除绝对贫困、全面建成小康社会、加快建设团结富裕文明和谐美丽的社会主义现代化新西藏奠定了坚实基础。

第二，新时代党的治藏方略，为推进西藏长治久安和高质量发展、实现西藏各族人民对美好生活的向往、全面建成小康社会指明了方向。党的十八大以来，以习近平同志为核心的党中央创造性继承和发展我们党治理边疆、建设西藏的宝贵经验，深化对西藏历史发展规律的认识，从实现中华民族伟大复兴中国梦的战略高度，提出新时代党的治藏方略，即“十个必须”：必须坚持中国共产党领导、中国特色社会主义制度、民族区域自治制度，必须坚持治国必治边、治边先稳藏的战略思想，必须把维护祖国统一、加强民族团结作为西藏工作的着眼点和着力点，必须坚持依法治藏、富民兴藏、长期建藏、凝聚人心、夯实基础的重要原则，必须统筹国内国际两个大局，必须把改善民生、凝聚人心作为经济社会发展的出发点和落脚点，必须促进各民族交往交流交融，必须坚持我国宗教中国化方向、依法管理宗教事务，必须坚持生态保护第一，必须加强党的建设特别是政治建设。这一方略科学回答了一系列方向性、全局性、战略性问题，是对党治藏稳藏兴藏成功经验的总结提炼和创新发展，为进一步做好西藏工作提供了根本遵循。在新时代党的治藏方略指导下，西藏各族干部群众团结一心、艰苦奋斗，挪穷窝、迁新居、断穷根、兴产业，解决了许多长期想解决而没有解决的难题，办成了许多过去想办而没有办成的大事，取得历史性消除绝对贫困的伟大成就。党的二十大报告强调，要深入实施区域协调发展战略，扎实推进共同富裕。站在新起点、新征程上，西藏各族人民努力为建设美丽幸福西藏增光，为共圆民族复兴梦想添彩。实践充分证明，党中央关于西藏工作的方针政策是完全正确的。

第三，党在领导西藏全面建成小康社会的伟大实践中积累了宝贵的经验。一是坚持党的全面领导。把党的领导贯彻到西藏经济社会发展的全过程、各领域，有效总揽全局、协调各方，实现党的主张、国家意志和人民意愿高度统一，充分调动一切积极因素，形成推动西藏长治久安和高质量发展的强大合力。习近平多次主持会议研究部署西藏工作，围绕西藏工作发表重要讲话、作出重要指示。西藏自治区认真贯彻落实习近平总书记关于脱贫攻坚的重要论述，将脱贫攻坚作为头等大事和第一民生工程，在全国率先成立四级脱贫攻坚指挥部，建立了“区负总责、地市直管、县抓落实、乡镇专干”的管理体制，充分发挥各级脱贫攻坚指挥部的指挥协调作用。二是坚持走中国特色、西藏特色的发展道路。西藏立足于自身的社会历史条件、资源禀赋和国家战略定位，走出了一条符合自身实际、具有高原特色的脱贫攻坚之路和发展道路，坚持固边与兴边并重，坚持因地制宜地发展产业，坚持尊重自然、尊重历史、尊重文化传统，坚持生态保护第一原则，筑牢国家生态安全屏障，正确处理保护生态和富民利民的关系，大力推进兴边富民行动，建设一批宜居宜业宜游的边境小康村，加快文旅融合步伐。注重因地因人施策，采取产业扶贫、易地搬迁扶贫、生态扶贫等多种扶贫方式，完成深度贫困地区脱贫攻坚任务。三是充分发挥中国特色社会主义制度集中力量办大事的制度优势。举全国之力支援西藏，以优惠的政策和强大的人力、物力、财力支持，弥补西藏发展的短板，增强西藏的“造血”功能，推动西藏各项事业的进步，实现其与全国其他地区同步发展。四是坚持以人民为中心的发展思想，坚持在发展中保障和改善民生，让各族人民共享全面建成小康社会发展成果，扎实推动共同富裕。聚焦群众普遍关注的民生问题，办好就业、教育、社保、医疗、住房等民生事业，让各族群众的获得感、幸福感、安全感不断提升。西藏经济社会的发展进步是中国建设发展辉煌成就的一个典型缩影。上述这些经验也是我国全面建成小康社会的重要经验。

第四，西藏历史性地消除绝对贫困，全面建成小康社会具有里程碑意义。全面建成小康社会意味着中华民族实现了千百年来的夙愿，表明我国发展和人民生活水平跃上新的台阶，是全面建设社会主义现代化国家新征程中的关键一步。对西藏而言，全面建成小康社会的里程碑意义具体体现为：一是民生福祉持续改善，为实现共同富裕、建设社会主义现代化新西藏迈出坚实步伐。全面小康是全体人民共同享有发展成果的小康。不让一个区域落下，不让一个民族滞后，体现了实现共同富裕的社会主义本质要求。全面脱贫是衡量全面建成小康社会的标志性指标。西藏各族人民特别是贫困人口分享改革开放的成果，为推进西藏长治久安和高质量发展、建设社会主义现代化新西藏开启新的一页。二是进一步铸牢中华民族共同体意识，有力促进了各民族交往交流交融，增进了民族团结，极大提升了西藏各族人民的获得感、幸福感、安全感，各族群众对于伟大祖国、中华民族、中华文化、中国共产党和中国特色社会主义道路的认同感显著增强，维护民族团结、边疆稳定和反对分裂的政治基础更加牢固。三是为全球减贫事业作出了重大贡献，对世界减贫具有重要意义。与西藏具有类似自然环境和经济社会特点的地区，在世界上还有很多，而且多数是深度贫困地区，比如安第斯山区、东非高原等。如何使这些地区的居民摆脱贫困，实现现代化，是长期以来困扰国际社会的难题，缺少有效的解决方案。中国西藏这样集中连片的深度贫困地区消除绝对贫困，极大地提振了全球减贫信心，那些与西藏类似条件的贫困地区，都可以从西藏的扶贫经验中获得有益启示和借鉴。西藏当雄县脱贫增收的经验，写入了联合国开发计划署的《2016 中国人类发展报告》中。中国智慧、中国方案、中国经验对全球减贫事业的价值日益彰显。

■ 启示意义

第一，中国特色社会主义制度是当代中国发展进步的根本制度保障。中国特色社会主义制度的最大优势是中国共产党领导。这一制度安排，具有强大的整合能力，能够集中力量办大事，有效调节国家政治关系，发展充满活力的政党关系、民族关系、宗教关系、阶层关系、海内外同胞关系，能够把全国各族人民的智慧和力量最大限度地凝聚起来。对口援藏机制的建立和完善，是社会主义制度下中央支持西藏经济社会发展的制度创举。高原儿女与援藏干部人才一道同心奋斗、攻坚克难，有力推动了西藏长治久安和高质量发展。历史雄辩地证明，只有中国共产党，才能带领百万农奴翻身解放，摆脱贫困的羁绊，让西藏人民过上幸福美满的小康生活。在党的领导下，困扰西藏千百年的绝对贫困问题基本消除，这是中国式现代化在“世界屋脊”创造的人类发展奇迹，展现了我国始终以人民为中心、坚定不移推进现代化的生动图景，彰显出强大的制度优势。新时代中国青年要树立对中国特色社会主义的坚定信念、对中华民族伟大复兴中国梦的坚定信心，让理想信念在奋斗中升华！

第二，与困难作斗争，离不开精神之力。“老西藏精神”为西藏打赢脱贫攻坚战提供了不竭的精神动力。习近平在中央第六次西藏工作座谈会上指出，在高原上工作，最稀缺的是氧气，最宝贵的是精神。长期以来，西藏干部群众扎根雪域高原，矢志艰苦奋斗，用实际行动诠释初心使命，不断为“特别能吃苦、特别能战斗、特别能忍耐、特别能团结、特别能奉献”的“老西藏精神”注入新的内涵。奋战在脱贫攻坚战线的西藏党员干部，克服异常艰苦的工作生活环境，把满腔热情融入脱贫攻坚事业，不折不扣地把党的各项扶贫政策落实到位，将扶贫工作一步一个脚印落细，把群众紧紧地团结在党的周围，完成易地搬迁、政策帮扶、民生保障等一系列脱贫攻坚工作。新时代是奋斗者的时代。当代大学生应该从西藏脱贫攻坚、全面建成小康社会的伟大实践中获取坚定“四个自信”的精神力量，激发“拼出来、干出来、奋斗出来”的精神状态，用奋斗实干创造新的伟业。

案例 3

淄博烧烤、冰雪“尔滨”爆火出圈的背后

核心阅读

2023 年 3 月，“名不见经传”的工业城市淄博，因“一炉烧烤”火遍全国。2024 年初，爆火的冰雪旅游将哈尔滨推上了旅游市场的“顶流”宝座。前有淄博，后有哈尔滨，一夜之间成为新晋网红城市，一个在盛夏，一个在寒冬。淄博烧烤、冰雪“尔滨”爆火出圈的背后离不开“人民”二字。“人民城市人民建、人民城市为人民。”淄博、哈尔滨当地政府打出便民组合拳，全民参与、全员守护，让八方来宾感受到“文化淄博”和“冰雪之城”的魅力，也收获了方方面面的好评。淄博、“尔滨”火出圈，体现了一个朴素的道理：以人为本、游客至上的理念是一座城市发展旅游的重中之重。在中央再三强调拉动消费和内需重要性的政策背景下，淄博、哈尔滨给出了两个真正体现有为政府与有效市场完美结合的好样板。

2023 年 3 月初，淄博烧烤开始在全网走红。淄博迅速跃升为全国城市的“顶流”，全年共接待国内游客 6 114.9 万人次，实现国内旅游收入 630 亿元。爆火的冰雪旅游将哈尔滨推上了 2024 年首个网红城市的宝座。元旦假期，哈尔滨市累计接待游客 304.79 万人次，实现旅游总收入 59.14 亿元。“尔滨”的亲昵称呼在各大社交平台迅速传播。淄博烧烤、冰雪“尔滨”爆火出圈背后，当地政府到底做对了什么？

火出圈背后的暖心故事

对于淄博烧烤最初的走红，有一个流传很广的暖心故事。2022 年 5 月，山东大学中心校区发生疫情，为防止疫情扩散，学校决定第一时间对学校师生进行转移并进行临时隔离。山东大学 12 000 多名学生来淄博隔离，其中近 8 000 人被分配到临淄区。当地政府为大学生们准备了生活用品、防疫物资，在饮食方面更是每天变着花样“投喂”。送别前最后一餐，当地政府给学生们安排上了淄博烧烤。淄博市委市政府当时还给这些学子写了一封信，在信中与大学生们约定，“来年春暖花开，欢迎大家带上朋友再来做客”。淄博市政府还在“离别礼物”中塞进一张可享受部分景区、公交优惠的淄博旅游年卡。

2023 年 3 月初，几千名大学生如约而至，前往淄博打卡撸串，与淄博市政府共同完成

了一场浪漫的“双向奔赴”，一时间“大学生组团坐高铁去淄博撸串”的话题冲上热搜，引爆第一波赴淄博“赶烤”热潮。

哈尔滨在2024年开年之际成功爆火出圈，其走红却是从一场“退票”风波开始的。2023年12月18日，冰雪大世界开园当天，3小时预约游客突破4万人。由于人数过多，“大滑梯”等热门项目排队时间过长，引发游客不满，现场有人大喊“退票”。哈尔滨市文旅局马上赶到现场督导，当天暂停售票，给部分游客退票，并承诺整改。第二天，冰雪大世界发布致广大游客的一封信，公开致歉，表示“将对服务不周进行深刻反思并连夜整改”，并列出了详细整改措施。

“退票”这一“示弱”行为展示了哈尔滨人的担当和精诚，赢得了全网的同情与好感。舆论风向翻转，网友开始为景区“申冤”。退票、督导、整改、道歉等一连串以“退”为进的动作广受好评，为爆火奠定了基础。

火出圈靠的是好口碑

2023年淄博烧烤的第一波热度堪称是“无心插柳”，而能持续吸引人靠的是良好口碑，这是当地政府有关部门、经营主体、所有市民共同努力的结果。

2023年3月10日，淄博市政府新闻办公室召开新闻发布会，邀请市商务局、市公安局、市文旅局、市市场监管局相关负责同志介绍淄博市促进烧烤行业健康发展、打造“淄博烧烤”美食品牌的有关工作情况。

淄博市商务局联合多部门举办了首届淄博烧烤名店“金炉奖”推荐活动，引导烧烤店规范经营。通过线上投票、视频展播、专业评审＋线下评审等方式，社会大众推荐出20家淄博烧烤名店。4月11日，淄博市烧烤协会登记成立。

淄博市政府策划举办淄博烧烤节庆活动，推出一批“淄博烧烤＋”特色文旅主题产品。

为提供更加便捷的服务，淄博市提前做好来淄往返旅客的数量研判，防止出现旅客滞留问题。在火车站安排志愿者，为往返旅客提供咨询推介等服务。对途经烧烤店的常规线路进行重新摸排，主城区42条常规公交线路覆盖33家烧烤店，开通济南往返淄博的高铁专线，新增21条通往各大夜市烧烤店的公交路线。

淄博市各部门从社会治安、食品安全、消防安全等方面开展守护淄博烧烤的护航行动。淄博市文旅局局长担任夜市烧烤代言人，直播示范“淄博烧烤”的正确吃法；临淄区文旅局局长登上烧烤专列担任解说导游。

“出租车拒载的，只要被投诉立马停运，烧烤单位坑人骗人的、收费不合理的立马关门……”4月2日，淄博出租车司机与乘客的一段对话视频引来无数人点赞转发。

4月19日，淄博市精神文明建设委员会办公室通过媒体发布了《致全市人民的一封信》，倡议让利于客，倡议让路于客，倡议让景于客，更用大篇幅来感谢市民。

淄博人用行动响应政府的倡议。淄博烧烤爆火后，一网络知名打假博主在网友的建议下自带电子秤前去淄博“打假”，测评结果为，到访的十家店铺，全都没有缺斤少两的情况。在“五一”假期旅游市场呈现井喷状态，热门旅游城市酒店、民宿大幅涨价的背景下，淄博酒店却“坐地降价”。

2024年的“五一”假期，淄博继续举办第二届烧烤节，游客热度依然有增无减。烧烤成了淄博乃至山东吸引客流的金字招牌。

哈尔滨文旅运营思路也在向网红城市淄博取经。“人从哪儿来？钱从哪儿来？”大数据提供的答案是“人从流量入口来，钱从消费价值来”。从2023年夏天开始，哈尔滨将自己变成了网感十足的整活高手，主动制造热门话题，为冬季旅游积累人气。入冬之前，一个名为“百日行动”的实施方案率先出台，将从政府到企业的50多个部门联合起来，打造高效运转的旅游管理体系。发挥旅游联席会议制度优势，先后成立文旅、交通、市场、公安、城管五大执法专班、“冬季护游”舆情处置专班、冰雪大世界服务专班，规范旅游市场秩序。从做足安全措施到新增游乐项目，都提前规划精心设计。2023年末，哈尔滨市政府给全体市民写了一封信，鼓励全体市民齐心协力，服务好全国各地的客人。

看视频下方的评论，游客需要什么，我们就上什么。黑龙江省文化和旅游厅党组书记、厅长何晶接受央视新闻采访时表示，游客留言说在索菲亚教堂旅拍要是能有个月亮就更好了，他们就弄了个人工月亮，还有游客说哈尔滨天太冷，他们就造了很多小暖房子。冰雪大世界最受欢迎的“大滑梯”从往年的8条滑道增加到了14条。让本地人直呼“活久见”的场面，在这个冬天迭出——给豆腐脑放糖、给冻梨细致摆盘、给萝卜切片。为了欢迎远道而来的客人，麋鹿、雪狐、东北虎都出来“营业”。各种花式“宠粉”，引得游客直呼“感动”。

为了守护哈尔滨的好口碑，各行各业都提出了自律要求。许多市场管理者走上街头，与行业商家共同努力，守护游客在衣食住行上的权益。普通的哈尔滨市民也自发地用自己的方式为城市增添一把火，将东北人特有的温暖带给游客。市民自发行动，用私家车免费送客人，送免费姜汤、红糖水等热饮的暖心场景随处可见。

淄博、“尔滨”走红是两场“全民参与”的城市营销的结果。网友评价说，“从政府到市民没有一个掉链子”。

火出圈的文化密码

底蕴厚重、文化多元，这是历史赋予淄博人、哈尔滨人的自信和荣耀。

“原先每串儿两块五，五一期间卖一块五，现在主要是靠走量，薄利多销。”孟海说，“我是土生土长的淄博人，山东人待客就是这样，必须把最好的送给客人，把最好吃的留给客人。这些东西不一定常挂在口头，但潜意识里不自觉地就会这样做，就是对待客人满腔热忱，掏心掏肺，这可能就叫文化的熏陶吧！”

淄博烧烤的火爆是几千年齐文化滋润的结果。这里有稷下学宫广招英才、培育百家争鸣的美谈，也有孟尝君广罗宾客、轻财下士于四海的佳话。“以人为本”是齐文化的底色。这种特有的包容、信诚、勤朴、好客文化基因延续至今，在淄博烧烤这一现象级爆火中一览无余。2022年，临淄赵家徐姚遗址出土了红烧土和陶器，将当地烧烤食物的历史推到距今1.1万～1.5万年。经过漫长的发展，淄博烧烤逐渐演变出自己独特的风格，那就是“小饼＋烤炉＋蘸料”三位一体的“灵魂吃法”。

哈尔滨作为黑龙江省会城市多年来深耕旅游、精做冰雪，形成了独特的冰雪文化和冰雪运动文化。2023年9月，习近平在黑龙江考察时，强调发展冰雪经济、助推东北振兴。

“冰天雪地也是金山银山”。2024 年 1 月，哈尔滨冰雪大世界被认定为世界最大的冰雪主题乐园，获得吉尼斯世界纪录称号。哈尔滨还是一个融合了中西方文化的城市，有“东方莫斯科”“东方小巴黎”“文化之都”“音乐之都”“冰城夏都”之美称。开放包容、时尚活力、诚信敬业、和谐奋进是哈尔滨城市精神的核心。

腾越是哈尔滨冰雪大世界梦想大舞台的主持人，但人们更喜欢叫他“左右哥”。从业 10 多年来，2024 年是他见到南方游客最多的一年。冰雪大世界最西侧的舞台，每天下午到晚上，几千人跟着“左右哥”一起摇摆起舞、一起喊破嗓子。

“机会留给有准备的人，城市也一样，哈尔滨的火不是昙花一现。”腾越 2024 年说，“从 1963 年第一届冰灯游园会到现在，这条冰雪之路已经走了 61 年，再加上历史沉淀下来的美轮美奂的欧式建筑和哈尔滨人热情的性格，让大家看到，在这么一座‘洋气’的北方城市，有如此接地气的人民，还有得天独厚的冰雪资源，凭什么不能火呢?”

2024 年暑期，哈尔滨又吸引了大批海内外游客前来消夏避暑。哈尔滨立足全域全季，深挖人文荟萃、清凉气候、欧陆风情等资源禀赋，大力发展沿江游、湿地游、森林游、红色游、研学游，开展夏季避暑旅游“百日行动”。哈尔滨的“友好型市格”依旧持续，市文旅局开通哈尔滨“文旅首席服务官”热线，全市 18 个区、县（市）文旅部门负责同志 24 小时在线，为广大游客排忧解难。

从淄博“赶烤”，到哈尔滨爆火，网红城市接力文旅热点，已经成为现象级的新趋势。

思考讨论

1. 全国很多地方都有烧烤、冰雪，为什么偏偏是淄博烧烤、冰雪“尔滨”爆火出圈?

2. 淄博烧烤、冰雪“尔滨”火爆背后，当地政府到底做对了什么? 体现了怎样的发展理念?

3. 淄博和哈尔滨的成功可以被复制吗? 淄博烧烤、冰雪“尔滨”爆火出圈对其他地区的发展有何启示?

教学建议

本案例主要适用于第四章第二节“坚持人民至上”和第三节“全面落实以人民为中心的发展思想”部分的辅助教学。案例主要介绍了 2023 年淄博烧烤和 2024 年冰雪“尔滨”爆火出圈的历程及其背后的“流量密码”。淄博烧烤、冰雪“尔滨”爆火出圈，源于网络媒体的助力加油和城市深厚的文化底蕴，更源于当地政府躬身入局的竭诚呵护和全体市民的倾情投入。淄博烧烤、冰雪“尔滨”，赢在浓浓的人民“味”。

组织教学建议

第一，在使用本案例之前，可以组织学生观看一些与案例内容相关的视频和新闻报道，为案例讨论打下良好基础。例如，通过观看中央电视台财经频道《消费主张》栏目于

2023年4月19日播出的《探寻淄博烧烤“一夜爆红”的背后故事》，学生能够加深对淄博烧烤火爆状况的了解，深入思考“进淄赶烤”现象出现的原因，加深对淄博“人本齐风”开放包容的城市旅游文化的了解。通过观看中央广播电视总台拍摄制作的纪录片《冰雪迎宾》，学生能够了解哈尔滨如何利用冰雪产业打造新的旅游生态，从政策、经济、文化、体育等多个角度，分析哈尔滨冰雪旅游爆火的现象及其成因。

第二，在讨论中应注意引导学生结合案例中展示的当地政府在淄博烧烤、冰雪“尔滨”火爆背后的具体举措，分析其中蕴含的人民至上的根本价值取向和以人民为中心的发展理念。“坚持人民至上”“坚持以人民为中心”包含着一系列相互联系的思想理念，主要有坚持人民是创造历史的动力这一唯物史观的基本原理；牢记江山就是人民、人民就是江山，依靠人民创造历史伟业；坚持全心全意为人民服务的根本宗旨，把人民利益摆在至高无上的地位；坚持贯彻群众路线这一党的生命线和根本工作路线；坚持把人民立场作为党的根本政治立场，不忘为人民谋幸福的初心，坚持为人民的美好生活而不懈奋斗；坚持以人民为中心的发展思想，让发展成果更多更公平惠及全体人民，推动全体人民共同富裕取得更为明显的实质性进展。回看淄博烧烤、冰雪“尔滨”爆火出圈的过程，正是始终坚持人民至上、以人民为中心，群众工作做到位，文明印刻在市民心中，才有人与城的双向奔赴。当地政府细心关注群众需求，为群众考虑周全，想群众之所想，办群众之所盼，把涉及群众利益的“点滴小事”当作政府的“心头大事”，做实服务性政府，真正做到了全心全意为人民服务，用浓厚的人情味吸引了一拨又一拨游客，充分体现了坚持人民至上的根本价值取向和坚持以人民为中心的发展理念。

第三，在讨论中要注意引导学生学习淄博文化、哈尔滨冰雪文化中蕴藏的宝贵精神。文化是城市的灵魂，文化塑造着一个城市与众不同的底蕴和气质。淄博烧烤的火爆是几千年齐文化“润物细无声”般涵养的结果。淄博作为齐国都城所在地，不可避免地深受齐文化的浸润与影响。诚信是淄博的标签。淄博烧烤之所以能火出圈，不在于味道多么与众不同，而是胜在真材实料、足斤足两、量大价优，用诚信待人。淄博人的厚道、热情、真诚，是淄博文化底蕴的自然流露。经过“进淄赶烤”者的传播，“诚信淄博”城市名片越发闪耀。东北城市哈尔滨，被誉为“冰城”。这里的冬天非常寒冷，但也正因为如此，哈尔滨形成了独特的冰雪文化和冰雪运动文化。有“东方莫斯科”“东方小巴黎”美誉的哈尔滨还是一个融合了中西方文化的城市，素有“文化之都”“音乐之都”“冰城夏都”之美称。开放包容、时尚活力、诚信敬业、和谐奋进是哈尔滨城市精神的核心。东北人热情、幽默的性格和真诚、实在的待客之道，更让广大游客感受到了宾至如归的氛围。新时代的大学生应弘扬淄博文化、哈尔滨文化的精神内核，自觉做社会主义核心价值观的践行者。

总结提升建议

第一，坚持人民至上，是我们党百余年奋斗的一条宝贵的历史经验，也是新时代党治国理政的根本价值取向。在党的二十大报告中，习近平提出继续推进实践基础上的理论创新的“六个坚持”，其中第一条就是“必须坚持人民至上”，强调将“以人民为中心的发展思想”作为前进道路上必须坚持的重大原则之一。以人民为中心是党的十八大以来习近平反复强调的核心执政理念，是新时代坚持和发展中国特色社会主义的十四条基本方略之一，体现了“人民至上”的价值观、“人民主体”的历史观、“人民共享”的发展观、“人民评判”的政绩观。人民对美好生活的向往就是党的奋斗目标。让群众满意是我们党做好一切工作的价值取向和根本标准。人民是党的工作的最高裁决者和最终评判者。“赴淄赶烤”、冰雪旅游也是对淄博、哈尔滨政府社会治理能力的“大考”。在这两场“考试”中，当地政府交出了令人满意的“答卷”。而在高效执行力背后，是政府想游客之所想、急游客之所急的鲜明态度，是紧紧依靠人民，建设人人有责、人人尽责、人人享有的社会治理共同体的真诚努力，是坚持人民至上、贯彻以人民为中心的发展思想、转变政府职能、建设服务型政府的务实行动。

第二，淄博烧烤、冰雪“尔滨”爆火出圈，看似偶然，其实是一种必然，是当地政府有关部门、经营主体、所有市民共同努力的结果。2023年3月初，山东大学生组团去淄博吃烧烤的新闻爆红以后，各地游客纷纷“进淄赶烤”，媒体纷纷报道。淄博烧烤爆火，小饼卷烤串口感独特是一方面，更重要的是当地政府的大力助推和当地人民的倾情付出。在2023年的冬天，哈尔滨花样百出、有求必应的待客之道成为人们交口称赞的惊喜。然而这一切的背后不是偶然，而是一个全城上下齐心打造的必然。在事事有回应背后，是一套日夜运转的庞大系统。从政府到企业的50多个部门联合起来，打造高效运转的旅游管理体系。全体市民齐心协力，服务好全国各地的客人。短视频、网络直播更加直观地将淄博烧烤、冰雪“尔滨”火热的气氛、满满的人间烟火气、政府服务的迅速反应等表达传递出去，产生了裂变式传播效果。但网络只是放大器，热度只是牵引器，真正能持续吸引游客并获得良好口碑，主要靠的是政府周到服务、商家诚信经营、市民热情好客，举全城之力迎八方来客。淄博烧烤、冰雪“尔滨”的走红只是表象，本质上则是这两座城市抓住了展现城市魅力的契机；吸引人的不是烧烤、冰雪，而是这两座城市及城市背后的所有人。淄博烧烤、冰雪“尔滨”的火爆也有深刻的社会心理学原因——喧闹的人潮、极其愉悦的氛围，超常满足了游客“快乐为王”的诉求，给人们足够的心灵慰藉。

第三，淄博烧烤、冰雪“尔滨”爆火出圈的过程体现了有为政府与有效市场相结合推动高质量发展的重要作用，彰显了坚持以人民为中心的发展思想。有为政府是有所为、有所不为、善于作为的政府。实现有效市场与有为政府有机结合，才能推动高质量发展。政府可以通过提供公共服务、强化市场监管、防范化解各种风险挑战等方式推动高质量发展。淄博和哈尔滨两地政府在此次出圈中真正体现了市场有效、政府有为和社会有机的三合一。在某种程度上讲，两地出圈系当地政府主动作为。两地政府没有像一些城市那样回避网络舆情，反而顺应汹涌的舆情，巧妙地吸引流量，把握住机会，将自己的城市打造成了一个网红打卡地。在淄博烧烤、冰雪“尔滨”持续火爆的过程中，始终能看到政府在推广与服务方面的作用，是政府的主动作为才让淄博和哈尔滨获得了如此斐然的成绩。当地政府迅速出台了外宣、交通、住宿、食品安全、价格监管、物价调控等一系列配套政策举措，主动为市场需求提供全方位服务，充分反映了以人民为中心、主动引导和迅捷响应的城市治理逻辑。两地政府真正展现了服务型政府的角色——不是自上而下地指导和命令市场与企业应该怎么做，而是以市场为决定性的资源配置方式，因势利导、顺势而为，把

“一时现象”变成“一地品牌”，并以此为契机提升政府治理能力、塑造城市新形象。全城参与背后，体现了当地政府强大的组织能力和当地市民较高的组织化程度。淄博烧烤、冰雪“尔滨”出圈现象说明，两地政府在打造消费型社会、服务型政府方面实现了令人惊喜的突破。

第四，坚持人民至上、坚持以人民为中心不能停留在口号上，必须化为实实在在的为民利民行动。坚持以人民为中心的发展思想是新发展理念之魂。以人民为中心是我们党立党为公、执政为民的生动体现，是全心全意为人民服务的时代彰显。城市归根结底是人民的城市。淄博烧烤、冰雪“尔滨”彰显出的政通人和的人间烟火气，源自“利民为本”，体现了当地政府部门“执政为民”的服务理念，是在真正践行以人民为中心的高质量发展——还有什么比人民大众发自内心的幸福喜乐更能称为“人民至上”的呢！正如央视的评价：“每一个出圈的背后都有很多人在努力，只有做到真正的接地气，就一定会有人气，每一个‘一夜成名’都是厚积薄发。”政府部门只要真诚地为人民服务，就会得到人民的衷心拥护和大力支持。淄博和哈尔滨诠释了一种以人民为中心，以问题为导向，求真务实、勇于奋斗、敢于担当的“政府文化”和工作作风，给全国树立了样板，传递了正能量。淄博和哈尔滨的成功作业，不是那么好复制的，光靠简单表面的模仿是远远不够的。无论是抓住核心资源竞争力不断创新，还是提升服务质量、采取针对性的互联网营销方案等等，这些工作都并非朝夕之功，必须提前布局，要有潜心修炼的决心和毅力。对于各级政府部门而言，牢固树立以人民为中心的发展思想，真正将“人民至上”理念融入信仰和血脉之中，服务群众生活需要，提升群众生活质量，不断擦亮忠诚为民的鲜明底色，新征程上必将有更多类似淄博烧烤、冰雪“尔滨”爆火出圈的感人故事脱颖而出。

■ 启示意义

第一，赢得年轻人就赢得了未来。习近平强调：“青年是整个社会力量中最积极、最有生气的力量，国家的希望在青年，民族的未来在青年。”青年群体朝气蓬勃、自带流量、富有激情、思维活跃，有着强烈的创新求异心理，接受新生事物的能力强，并敢于尝试、探索、冒险。他们擅长使用新媒体平台，传播表达能力极强，可以说，年轻人关注什么、追捧什么，流量自然就到哪里。淄博烧烤、冰雪“尔滨”走红就源于青年群体与当地政府、民众的双向奔赴。舞台需要喝彩，才能吸引人们驻足观看。淄博和哈尔滨都十分看重社交媒体的重要价值，都对互联网营销下了一番苦功。淄博前期是通过社交平台的口碑传播而广为人知的，哈尔滨则更侧重于媒体的宣传推广。紧紧抓住青年这一流量群体，是淄博、哈尔滨成为网红城市的关键所在。从网红到长红，需要进一步挖掘城市文旅资源，凸显其人文价值，形成人无我有、人有我优的特色优势。只要抓住了年轻人的心，就抓住了未来市场。

第二，真心、真诚是永远的“必杀技”和“流量密码”。淄博烧烤、冰雪“尔滨”能够持久出圈，很重要的原因是激活了“诚信度”这个最稀缺的资源。唯有依靠热情优质的服务，才能积累起好的口碑。淄博、哈尔滨市政府部门出台系列政策加强监管和协调，为游客提供了舒心安心的游玩氛围。职能部门、市场主体和市民群体齐心协力营造良好的诚信环境，持续推动“流量”变“留量”。在淄博、哈尔滨吃得放心、玩得开心，这种热情好客、诚信友善的氛围，令无数普通游客心驰神往。真诚和行动换来了网络上对淄博、哈尔滨的好评，展现了社会主义核心价值观中的“诚信”和“友善”，也造就了居高不下的热度。真心、真诚在任何行业都是永远应当坚守的准则。让老百姓过上好日子是党一切工作的出发点和落脚点。坚持人民至上、以人民为中心，不是高高在上的宣传口号，也绝对不能只停留在口头上，而是应切实体现在真诚的行动上。

案例 4

民生小事大情怀

核心阅读

江山就是人民、人民就是江山，这是中国共产党政权建设的核心理念。人民立场是中国共产党的根本政治立场。“中国共产党领导人民打江山、守江山，守的是人民的心。”民心是最大的政治。“坚持以人民为中心”是贯穿习近平新时代中国特色社会主义思想的一条主线。习近平总书记是践行以人民为中心发展思想的光辉典范，时刻把让人民生活幸福作为“国之大者”。农村改厕、垃圾分类、小吃产业发展等与百姓生活密切相关的民生小事，都被记在总书记的心中，并一次次成为改革的关注点、发力点。民生无小事，枝叶总关情。亿万人民的小事，就是共产党人的大事。习近平对民生问题的关注，深沉而充满力量，体现了浓浓的人民情怀，折射着真挚的为民初心。

“天下难事，必作于易；天下大事，必作于细。”党的十八大以来，习近平多次对民生“小事”作出重要指示。民生存在于每一件小事中，亿万人民的小事就是一件大事。关注民生小事，体现了习近平的大情怀。

“小角落里的大革命”

曾经，谈及中国的厕所，很多人的感受不佳。在街道、景区等公共场所，厕所脏、乱、差、偏、少，如厕难成为群众反映强烈的突出问题。厕所的状况，关乎百姓生活，折射文明风尚，关系国家形象。

小康不小康，厕所是一桩。补齐公共服务体系和社会文明的短板，需要从思想认识、文化观念、政策措施、体制机制等各方面进行一系列广泛而深刻的变革。

在习近平眼里，改厕这件“小事”，联系着大民生——在外地考察到农户家时要看，全国两会“下团组”共商国是时要问，他多次作出重要指示批示进行部署。

2014 年 12 月，习近平在江苏镇江考察调研时就指出，厕改是改善农村卫生条件、提高群众生活质量的一项重要工作，在新农村建设中具有标志性。

2015 年 4 月，习近平就“厕所革命”作出重要指示，强调“要像反对‘四风’一样，下决心整治旅游不文明的各种顽疾陋习。要发扬钉钉子精神，采取有针对性的举措，一件接着一件抓，抓一件成一件，积小胜为大胜，推动我国旅游业发展迈上新台阶”。

3 个多月后，在吉林延边考察调研时，习近平要求将“厕所革命”推广到广大农村地区。

从改建旅游厕所到推进农村改厕，从布局城市公厕到增加女厕数量，从全国性会议部署加快改水改厕步伐到农村改厕被列为“十三五”必须完成的约束性任务……一场“厕所革命”的浪潮在中国城乡大地掀起。

习近平不仅倡导了这场“厕所革命”，更时时关注着工作进展，关注着人民群众在这场深刻变革中的获得感。

“总书记关心得这样细致，让我们心里暖暖的。”回想起当时习近平到家里做客时询问厕所改造的情景，吉林延边光东村村民宋明玉脸上洋溢着幸福。2015 年，光东村启动“厕所革命”，全村 210 户家庭全部用上室内水冲厕所，村民交口称赞“厕所变了样，生活大不同”。

旅游系统“厕所革命”三年行动计划提前超额完成，截至 2017 年 10 月底，国家旅游局共牵头完成新建改扩建旅游厕所 6.8 万座。农村卫生厕所普及率从 2012 年的 71.7%提高到 2016 年的 80.4%。

2016 年 8 月，在全国卫生与健康大会上，习近平提出持续开展城乡环境卫生整洁行动，再次强调要在农村来一场“厕所革命”。2017 年 11 月，习近平强调指出：“厕所问题不是小事情，是城乡文明建设的重要方面，不但景区、城市要抓，农村也要抓，要把这项工作作为乡村振兴战略的一项具体工作来推进，努力补齐这块影响群众生活品质的短板。”

2021 年 7 月 23 日召开的全国农村厕所革命现场会传达了习近平对深入推进农村“厕所革命”作出的重要指示：“求好不求快，坚决反对劳民伤财、搞形式摆样子”，并且要求“一年接着一年干，真正把这件好事办好、实事办实”。

“垃圾分类工作就是新时尚”

2023 年 8 月，上海连日的高温潮湿和雨水，未曾影响虹口区嘉兴路街道安丘居民区瑞虹新城二期生活垃圾厢房的干净整洁，这里被打理得整齐利落，少有蚊蝇。

一大早，安丘居民区党总支书记雷国兴就跟居委会干部和志愿者开会，讨论小区里垃圾回收精品示范点位的推进工作。

从 2018 年 11 月习近平总书记来到这里考察，到 2023 年 5 月底收到总书记勉励大家工作的回信，近 5 年时间，雷国兴历经 3 个居民区党总支书记的岗位，也见证了上海垃圾分类从“不愿分、不会分”到“主动分、智慧分”的过程。“总书记的回信，是压力也是动力，给我们提出了新的更高要求。”

时间回溯到 2018 年 11 月 6 日，习近平走进上海市虹口区市民驿站嘉兴路街道第一分站。几位年轻人正在交流社区垃圾分类推广的做法。习近平表示：“垃圾分类工作就是新时尚！垃圾综合处理需要全民参与，上海要把这项工作抓紧抓实办好。”

2019 年 1 月，《上海市生活垃圾管理条例》经上海市第十五届人民代表大会第二次会议表决通过，于当年 7 月 1 日起正式施行。上海也因此成为全国最早全面开展垃圾分类的城市之一。

垃圾分类推行之初，大家连什么是干垃圾、湿垃圾都分不清楚。有关部门组织志愿者挨家挨户分发垃圾分类宣传画册、冰箱贴等，还通过开展垃圾分类趣味竞赛、拾荒慢跑等活动，提高居民垃圾分类的意识和参与度。几年坚持下来，成效显著，老百姓的参与度越来越高。

2022年初，雷国兴调任安丘居民区党总支书记后，她发现，辖区约40%的住户是租户，新来的租户对垃圾投放点、投放规则都不太了解，垃圾房旁边经常出现落地垃圾。雷国兴与志愿者商量后，制作出一本“迎新手册”。住进小区的居民，都会拿到这本手册，里面收录了各类便民服务信息，包括怎么扔垃圾等。

“习近平总书记在回信中说：‘得知经过这几年的宣传推动，垃圾分类在你们那里取得新的成效，居民文明程度提高了，社区环境更美了，我很欣慰。’”写信人之一、瑞一居民区党总支书记华磊说，“读到这里，我特别激动。”

截至2023年6月，居民区分类达标率从《上海市生活垃圾管理条例》施行前的15%提高到95%以上，单位分类达标率达到95%；全市生活垃圾焚烧和湿垃圾资源化利用总能力超过3.6万吨/日，生活垃圾回收利用率达到42%，实现原生生活垃圾“零填埋”。

要继续做好小吃这篇“大文章”

你可能不知道沙县在哪儿，但你一定知道在中国家喻户晓的沙县小吃。

扁肉、拌面、蒸饺、炖汤、芋饺……品种多样、美味可口的沙县小吃早已成为许多人心中的“国民美食”。沙县小吃拓展到全球60多个国家和地区，东京、纽约、巴黎等地都有了沙县小吃的门店，全国门店更是超过8.8万家，年营业额超过500亿元，实现和带动了30万人就业。

为什么来自山区的沙县小吃能走遍天下？除了它的独特美味，还要归功于一个人——习近平，他曾多次为沙县小吃的发展“支招”。

福建省的夏茂镇是沙县小吃的发源地，20世纪90年代初，中国兴起了“下海”和“打工”浪潮，城市流动人口暴涨，激活了对快餐业的庞大需求。以“一元进店、两元吃饱、五元吃好”为口号的沙县小吃，凭借方便快捷、物美价廉的特点，俘获了无数食客。沙县小吃迅速“火”了起来。

任福建省委副书记时，习近平敏锐地发现了这个富民产业。1999年3月，习近平在沙县考察时指出，沙县小吃业的成功之处在于定位准确，填补了低消费的空白，薄利多销，闯出一条路子。他为沙县小吃支招：“应当认真进行总结，加强研究和培训，深入挖掘小吃业的拓展空间。”

2000年8月，习近平再赴沙县，在夏茂镇与村民座谈时强调，要找准今后经济发展的支撑点，特别是加强以沙县小吃业为支柱的第三产业，使之成为新的经济增长点。

20多年来，当地政府坚持把沙县小吃当作大产业来做，把小吃当作富民强县的重要工作来抓。地方政府成立小吃办、沙县小吃集团，组织“小吃节”等活动，不断推进标准化、连锁化、产业化、国际化、数字化的转型升级，小吃业发展为沙县经济重要的增长点。如今的沙县小吃不仅是独立的餐饮产业，而且融入沙县人民的日常生活，初步形成了包括原料生产、物流配送、餐饮服务、文旅康养等在内的产业集群。

2021年3月22日至25日，习近平在福建考察。3月23日下午，他来到被誉为“沙县小吃第一村”的夏茂镇俞邦村，实地了解沙县小吃的发展现状和前景。在这个千余人的村落，超过60%的村民先后外出经营沙县小吃。在夏茂特色小吃民俗文化馆前，习近平同乡亲们亲切交谈，在肯定已有成绩的同时，再为沙县小吃发展“支招”：要抓住机遇、开阔眼界，适应市场需求，继续探索创新。他再次对沙县小吃寄予厚望：“乡村振兴和城镇化为你们提供了机遇，你们也为乡村振兴和城镇化作出了贡献。可谓是应运而生、相向而行，希望在创造美好生活新征程上再领风骚。”习近平将小吃产业等置于新的“富村”图画之中。他说，“乡村要振兴，因地制宜选择富民产业是关键”。

一枝一叶总关情，一言一行系民生。一句句细心问询，一次次民生关切，折射着习近平的为民初心和人民情怀。

思考讨论

1. 民生无小事，枝叶总关情。习近平高度关注农村改厕、垃圾分类、小吃产业发展等与百姓生活密切相关的民生小事，体现了怎样的情怀？如何理解让人民生活幸福是“国之大者”？

2. 治国有常，利民为本。如何才能把以人民为中心的发展思想转化为发展实践？

3. 新时代的青年应如何学习习近平的为民初心和人民情怀，践行以人民为中心的发展思想？

教学建议

本案例主要适用于第四章第三节“全面落实以人民为中心的发展思想”部分的辅助教学，也适用于第十一章第一节“让人民生活幸福是‘国之大者’”部分的辅助教学。案例通过展示习近平对农村改厕、垃圾分类、小吃产业发展等与百姓生活密切相关的民生小事的关心、关注，彰显了习近平的为民初心和人民情怀，体现了以人民为中心是习近平新时代中国特色社会主义思想的出发点、落脚点和主线，全面落实以人民为中心的发展思想必须落实到行动上，把为人民造福的事情真正办好办实。

组织教学建议

第一，在使用本案例之前，可以组织学生观看新华社出品的微视频《两会“微”观：习近平关心的民生“小事”》等，让学生更直观地感受习近平治国理政的民生温度及其为民初心、人民情怀。悠悠万事，民生为大，习近平一直心系民生，始终把人民群众的小事当作头等大事。他心中时刻装着老百姓的冷暖安危。只有懂得了习近平的为民初心、人民情怀，才能理解民生“小事”在习近平心中之大、之重。习近平至深至厚的为民初心、人民情怀具体体现在情系人民、造福人民、不负人民的实际行动中。党的十八大以来，在习近平总书记亲切关怀下，我国民生事业得到长足发展，取得显著成就，大大提升了人民群众的获得感、幸福感、安全感。

第二，在讨论中应注意引导学生正确认识民生工作的重要性，避免出现忽视民生小事、漠视群众疾苦的错误倾向。民生是人民幸福之基。民生事关人民的生存生活生计，事关民心所向、民情所系、民意所指，决定党的事业成败和国家命运兴衰。解决发展问题、改善民生仍是我们的第一要务。为民造福是立党为公、执政为民的本质要求，是社会主义生产的根本目的，是全面建设社会主义现代化国家的应有之义。发展是解决民生问题的“总钥匙”，民生是发展的“指南针”。要在发展过程中始终注重民生、保障民生、改善民生。党的十八大以来，以习近平同志为核心的党中央紧紧抓住人民最关心最直接最现实的利益问题，坚持在发展中保障和改善民生，聚焦民生大小事，办好群众暖心事，把惠民生、暖民心、顺民意的工作做到群众心坎上，使改革发展成果更多更公平惠及全体人民，使人民获得感、幸福感、安全感更加充实、更有保障、更可持续。让人民生活幸福是“国之大者”。百姓之事无小事。小事不小，小中见大，从小事做起，把人民所在意、所关心的事，作为党和政府所在意、所关心的事，把民生“小事”当“头等大事”，体现了心怀“国之大者”。

第三，在讨论中应注意引导学生结合案例内容深刻理解“坚持以人民为中心”和“坚持在发展中保障和改善民生”这两个新时代坚持和发展中国特色社会主义的基本方略。以人民为中心是习近平新时代中国特色社会主义思想的出发点、落脚点和主线，是中国共产党的核心执政理念。“坚持以人民为中心”就是坚持人民是历史的创造者和社会历史发展的真正推动者这一唯物史观的基本原理；就是坚持人民立场和全心全意为人民服务的根本宗旨，把人民对美好生活的向往作为奋斗目标，始终把人民利益摆在至高无上的地位；就是坚持贯彻群众路线这一党的生命线和根本工作路线，保证人民当家作主的权利；就是坚持以人民为中心的发展思想，把增进民生福祉作为发展的根本目的，让发展成果更多更公平惠及全体人民，朝着实现全体人民共同富裕不断迈进。“坚持在发展中保障和改善民生”是以人民为中心的发展思想的集中体现，是人民至上的世界观和方法论的集中体现。发展和改善民生是为了人民，经济社会发展的各个方面都离不开人民，社会发展成果也理当惠及人民、由人民共享。重视农村改厕、垃圾分类、小吃产业发展等与百姓生活密切相关的民生小事，是“坚持以人民为中心”和“坚持在发展中保障和改善民生”这两个基本方略在社会建设实际工作中的具体体现。带领人民创造美好生活，在发展中切实保障人民的权益，让人民群众过上好日子，这是中国共产党孜孜不倦的奋斗目标。

■ 总结提升建议

第一，为人民谋幸福，是中国共产党人的初心。中国共产党摆脱了以往一切政治力量都追求自身特殊利益的局限，一经诞生就把全心全意为人民服务作为自己的根本宗旨，把“人民”二字铭刻在心，把坚持人民利益高于一切鲜明地写在自己的旗帜上。行程万里，不忘初心。中国共产党的百余年奋斗史是一部为人民谋幸福的历史。正如习近平所说：“中国共产党是人民的党，是为人民服务的党，共产党当家就是要为老百姓办事，把老百姓的事情办好。”人民性是马克思主义政党最鲜明的品格，人民立场是中国共产党的根本政治立场。为民造福是立党为公、执政为民的本质要求。为民造福，不是一个抽象玄奥的概念，最终体现在经济社会发展各个环节上，体现在把为人民造福的事情真正办好办实的具体实践中。要像习近平那样厚植为民初心、人民情怀，心系民生，解决群众急难愁盼的问题，真正做到把“人民至上”内化于心、外化于行。

第二，在新时代，为民造福就是“把人民对美好生活的向往作为奋斗目标”，全面落实以人民为中心的发展思想。以人民为中心是党的十八大以来习近平反复强调的核心执政理念，是新时代坚持和发展中国特色社会主义的基本方略之一。我们的发展是以人民为中心的发展，搞建设、促发展、抓改革，最终目的都是让人民群众过上美好幸福的生活。坚持以人民为中心的发展思想是具体的、现实的，而不是抽象的、空泛的，不能只停留在口头上、止步于思想环节，必须把坚持以人民为中心的发展思想转化为发展实践，落实到党和国家的各项事业中，体现到人民群众的切身感受上。新时代，人民群众对美好生活的需求越来越迫切、标准越来越高，必须持续扎实推进民生保障工作、改善工作。坚持在发展中保障和改善民生，是以人民为中心的发展思想的集中体现，既是开展经济建设的基本立场，也是开展社会建设的重要原则。党的十八大以来，以习近平同志为核心的党中央高度重视保障和改善民生，在幼有所育、学有所教、劳有所得、病有所医、老有所养、住有所居、弱有所扶上持续用力，打赢了人类历史上规模最大的脱贫攻坚战，历史性地解决了绝对贫困问题，书写出一篇气势恢宏的民生大文章。农村改厕、垃圾分类、小吃产业发展等民生小事也取得重要进展，不断提升人民群众的获得感、幸福感、安全感。“共产党就是为人民谋幸福的，人民群众什么方面感觉不幸福、不快乐、不满意，我们就在哪方面下功夫，千方百计为群众排忧解难。”“只要还有一家一户乃至一个人没有解决基本生活问题，我们就不能安之若素；只要群众对幸福生活的憧憬还没有变成现实，我们就要毫不懈怠团结带领群众一起奋斗。”习近平的话语言简意赅。

第三，为民造福，要着力解决好人民最关心最直接最现实的利益问题。人民群众是共产党的安身立命之本，共产党人永远不能脱离群众、轻视群众、漠视群众疾苦。心中有人民，眼里有群众，把群众的小事当作大事来办。民生无小事，枝叶总关情。有利于百姓的事再小也要做。千家万户的小事，正是习近平高度关注的大事。在习近平总书记亲切关怀下，自 2015 年以来，“厕所革命”由旅游景区扩展到全域，从城市扩展到农村，成为美丽中国、健康中国建设的示范工程，既体现了国家文明工程的步步深入，也映照出习近平真挚的民生关切。为了使垃圾分类这一“新时尚”的工作顺利进行，习近平不但来到上海市虹口区市民驿站嘉兴路街道第一分站考察，而且写信勉励社区工作人员努力做好这项工作。为了促进沙县小吃产业的发展，习近平多次“支招”，提出深入挖掘小吃业的拓展空间，使之成为新的经济增长点，鼓励沙县抓住机遇、开阔眼界，适应市场需求，继续探索创新。细节之中、微小之处，蕴含着总书记对百姓生活、对民生问题的深深关切。党的二十大报告中的战略部署，正在化为落地的政策“甘霖”，滋润着民生“枝叶”小事，将在更高的水平上保障和改善民生，推动共同富裕取得更为明显的实质性进展。

第四，坚持在发展中保障和改善民生，是新时代坚持和发展中国特色社会主义的基本方略之一。民生连着民心，民心关系国运。民生是人民幸福之基、社会和谐之本。为民造福是立党为公、执政为民的本质要求。在发展中保障和改善民生，实现人民群众对美好生活的向往，是我们党始终不渝的奋斗目标，也是加强社会建设的基本着力点。保障和改善民生没有终点，只有连续不断的新起点。为民造福的事情面广量大，具有稳定性、连续性、累积性等特点，需要合力攻坚、久久为功、一抓到底、抓出成效。不忘初心，砥砺前行。民生改善只有进行时，没有完成时。在以习近平同志为核心的党中央坚强领导下，党和政府想群众之所想、急群众之所急、解群众之所困，在群众操心事、烦心事、揪心事上持续用力，像抓农村改厕、垃圾分类、小吃产业发展一样，“一件接着一件抓，抓一件成一件，积小胜为大胜”，人民的美好生活梦想必将不断照进现实。

■ 启示意义

第一，群众小事不可小视。对老百姓来说，他们身边每一件琐碎的小事，都是实实在在的大事，有的甚至还是急事、难事。点滴小事见初心，细微之处显真情。关心解决好这些民生“小事”折射出为政之德，也彰显了为政者的大智慧、大情怀。推进农村改厕、垃圾分类、小吃产业发展，都是民生所需。解决民生问题不仅不能小视，还应予以更多重视。办好群众小事要用心、用情、用力，把群众利益和需求放在第一位，始终对人民群众倾注感情，花更大力气解决好一桩桩“小事”、一件件“难事”，才能赢得民心，形成改革发展的强大凝聚力和向心力。

第二，要言行统一，把为民初心、人民情怀落到实处。从诞生之日起，中国共产党就把全心全意为人民服务作为自己的根本宗旨，初心不改，使命不移。百余年党史，就是一部为人民谋幸福、为民族谋复兴的历史。习近平是从人民群众中走来的人民领袖，深谙民心、躬身为民，对民生的关怀“实打实”。他谋划着国计民生的顶层设计大事，也操心着百姓身边的民生小事。民生工作离老百姓最近，同老百姓生活最密切。新时代青年要像习近平那样，厚植为民初心、人民情怀，心里装着人民，奋斗为了人民，以实际行动为民多办实事和好事，在为民服务的实践中增长才干和本领，为党和人民的伟大事业多做贡献。

案例
5

从一条线到一张网：西部陆海新通道建设跑出“加速度”

核心阅读

自 2017 年运行以来，这一通道从一条线到一张网，从最初的渝桂两地合作拓展至国内“13+2”省区市共建的新格局。2019 年 8 月，国家发改委印发《西部陆海新通道总体规划》，标志着通道建设从地方探索上升为国家战略。多年来，这条国际物流大通道加速延伸，跨越山海，联结世界，铺就崭新的发展通途。截至 2025 年第一季度，通道已有铁海联运班列、国际铁路联运班列、跨境公路班车 3 种物流组织方式，目的地从 71 个国家和地区的 166 个港口，拓展到 127 个国家和地区的 563 个港口。班列开行总量超 3 万列，完成“第一个 1 万列”用时 1 461 天，完成“第二个 1 万列”用时 487 天，完成“第三个 1 万列”用时仅 402 天。一条具有澎湃活力的国际经济走廊，正在释放西部地区开放发展新动能，创造“一带一路”合作共赢新机遇。

曾几何时，大山大水，是西部省份开放路上难以跨越的阻碍；交通物流，是西部地区对外开放的共同“痛点”。时至今日，随着西部陆海新通道的建设，一条条新线开通，承载着“要想富先修路”的昔日梦想，寄托着“说买就买”的购物浪漫，更怀揣着国家改革发展的美丽愿景。舳舻千里，铁龙驰骋，一路通百业兴，正逐渐成为西部地区的“新景象”。

2017 年 9 月，西部陆海新通道的前身——渝黔桂新“南向通道”班列在重庆首发。

2019 年 8 月，国家发改委印发《西部陆海新通道总体规划》，标志着通道建设从地方探索上升为国家战略。

铁龙驰骋，货畅其流。2022 年 4 月 2 日，首趟陆海新通道中缅印国际联运班列在重庆铁路集装箱中心站驶出；2022 年 6 月 14 日，四辆满载玻璃制品的卡车从银川综保区出发，将经内蒙古甘其毛都口岸出境，抵达蒙古国，标志着西部陆海新通道北向新通道开通；2022 年 6 月 16 日，陆海新通道国际联运测试班列（重庆—西藏—南亚）开行，在重庆与南亚之间开辟了一条新通道；2022 年 7 月 2 日，陆海新通道跨境公路班车（重庆—新疆

［吉木乃］—德国）在陆海新通道重庆无水港首发……2022年7月30日，总投资105亿元，包含16个5 000吨级泊位、14条进港铁路专用线、18万平方米室内仓储、15万平方米口岸查验设施的果园港港口建设工程已全部竣工。截至2023年末，陆海新通道沿线省市高速公路里程达7.1万公里，占全国高速公路里程的44.1%。沿线省市铁路营业里程达6.1万公里，占全国铁路营业里程的40.1%。主通道和重要枢纽建设加快推进，通道沿线省区市铁路营业里程年增长率为7.6%。广西北部湾港共开通内外贸集装箱航线76条，其中外贸集装箱航线48条，内贸集装箱航线28条，辐射范围涵盖100多个国家和地区的200多个港口。

陆海新通道国际消费中心内，“陆海优品”品牌的特色商品琳琅满目，包括宁夏枸杞原浆和干红葡萄酒、甘肃百合、新疆坚果、广西螺蛳粉、贵州茶叶等。这些特色商品曾因物流难题而“养在深闺人未识”，如今正沿着这条快捷的新通道走向世界，有的已成为当地外贸新增长点。以甘肃为例，2017年9月至2023年末，甘肃（兰州）国际陆港累计发运国际货运班列1 280列，占甘肃全省始发国际货运班列的50%以上。其中，南亚国际班列占全国南亚班列的95%以上，西部陆海新通道国际班列占全省的90%以上，本地的苹果、洋葱、马铃薯等农产品和纯碱、铝材等工业品通过陆海新通道走向世界。除此之外，内蒙古、陕西的煤炭经陆海新通道运至重庆等地，青海的纯碱经通道运至广西支持玻璃产业，广西的玻璃经通道运至川渝支持汽车产业……一条金灿灿的经济走廊正在祖国西部版图上凸显出来，一幅流动的贸易画卷正在西部大地上铺开。截至2024年9月，西部陆海新通道已辐射我国18个省（区、市）、73市、156站，所运输的货物通达全球100多个国家和地区的500多个港口，“中国制造”通过新通道走向全球，来自全球的货物又借此进入中国市场，这条具有澎湃活力的国际经济走廊，为共建“一带一路”国家合作共赢注入了新动能。

“呜——”汽笛声中，装着从泰国运来的3万吨木薯的巨轮“天力”号缓缓靠近广西北部湾港钦州港码头。2022年7月1日，国际陆海贸易新通道泰国合作项目签约仪式在重庆举行，双方将打造“重庆—曼谷”双向铁路运输通道及欧洲经重庆直达东南亚并通过海运港口辐射更广范围的双向运输通道。2022年7月5日，老挝—中国进出口商品集散分拨中心在重庆揭牌，中老两国将依托陆海新通道，搭建集中采购和分销体系，开展产业全链条合作，持续做大“运贸产”一体化，不断拓展双方在能源矿产、农业等领域的贸易往来。以前，老挝的大米等农产品运到重庆等地，至少需要20多天。如今，货物搭乘陆海新通道中老班列，从老挝到重庆只需4天。依托陆海新通道，中国与柬埔寨探索打造“运贸产”一体化香蕉供应链，与马来西亚推动形成陆海新通道马来西亚供应链资源中心等。2024年1月26日至3月5日，西部陆海新通道铁海联运班列发送货物7.7万标箱，同比增长4%；开行中越班列20列，同比增长185%，水果、海鲜等东盟特产以最新鲜的状态摆上中国西部地区百姓餐桌。

2024年9月14日9时56分，满载着来自东南亚的食用植物油、铜版纸、石英砂等的X9596次西部陆海新通道铁海联运班列从钦州港东站缓缓驶出，预计两天后抵达重庆小南垭站，标志着2024年西部陆海新通道铁海联运班列累计发运货物突破60万标箱。

通道畅，产业兴。2018 年，浙江正凯集团在重庆设立了万凯新材料公司，最初的计划只是辐射西南地区，其外贸货物还是从东部地区通过海运发往其他国家。陆海新通道公司在调研中发现这一情况，希望正凯集团将外贸业务留在重庆，通过陆海新通道发货。2021 年 11 月，满载食品级 PET 切片的涪陵万凯专列首发，10 天后直达印度尼西亚，有效弥补了内陆出口运输时间长的短板。正凯集团决定在重庆涪陵投资二期项目，将位于浙江省海宁市的外贸出口业务逐步转移到重庆。未来，正凯集团每年将有超过百亿元的货物通过西部陆海新通道发往全世界。依托新通道沿线省区市国家物流枢纽，越来越多的产业正加快在西部集聚。截至 2023 年 7 月，广西自贸试验区累计外贸进出口额 8 580 亿元，累计实际使用外资 14.76 亿美元，分别占全区的 37.4%和 36.8%。三个片区税收收入由 2020 年的 43.5 亿元增长至 2022 年的 128.8 亿元，年均增长 72%；规模以上工业总产值由 2020 年的 558.5 亿元增长至 2022 年的 1 005.5 亿元，年均增长 34.2%。

服务质量稳步提升，对外贸易便利化“更上层楼”。西部陆海新通道作为中西部地区货物出海出边的主要通道和 RCEP 框架下连接中国与东盟地区最快速、最便捷的运输通道，通过不断深化供给侧结构性改革，打造“数智陆海新通道”。中国移动重庆公司利用 5G 网络优势及大数据、区块链等先进技术赋能数智通道建设，支持构建陆海新通道“13+1”省区市响应服务体系“陆海链”。“陆海链”建成后，就可试点中新铁海联运“一单制”电子提单项目，实现提单的签发、核验、查询、流转、创建授权等功能，实现物流、银行、保险、贸易企业、海船公司、码头等多方的数据互认、互信，提供跨境贸易融资等金融服务，推动贸易融资便利化，实现融资渠道多元化。通道沿线还建立多个信息服务平台，为企业提供高效便捷的信息服务。重庆搭建的跨区域物流信息服务平台，实现了铁路、港口、航运、“单一窗口”和核心场站的互联互通。洋浦港建立港区公共信息服务平台，对不涉证、不涉检的货物，可直接提货发货，简化进出境通关手续。通道沿线省区市已出台系列金融服务政策，推动省际金融合作，吸引国际金融服务机构，为陆海新通道建设提供金融支持，已上线全国唯一的跨境金融服务平台西部陆海新通道物流融资结算应用场景，累计为企业融资及支付 27.3 亿美元，减少跨境结算单证审核时间 90%。

思考讨论

1. 结合案例思考，建设陆海新通道对于推动西部地区经济高质量发展具有哪些积极作用？

2. 建设陆海新通道是全面扩大开放的具体举措，结合案例分析我国为什么要坚定实施对外开放的基本国策。

3. 党中央强调要构建以国内大循环为主体的新发展格局，这是否与坚定不移全面扩大开放相矛盾？

教学建议

本案例主要适用于第五章第三节“将改革开放进行到底”部分的辅助教学。案例主要展示西部地区以陆海新通道建设为契机，通过强化基础设施建设、拉动产业发展、促进对外合作、承接产业转移、推进贸易便利化等举措推动经济高质量发展的生动实践。

■ 组织教学建议

第一，教师在开展案例教学前，应组织学生通过预习或者课前讨论的形式从整体上把握我国对外开放的基本国策以及互利共赢的开放战略，并立足于新发展阶段把握西部陆海新通道及其建设的重大意义。西部陆海新通道位于我国西部地区腹地，北接丝绸之路经济带，南连21世纪海上丝绸之路，协同衔接长江经济带，战略地位极其重要。陆海新通道建成后，可利用铁路、公路、水运、航空等多种方式运输货物，由重庆向南经贵州等地，通过广西北部湾等沿海沿边口岸，通达新加坡及东盟主要物流节点；向北与中欧班列连接，利用兰渝铁路及西北地区主要物流节点，通达中亚、南亚、欧洲等区域。建设西部陆海新通道是我国立足新发展阶段、贯彻新发展理念、构建新发展格局、推动高质量发展的重要举措。

第二，教师在组织案例讨论环节，应引导学生结合案例的叙述逻辑分析陆海新通道建设取得的硕果，立足于实践层面总结陆海新通道为什么能够推动构建高水平对外开放格局。西部陆海新通道以运输物流通道及交通物流枢纽为载体，系统构建了供应链、产业链、价值链深度关联的国际贸易走廊和经济走廊。西部陆海新通道的建设极大地改善了西部地区的基础设施，畅通了西部地区对外贸易和投资，有力推动了中国西部地区的特色产品走向世界，加快了中部和东部地区产业向西部地区的转移。西部陆海新通道的快速发展，还进一步激发中国市场与东盟市场的协调衔接，贸易总量保持持续增长态势。西部陆海新通道通过一系列内外联动、东西协同的创举，有力推动了新发展格局的构建。

第三，党的十八大以来，在开放发展理念的指引下，诸多内陆城市以大通道、大平台、大产业协作为抓手，对接“一带一路”倡议，取得了举世瞩目的发展成绩，一个个不沿海也不沿边的内陆城市逐渐成为对外开放的新高地。教师应将这些城市和地区发展的实践逻辑与习近平经济思想的理论逻辑相结合，将新发展阶段、新发展理念、新发展格局等核心教学主题有机串联起来，形成完整的教学闭环。

■ 总结提升建议

第一，改革开放是决定当代中国命运的关键一招，也是实现第二个百年奋斗目标、实现中华民族伟大复兴的关键一招，必须坚定不移地实行。党的十一届三中全会以来，我国坚持对外开放基本国策，打开国门搞建设，实现了从封闭半封闭到全方位开放的伟大历史转折。改革开放的历史成就充分证明，对外开放是推动我国经济发展的重要动力，以开放促改革、促发展是我国发展不断取得新成就的重要法宝。西部地区是陆海内外联动、东西双向互济开放格局的重要组成部分，西部地区的发展事关我国改革开放和社会主义现代化建设全局。新时代推进西部大开发，要强化举措抓重点、补短板、强弱项，形成大开放、高质量的新格局。在以习近平同志为核心的党中央坚强领导下，经过各方共同努力尤其是西部地区广大干部群众的奋力拼搏，西部陆海新通道建设取得了巨大成就，为推动区域经济高质量发展、构建高水平对外开放格局提供了重要支撑。西部陆海新通道建设的成功经验表明，立足于中华民族伟大复兴新征程，我们必须牢牢坚持对外开放的基本国策不动摇，顺应我国经济深度融入世界经济的趋势，坚持内外需协调、引进来走出去并重、引资引技引智并举，依托我国大市场优势，促进国际合作，实现互利共赢。

第二，立足新发展阶段，以新发展理念引领构建新发展格局，具有重大战略意义。经过长期的奋斗和积累，在如期完成第一个百年奋斗目标的基础上，我国已经进入全面建设社会主义现代化国家、向第二个百年奋斗目标进军的新发展阶段。习近平在省部级主要领导干部学习贯彻党的十九届五中全会精神专题研讨班开班式上发表重要讲话，强调：进入新发展阶段、贯彻新发展理念、构建新发展格局，是由我国经济社会发展的理论逻辑、历史逻辑、现实逻辑决定的。进入新发展阶段明确了我国发展的历史方位，贯彻新发展理念明确了我国现代化建设的指导原则，构建新发展格局明确了我国经济现代化的路径选择。打造交通便捷、物流高效、贸易便利、产业繁荣、机制科学、具有较强竞争力的西部陆海新通道，正是立足新发展阶段，以开放发展理念引领构建新发展格局的关键举措。在经济方面，西部陆海新通道的建成将改变西部产业发展滞后的状况，解决区域发展不平衡的问题，并为国内大循环提供广阔的市场和巨大的投资机会，加快形成陆海内外联动、东西双向互济的经济发展新格局。在外交方面，西部陆海新通道的建设为周边国家和“一带一路”共建国家搭上中国发展的快车、实现共同繁荣发展提供重要机遇，有利于促进中国与共建国家互惠互利、友好相处。在国家安全方面，西部地区作为战略大后方的发展潜力巨大，建设西部陆海新通道，扩大西部开放，能够维护国家战略安全，为在大变局中保持我国战略定力提供有效支撑。实践表明，立足新发展阶段，以新发展理念引领构建新发展格局，是推动高质量发展的战略基点，是把握发展主动权的必然选择，是统筹发展和安全的必然要求，意义十分重大。

第三，构建新发展格局与坚定不移扩大开放并不冲突，而是辩证统一的。构建新发展格局在强调以国内大循环为主体的同时，还强调国内国际双循环相互促进，旨在有机协调两种循环之间的关系。以国内大循环为主体，绝不是关起门来封闭运行，而是通过发挥内需潜力，使国内市场和国际市场更好联通。习近平指出，既不能片面强调“以国内大循环为主”，主张在对外开放上进行大幅度收缩；也不能片面强调“国内国际双循环”，不顾国际格局和形势变化，固守“两头在外、大进大出”的旧思路。建设陆海经济新通道，旨在加快推动内陆城市融入高水平对外开放格局，以更大范围、更宽领域、更深层次、更高水平的对外开放国际循环提升国内大循环的效率和水平，提高我国生产要素质量和配置水平，进而为构建新发展格局提供支撑。对内来说，西部陆海新通道的建设拉动西部地区产业经济发展，释放强大内需潜力，有力支撑起了国内大循环。对外来看，新通道对接“一带一路”，辐射能力较强，通过新通道的建设，西部地区融入了对外开放格局，有力促进了国际循环。新通道的建设成效，有力地证明了扩大开放与我国构建国内国际双循环新发展格局之间的辩证统一关系。

启示意义

提升我国对外开放水平、完善我国经济格局，必须加快推动内陆地区的改革开放。当前，国内外形势日趋复杂严峻，大国博弈、新技术革命等多重力量对全球发展格局造成巨大冲击，与此同时，我国经济进入转型发展关键期，区域格局与开放形势发生重大变化，内陆地区在推动我国经济发展中的作用日益增强。新时代新征程，要充分贯彻落实开放发展理念，将沿海开放向内陆开放延伸，积极打通内陆地区对外开放新通道，加快形成新的经济增长动力源。同时，要加强内陆开放型经济制度创新，充分释放内陆地区作为我国战略大后方的发展潜力，维护国家战略安全，为在大变局中保持我国战略定力提供有效支撑。

案例
6

深圳案例：从“鸭屎围”到“岭南第一村”的蜕变

核心阅读

40 多年前，深圳南岭村是一个只有不足 800 人的小村庄，房屋破旧，道路坑洼泥泞，吃粮靠返销，生活靠救济，人们将其称为“鸭屎围”。改革开放以来，伴随深圳城市的高速发展，以基层党建引领全面深化改革，从经济改革到精神文明建设，从人才培育到社区治理，形成了以社区党委为核心、自治组织为主体、集体经济组织为支撑、群团组织为辅助，全社区共同参与的居民共治格局，不断积蓄推动南岭村成长和蜕变的内生动力。40 多年前，南岭村人均年收入仅 100 元，集体资产不足 7 000 元，而现在集体固定资产超过 35 亿元，昔日的“鸭屎围”已然街道整洁，生活、文化、娱乐设施一应俱全，全村人勤劳乐业，生活安定祥和，成为远近闻名的“岭南第一村”。

40 多年前，南岭村还是一个只有不足 800 人的小村庄，人均年收入仅 100 元，集体资产不足 7 000 元。

“小时候的南岭村是一间挨着一间的老围屋，臭水沟很多，大家都说这里是‘鸭屎围’。”这是村民记忆中 20 世纪 70 年代末南岭村的景象。

南岭村有着 500 多年的历史，改革开放前，村民以耕种为主。当时的南岭村，房屋破旧，道路坑洼泥泞，吃粮靠返销，生活靠救济，贫困的生活迫使不少村民逃到香港谋生。

“死了以后，骨灰都不要吹回南岭村！”南岭村老书记张伟基没有忘记当年逃港村民说过的话，而正是这句话使他暗下决心，要带领村民闯出一条致富之路……

40 多年过去了，昔日的“鸭屎围”已然街道整洁、新楼林立，商店、市场、酒楼、邮局、银行、公园、剧院、学校、医院、体育场、图书馆等生活、文化、娱乐设施一应俱全，全村人勤劳乐业，生活安定祥和，成为远近闻名的“岭南第一村”。

南岭村的这条发展致富之路，从何而起，通往哪里？

从“种房子”到“种高科技企业”

“43 万元的故事”在南岭村可谓家喻户晓。1980 年，深圳经济特区正式建立，南岭村发展的机会也随之到来。特区建立后，政府开始大规模征地，用于开展基建工作。两年后，南岭村第一生产队拿到一笔43万元的征地补偿款。对于当年的南岭村来说，这无疑是一笔巨款。

怎么办？有些村民说，从来也没见过这么多钱，干脆把它分掉。按照家里的劳动力来分，当时的南岭村老书记张伟基家分的应该是最多的。但张伟基秉持一颗公心，充分发挥党员的先锋模范作用，冲锋在前、吃苦在前，组织党支部讨论后，决定把这笔钱用来建厂房，并且说服了村民。就这样，43万元就变成了南岭村的“第一桶金”。

为了招商引资，南岭村首先从环境入手，张伟基书记带领南岭村村民突击修路，清扫垃圾，拆除猪牛栏，栽花种树，美化村容村貌，为吸引投资创造环境。为了招商，村干部们守在新安酒家。“等外商、谈判、签合同，时间很紧。有一次为了赶时间，老书记三口两口就吞下一碗滚烫的云吞，然后继续工作。”老党员张秋如回忆说。

正是这种干工作“不讲价钱”、不谈条件，招之即来、来之能战的精神，让南岭村能够在艰难的条件下一步一步发展起来。1984年底，当时仅有134户家庭的南岭村，已办起了13家来料加工厂，人均收入达3 500元。1986年，南岭村建起了第一个工业区，村里家家户户建起了新房，从贫穷走向了小康。

在随后的日子里，南岭村紧跟转型升级步伐，努力调整经济结构，发展文化创意、酒店旅游、高新科技等产业，积极从工业经济迈向创新经济。为大力发展酒店旅游服务业，南岭村全资建设五星级标准的求水山酒店。为发展文化创意产业，腾笼换鸟，南岭村将原来4家来料加工厂旧厂房改造成“中国丝绸文化产业创意园”，获评国家文化产业示范基地。

2016年，南岭村社区集体经济收入达3亿元，人均收入达15万元，集体固定资产达30亿元。虽然自2010年以来，南岭村的集体经济收入每年稳步增长，但南岭村社区党委书记张育彪认为，珠三角“有钱、有地、有厂房”的基层社区很多，竞争将越来越激烈，深圳的土地资源越来越稀缺，以厂房和商铺出租为主的“房东经济”和“包租公”模式是不可持续的。因此，南岭村社区开始探索涉足高科技产业的创业投资，向科技要未来，向创新要效益。张育彪说，“我们要从过去种田、‘种’房子，转变为‘种’高科技企业”。在深圳乃至全国产业结构优化调整、追求高质量发展的时代背景下，南岭村紧跟创新驱动步伐，努力有所作为。2017年，南岭村集体资金控股的南岭股权投资基金管理（深圳）有限公司成立，是国内首个村集体经济成立的私募股权、创业投资基金管理人。从人工智能“深知未来”，到激光雷达“欢创科技”，再到高端装备“劲鑫科技”，短短几年间，南岭村投资了10多家初创企业，有的项目估值实现了几十倍增长。先进制造业企业劲鑫科技、欢创科技、鑫精合激光，获评国家专精特新“小巨人”企业。2022年4月，海创药业成功登陆科创板，成为南岭村坚持创业投资6年来收获的第一家上市公司。张育彪实现了当初许下的“带着村民去敲钟上市”的诺言。

“致富思源，不忘党恩”

在大力发展经济的同时，南岭村社区党委始终把精神文明建设放在重要位置，建设了一批极富特色的学习教育基地。

在求水山下，坐落着深圳市“五史”学习教育实践基地——南岭村致富思源展览馆。

一张张老照片、一件件历史实物，反映了当年的真实面貌：简陋的灶头、破旧的农具……贫困的生活迫使不少村民逃到香港谋生。致富思源展览馆展示了南岭村改革开放以来翻天覆地的变化，更提醒访客“富而思进”“听党话、感党恩、跟党走”。

致富思源。张育彪大力提倡，“穷时要有穷志气，富时没有富毛病”，“富而好劳、富而崇劳、富而好学、富而思进”。南岭村规定，大中专毕业生回村参加工作，必须先在村里活重活累的修路队、清洁队劳动锻炼一段时间。村民“凡是有劳动能力而不参加劳动者，一律不得分红”。因此，在南岭村不管多么富裕的人家都不会不劳动。在寸土寸金的今天，南岭村还保留了20亩水稻田作为青少年劳动教育基地，每年暑假，家长都会领着孩子到水稻田里插秧劳动。劳动，在南岭村不仅是谋生的手段，也是教育村民的有效手段。

不忘党恩。南岭村村民不忘党恩，不仅体现在展览馆里，更体现在实际行动上。率先富裕起来的南岭村秉持着“共同富裕”的目标，先富帮后富，共奔小康路。40多年来，南岭村践行“感恩改革开放，回报全国人民”的理念，截至2022年，南岭村以各种方式支援国防事业、部队建设，在陕西、江西、广西等地建设了32所希望学校，捐赠扶贫济困资金达9 000多万元。

“不能富了口袋，穷了脑袋”

仓廪实而知礼节。富起来的南岭村坚持做到两个文明一起抓，两手都要硬。南岭村社区党委充分意识到，科学发展、转型升级，知识和人才是最重要的，抓好了教育就是抓好了未来。因此，“不能富了口袋，穷了脑袋”，是富裕后的南岭村对教育的坚定执着和信念。

为了提高村民的科学文化水平，南岭村社区办文化夜校，鼓励村民“充电”；搭建的24小时自助图书馆设有自助借阅室和报刊阅览室，藏书22类共3万多册、报刊600多种，馆内借阅图书实行全市通借；为村里上学的孩子提供帮助；投入巨资建起高标准的幼儿园、中小学和儿童游乐场，让下一代在良好的环境中健康成长。为鼓励村民子弟读好书，村里专门出台激励措施：对考上名牌大学的学生，奖励10万元至50万元不等；对出国留学生，奖励20万元。

南岭村社区党组织不仅注重提升村民的科学文化水平，还设立了夕阳红合唱团、青年舞蹈队、手工创意坊、艺术班、刺绣班等，开展了多姿多彩的文化体育活动，充实丰富了村民的业余生活，引导了文明新风的形成。

“给钱给物，不如给个好支部”

作为深圳市第一个“村改居”社区党委，南岭村社区党委始终担当社区治理“主心骨”，集众智、聚众力、成众事。南岭村把服务民生作为基层党建的出发点和落脚点，积极构建共建共治共享的社区治理格局。

南岭村党委定下了“先定制度后定事”的规矩，率先响应“政企社企分开”改革，健全了社区班子联席会议和党群联席会议制度，以制度规范社区治理。同时南岭村推动建立街道、社区、居民纵向三级区域化平台，调动多方力量参与社区治理。为激活居民自治能力，南岭村在社区治理运行中，探索“党支部＋”联动治理模式，先后组建了“党支部＋

环保宣传队”“党支部＋家和万事兴邻里调解队”等队伍，由党员带动群众参与社区治理。坚持党建引领，以问题为导向，用参与式工作手法、“人情”来化解邻里之间的纠纷，将社区矛盾化解在萌芽状态，让小事不出小区，大事不出社区。

为了打通居民服务“最后一公里”，2010年，南岭村社区建成全市最大、功能齐全的社区党群服务中心，室内面积达8 000平方米，户外广场达6 000平方米，面向群众提供63项政务服务、43项便民服务，同时推动智慧社区建设，新建自助服务站，24小时为居民提供101项自助服务。

“当选民主法治示范村”

2021年，南岭村社区入选第八批全国民主法治示范村（社区）。

作为一个农村城市化的“村改居”社区，其管理人口多，人口结构复杂，既为社区发展带来了活力，也给如何激发居民参与社区治理的热情抛出一个问号。南岭村治理有序、邻里相亲的背后，是基层党组织以法治建设强化社区治理的生动实践。

开展多元普法。建立“街坊议事堂”，推进法治进机关、进社区、进企业、进学校，开设“每周说法”直播课堂，组织“模拟法庭进校园”等活动，开展全方位立体式法治宣传教育。提倡遇事找法。深入推进“一社区一法律顾问”，邀请法官、检察官、律师把公共法律服务送到群众身边。严格依法办事。在社区综合建设、财务管理等方面制定制度，建立公示评议、监督反馈等机制，让社区日常事务有规可依。

思考讨论

1. 从“鸭屎围”到“岭南第一村”，南岭村发展的时代背景是什么？其进行了哪些探索？

2. 结合案例思考，步入新时代，党中央为何要进一步推进全面深化改革？其意义何在？

3. 结合案例，谈一谈你如何理解坚持和加强党的全面领导对于全面深化改革的带动引领作用。

教学建议

本案例主要适用于第五章第三节“将改革开放进行到底”部分的辅助教学。案例主要展示深圳南岭村以基层党建引领全面深化改革，从昔日的“鸭屎围”蜕变为“岭南第一村”的典型事例。

■ 组织教学建议

第一，在案例讨论前，教师应着重引导学生运用马克思主义基本原理对改革的内涵进行把握。唯物史观认为，生产力决定生产关系，生产关系反作用于生产力。改革从根本意义上说是生产关系为适应生产力发展所做的自我调整和完善，这是社会主义制度的特有属性，也是不断完善和发展中国特色社会主义制度的内在要求。恩格斯指出：“所谓‘社会主义社会’不是一种一成不变的东西，而应当和任何其他社会制度一样，把它看成是经常变化和改革的社会。”马克思主义经典作家关于社会主义制度的这一科学论断，在当代中国持续40多年的改革开放进程中得到了充分证明。

第二，教师应引导学生准确把握坚持深化改革的重大历史意义和时代价值。改革开放40多年来，我国的经济实力、科技实力、国防实力、综合国力进入世界前列，人民生活水平大幅提高，国际地位显著提升。党的十八届三中全会再次提出全面深化改革总目标，并把党的制度建设和治理能力建设摆在更加突出的位置，为走好“后半程”、续写中国特色社会主义“大文章”提供了基本遵循。新时代以来，党的面貌、国家的面貌、人民的面貌、军队的面貌、中华民族的面貌发生了前所未有的变化，中华民族正以崭新姿态屹立于世界东方。历史雄辩地证明，改革开放是决定当代中国命运的关键一招，也是实现第二个百年奋斗目标、实现中华民族伟大复兴的关键一招。

第三，教师要引导学生深入理解，南岭村之所以能够完成从“鸭屎围”到“南岭第一村”的蜕变，关键在于坚持和加强党的全面领导。改革是对社会主义生产关系和上层建筑的调整，使之适应生产力和经济基础发展的新要求，是社会主义制度的自我完善和发展，而不是改弦易张。习近平强调：“这里面最核心的是坚持和改善党的领导、坚持和完善中国特色社会主义制度，偏离了这一条，那就南辕北辙了。”党的领导是中国特色社会主义最本质的特征，也是推动改革目标达成的最关键因素。唯有强化党建引领作用，提升基层党组织的组织决策水平和工作效能，改革开放这项系统性工程才会有坚强的领导，事业发展才会有把航向、定大局的“舵手”。无论什么时候，都要坚持党对改革工作的领导，在党的坚强领导下实施各项改革战略，有力有序推动各项工作高效落实。

■ 总结提升建议

第一，改革开放是党和人民大踏步赶上时代的重要法宝。只有社会主义才能救中国，只有改革开放才能发展中国、发展社会主义、发展马克思主义。党的十一届三中全会作出把党和国家工作中心转移到经济建设上来、实行改革开放的历史性决策，是中华民族发展史上的一次伟大革命。20世纪80年代，南岭村大力招商引资换来的第一次腾飞，正是由于改革开放和深圳经济特区的设立。改革开放给南岭村的“敢闯敢试”提供了政策条件，改革开放引领南岭村走上发展的正确道路。南岭村的巨变，关键在于搭上了改革开放的“早班车”，主要得益于对改革开放基本路线的遵循，是我国改革开放历史性变革的生动缩影。

第二，全面深化改革是全面建设社会主义现代化国家、实现中华民族伟大复兴的必由之路。邓小平同志说过，“改革是中国的第二次革命”。第一次革命是党领导人民推翻三座大山，建立新中国。改革作为第二次革命，是为了破除发展社会生产力的体制机制障碍，使中国摆脱贫穷落后的状态。步入新时代，党中央提出“全面深化改革”，这无疑是一场新的伟大革命。这一革命的重大意义就在于，确立了“完善和发展中国特色社会主义制度、推进国家治理体系和治理能力现代化”这一全面深化改革的总目标，开辟了以制度现代化促进治理现代化的改革新进程，这是建成社会主义现代化强国的必然选择和必由之路。借着全面深化改革的东风，在新发展理念的指引下，南岭村把服务民生作为基层党建的出发点和落脚点，全面推动向多元共治的城市社区治理转型，同时在精神文明建设、法治建设、公共服务、社区治理的体系和能力建设上下功夫。正是由于将全面深化改革落到了实处，真正通过改革推动经济发展、社会进步和治理能力提升，南岭村才能取得更加辉煌的成就，蜕变为远近闻名的“岭南第一村”。

第三，坚持和加强党的全面领导是推动全面深化改革的“定海神针”。中国特色社会主义最本质的特征是中国共产党领导，中国特色社会主义制度的最大优势也是中国共产党领导。改革开放40多年的实践启示我们，党的集中统一领导是保证全面深化改革乘风破浪、奋勇向前的指南针、定盘星和压舱石。习近平强调：“中国是一个大国，决不能在根本性问题上出现颠覆性错误，一旦出现就无法挽回、无法弥补。”新形势下全面深化改革难度大、阻力大、风险也大，在纷繁复杂的形势面前，改革的任务越重，就越需要加强党对各项工作的引领。南岭村社区始终坚持以人民为中心，以服务群众为抓手，组织建立起了街道、社区、居民三级，上下贯通、横向联动、覆盖广泛、组织有力的党建工作体系。在完善的党建体系之下，南岭村基层党组织在各项工作中充分发挥领导核心作用，全力聚焦抓党建、抓治理、抓服务，通过党建引领，推进社区的共建共治共享。另外，南岭村还充分发挥党员的先锋模范带头作用，党员在推动经济转型、社区治理等多项工作中都冲锋在前。南岭村的实践和改革开放40多年的经验已经证明，只有在党的坚强领导下，充分发挥基层党组织的自治力、凝聚力和战斗力，才能寻求改革和发展的最大公约数，把改革的力度、发展的速度、社会可承受的程度统一起来，凝聚共识，化解各种矛盾，并最终实现第二个百年奋斗目标。

启示意义

中国要前进，就要进一步全面深化改革，除此之外，别无他途。改革开放是我们党的历史上一次伟大觉醒，是决定中国发展的根本动力。我国过去40多年的快速发展靠的是改革，我国未来要全面建成社会主义现代化强国、实现中华民族伟大复兴的中国梦也必须坚定不移依靠改革。改革开放是当代中国发展进步的活力之源，是党团结带领人民大踏步赶上时代前进步伐的重要法宝，是坚持和发展中国特色社会主义的必由之路。改革只有进行时，没有完成时。党的二十届三中全会已经吹响了进一步全面深化改革的冲锋号，我们要准确把握全面深化改革的“六个坚持”重大原则，尤其是要坚持党的全面领导原则，锚定奋斗目标，增强历史自信，坚定必胜信念，为实现中国式现代化积蓄动力和活力。

案例
7

毕节：新发展理念的坚定贯彻者

核心阅读

贵州省毕节市建设贯彻新发展理念示范区的实践是我国推进乡村振兴的一个生动事例。2018 年 7 月，习近平总书记对毕节试验区工作作出重要指示，“着力推动绿色发展、人力资源开发、体制机制创新，努力把毕节试验区建设成为贯彻新发展理念的示范区”。多年来，毕节人民牢记总书记的嘱托，在新发展理念的指引下，坚持推动绿色发展、人力资源开发、体制机制创新，打赢脱贫攻坚战，一步一个脚印地从普遍贫困迈向全面小康。脱贫攻坚以来，毕节市 207.04 万农村贫困人口全部脱贫，脱贫人口位居全国第一，书写了中国减贫奇迹的毕节篇章。2024 年，毕节全市地区生产总值达 2 457.59 亿元，全市农林牧渔业总产值 952.75 亿元。毕节持续绘制我国乡村振兴的新画卷，为我国欠发达地区推进经济高质量发展提供了宝贵样本。

曾经的毕节，一贫如洗，是我国西部贫困地区的典型。1988 年，国务院批准建立毕节“开发扶贫、生态建设”试验区，开启了一场前所未有、目光深远的反贫困试验。30 多年来，毕节试验区建设取得显著成效，2020 年完成了脱贫攻坚任务，实现了人民生活由普遍贫困到全面小康、生态环境从不断恶化到明显改善的重大跨越。如今的毕节，轻舟已过万重山，早已旧貌换新颜。

振兴产业，巩固脱贫攻坚成果

铜刀为笔、蜡液为墨，勾勾画画，花鸟鱼虫便“跃”上白布……化屋村的农家女正埋头制作蜡染。店里还摆着挂件、背包、灯罩等苗绣工艺品，据说有的苗绣能卖 980 元。

2021 年 2 月，习近平在化屋村考察调研时指出，特色苗绣既传统又时尚，既是文化又是产业，不仅能够弘扬传统文化，而且能够推动乡村振兴，要把包括苗绣在内的民族传统文化传承好、发展好。

近年来，黔西市搭建苗绣研发、生产、销售、展示平台，培训绣娘 500 多人次，从业人员有 200 多人，并建设以苗绣为特色的产业园。

化屋村紧盯苗绣、蜡染等产业，走出了一条农文旅融合发展之路。2022 年，村民人均可支配收入 2.5 万多元，是 2020 年的两倍多。

毕节市紧紧围绕蔬菜、茶叶、食用菌、中药材、马铃薯、核桃、肉牛、家禽等特色优势产品，持续推动规模化、标准化、品牌化、绿色化发展。到 2022 年底，全市种植蔬菜 180.38 万亩、水果 159.79 万亩、茶园 100.5 万亩、中药材 103.55 万亩、食用菌 8.18 万亩、特色林业 260.87 万亩，累计获得粤港澳大湾区菜篮子基地认证 72 个。

截至 2022 年底，毕节农业总产值达 921.4 亿元，同比增长 4.5%；全市农村常住居民人均可支配收入达 13 311.87 元，同比增长 7%；脱贫人口家庭人均纯收入达 12 733 元，同比增长 15.5%。

践行“两山”理念，建设绿色宜居家园

乌江是贵州的“母亲河”，承载着全省一半以上的人口和经济总量。过去，沿岸不少地方“靠山吃山、靠水吃水”，开荒种粮、网箱养鱼、驾船捕鱼、污水直排……乌江水质一度变差。

近年来，贵州掀起“铁腕”治污风暴，全流域取缔网箱养鱼，全面落实长江十年禁渔措施，全面推行五级河长制，大力整治沿岸磷化工污染……乌江生态环境得到明显改善，干流水质已全面达到Ⅱ类标准。

过去很长一段时间，随着排水造田和城市化进程加快，草海水域面积急剧萎缩，水质一度处于Ⅴ类和劣Ⅴ类。为了挽救草海，近年来，威宁彝族回族苗族自治县大力实施退城还湖、退村还湖、退耕还湖等六大工程，推进草海生态保护与综合治理。

短短数年，草海的保护与治理成效明显。草海候鸟种类已由 2016 年的 220 种增加到 2023 年的 246 种，生物物种数由 2016 年的 1 954 种增加到 2023 年的 2 600 多种。

毕节的森林覆盖率从 1988 年的 14.9%上升到 2023 年的 60%。从城市到乡村，从山川到河流，处处都洋溢着生机与活力。

高山云雾出好茶，生香甜润富民生。毕节把茶文化、茶产业、茶科技统筹协调起来，采取科学的生产方式，创新绿色技术、产品和服务，拉长以茶产业为基础、以文化为依托、以康养为载体、以旅游为目的的产业链，推动生态产业化。毕节已初步建成了以金沙县为中心的“中国贡茶”产业带，以纳雍县为中心的“中国高山生态有机茶”产业带，以七星关区为中心的“中国古树茶”产业带，以威宁自治县为中心的“乌撒烤茶”产业带，以织金县为中心的“高氨基酸茶”产业带。2022 年，毕节茶园面积达 100.5 万亩，实现产值 44.506 亿元。

依托良好的土壤和气候资源，织金县因地制宜、规模化种植皂角树，将皂角籽加工成药食两用的产品，在“公司＋合作社＋农户”的发展方式下，皂角树成了“摇钱树”。织金县带动当地群众致富增收，走上收获甜蜜皂角的幸福路。截至 2023 年 7 月，织金县共种植皂角 50 多万亩，带动全县 20 多万人就业增收。

涵养人才，变“人口压力”为“人口红利”

毕节市地处乌蒙山腹地，户籍人口达 950 多万，占全省人口的近 1/4，是贵州省人口第一大市。长期以来，这里人力资源开发水平较低，劳动年龄人口平均受教育年限远低于全国平均水平，导致人力资源优势未能充分释放。

随着毕节市全力打造示范区，仅毕节高新区就已经聚集了贵航新能源、清华同方等高新技术企业。

2017年9月，毕节职业技术学院与广州港集团制定了校企双元育人“订单班”实施方案并签订合作协议，开始了东西部协作、校企合作的办学实践。5年后，学校已有合作企业18家，合作专业18个，订单班数量52个、学生1 896人，其中低收入家庭学生占比达80%。

毕节市的大方县，绿色的山川与古朴的民居宛如一幅画卷，而此画卷的一角便是具有千年历史的大方漆器作坊。在大方漆器作坊，1 000余名工人有序开展填色、质检、组装等工作。眼前的漆器工艺独特，色泽光润，让人感受到历史的传承和深厚的民族文化底蕴。彝族漆器工匠高光友正在细心检验制作出来的漆器。大方漆器这一国家级非物质文化遗产，不仅是传承古代髹饰技艺的艺术瑰宝，也成为当地富民增收的新兴产业。

2022年，毕节市选派2 660名农技人员和492名科技特派员，深入基层开展农技服务。充分依托东西部协作机制，培育打造“七星康养”“织金绣娘”“草海陪护”“毕节建筑工”等一大批劳务技能品牌，完成农民培育21.76万人。

数字记录了毕节人才资源的变化。截至2024年10月，毕节全市人才资源总量达124.4万人，比2018年增加了52.08万人，年均新增8.68万，总量居全省第二，技能人才占人才资源总量的33.13%，增量和增幅均为全省第一。

深化体制机制创新，为高质量发展守好大后方

在威宁县政务服务中心企业开办综合服务区，贵州一树祖家连锁药业有限公司负责人张雁仅花10分钟就办理好了营业执照。企业开办当日办结改革，毕节探索以体制机制创新破解经济社会发展难题，实现便民利民。

近年来，毕节坚持“事前”登记便利化、“事中”监管规范化、“事后”服务精准化，深入推进商事制度改革，优化营商环境，有效激发市场活力。因深化商事制度改革成效显著、落实事中事后监管等相关政策措施社会反响好，毕节先后两次被国务院授予“督查激励”通报表扬。

为打造一流营商环境，毕节创新推出“四减一降”集成服务套餐，将手续办理时间从以前的平均2.5个工作日减至1个工作日，做到当日办结。同时，持续深化“贵人服务·毕须办”品牌，实现3 635个事项“全省通办”、275个事项“跨省通办”。

为夯实村级集体经济发展根基，毕节探索出党组织领办集体合作社的创新工作。其以“公司+合作社+农户”的组织方式，重新构建起村集体与村民新的经济联结纽带，通过建立“217”分配机制，即合作社纯收益的20%留存发展、10%奖励分配给合作社管理人员、70%按股分红，村集体分红部分又拿出一定比例投向村内公共设施和公益服务，鼓励群众劳动取薪。截至2023年7月，全市由党支部领办合作社7 229个，入社群众达74.4万户300.6万人，村级集体经济年收入5.47亿元，农民人均可支配收入突破12 000元。

为破解公营养老机构的服务半径较小，难以辐射城市街道社区和满足社区老人的寄养、日托需求等难题，毕节推动养老服务业市场化改革，探索把公办养老院推向市场，促进养老产业健康发展。

七星关区碧海街道敬老院和社区老年人日间照料中心在建设过程中，采取公建民营方式，公开招投标引入民营养老服务公司参与建设运营，打造出集生活照料、康复保健、休闲娱乐为一体的优质养老服务机构。这一模式已经在全市进行推广，取得良好效果。

思考讨论

1. 毕节在试验区建设过程中是如何贯彻新发展理念的？这为我国欠发达地区的高质量发展带来哪些启示？

2. 为什么习近平说“绿水青山就是金山银山”？结合本案例谈谈你的理解。

3. 毕节是如何将“人口压力”转变为“人口红利”的？这对毕节推进高质量发展有何意义？

教学建议

本案例主要适用于第六章第一节“完整、准确、全面贯彻新发展理念”和第十二章第一节“坚持人与自然和谐共生”部分的辅助教学。本案例主要介绍了毕节建设贯彻新发展理念示范区以来，持续固根本、显特色、补短板、强机制、活动能，为欠发达地区、生态脆弱地区、资源型地区探索出一条实现高质量发展之路。

组织教学建议

第一，教师可以引导学生通过本案例把握新发展理念的内涵，以及贯彻新发展理念对推进高质量发展的重大意义。毕节建设贯彻新发展理念示范区实践的典型性在于，它既是我国推进乡村振兴、打赢脱贫攻坚战的一个生动事例，又是坚持协调发展、践行“两山”理念和持续深化体制机制创新的典型样本。因此，教师通过对本案例的分析不仅要使学生深刻理解创新、协调、绿色、开放、共享的内涵，还要使其认识到坚定不移贯彻新发展理念是实现高质量发展的必由之路。

第二，在案例导入环节，教师可以通过真实图片展示和相关报道介绍等方式使学生直观感受毕节从贫困区到试验区再到示范区的蜕变过程。教师可以向学生展示毕节从1988年建设“开发扶贫、生态建设”试验区到建设贯彻新发展理念示范区不同阶段的照片，辅以相关报道，以对照比较的方式直观而清晰地揭示毕节如何在新发展理念的引领下一步一步从普遍贫困跨越到全面小康。这不仅可以通过视觉冲击使学生快速进入案例情境，而且可以促使学生主动思考贯彻新发展理念的必要性和必然性。

第三，教师在组织讨论环节，可以启发学生思考坚持问题导向、发挥比较优势对于毕节示范区建设的重要性。教师可以首先对案例内容进行一定的拓展，向学生简要介绍毕节市的相关情况，然后进一步引导学生分析毕节进行脱贫攻坚和推进高质量发展的优势与劣势，进而使其主动回答毕节如何在新发展理念的引领下破解发展难题、形成竞争优势。

第四，教师应注意通过本案例引导学生把握社会主义生态文明建设的重要意义。教师要通过本案例使“绿水青山就是金山银山”的观点具象化，使学生明白，无论是脱贫攻坚还是发展产业，都不能以牺牲环境为代价。相反，深入践行绿色发展理念不仅能够助力乡村振兴，为旅游产业化加速提质，而且能够筑起生态宜居的家园，真正实现人与自然和谐共生。

■ 总结提升建议

第一，推动高质量发展，必须以新发展理念为引领，坚定不移贯彻创新、协调、绿色、开放、共享的新发展理念。高质量发展，是能够很好满足人民日益增长的美好生活需要的发展，是体现新发展理念的发展，是创新成为第一动力、协调成为内生特点、绿色成为普遍形态、开放成为必由之路、共享成为根本目的的发展。新发展理念是指挥棒、红绿灯，是引领我国发展全局深刻变革的科学指引，必须完整、准确、全面地理解和把握。对新发展理念的贯彻程度，直接关乎发展方式、发展动力、发展领域、发展质量的变革路径和水平，决定着发展的走向。在本案例中，毕节市自开启贯彻新发展理念示范区建设之路以来，完整、准确、全面贯彻新发展理念，坚持以新发展理念指导实践、推动工作，始终围绕建设贯彻新发展理念示范区的总目标，推动自身在发展理念、发展方式、发展定位、发展主题和发展模式上实现蝶变。毕节不仅持续创新体制机制，为乡村振兴注入新活力、催生新成效，因地制宜地发展产业，巩固拓展脱贫攻坚成果，实现区域协调发展，而且坚持践行“绿水青山就是金山银山”的理念，保护生态，助农增收，以开放的人才政策化“人口压力”为“人口红利”，探索出强村和富民互促互进、共享成果的高质量发展之路。

第二，全面推进乡村振兴，必须因地制宜，统筹规划，协调发展，扎实稳步推进。实施乡村振兴战略，农业农村现代化是总目标，产业兴旺、生态宜居、乡风文明、治理有效、生活富裕是总要求，建立健全城乡融合发展体制机制和政策体系是制度保障。在乡村振兴的过程中，必须贯彻协调发展理念，处理好长期目标和短期目标的关系，处理好顶层设计和基层探索的关系，处理好充分发挥市场决定性作用和更好发挥政府作用的关系，处理好增强群众获得感和适应发展阶段的关系。只有因地制宜，充分发挥比较优势，才能形成竞争优势。在本案例中，毕节因地制宜地发展优势特色产业，大力发展苗绣、蜡染等产业，利用自身的自然资源、人力资源和政策优势，推动生态产业化，带动人民就业增收，走出了一条适合欠发达地区的农文旅融合的高质量发展之路。

第三，“绿水青山就是金山银山”，处理好绿水青山和金山银山的关系，关键在人，关键在思路。从根本上讲，绿水青山和金山银山是辩证统一、相辅相成的关系。绿水青山既是自然财富、生态财富，又是社会财富、经济财富。让绿水青山充分发挥经济社会效益，不是要把它破坏了，而是要把它保护得更好。因此，必须要处理好高质量发展和高水平保护的关系，通过高水平环境保护，不断塑造发展的新动能、新优势，着力构建绿色低碳循环经济体系，有效降低发展的资源环境代价，持续增强发展的潜力和后劲。在本案例中，无论是对乌江流域的系统治理，还是对草海的生态保护，毕节以其显著的生态修复成效生动诠释、践行了“两山”理念。不仅如此，在这一条绿色发展新赛道上，毕节创新绿色发展模式，推动绿色产业成为主导产业，把茶文化、茶产业、茶科技统筹协调起来，采取科学的生产方式，创新绿色技术、产品和服务。毕节以绿色发展理念为引领，真正将绿水青山变为金山银山。

第四，牢固树立人力资源是第一资源的理念，把人力资源开发工作摆在经济社会发展的突出位置。人才引领驱动是经济社会发展的基本规律，要坚持把人才资源开发放在最优先位置，激发各类人才创新活力，按照创新规律培养和吸引人才，按照市场规律让人才自由流动。在欠发达地区推进乡村振兴，汇聚人才和用好人才显得尤为重要。在本案例中，毕节聚焦建设人力资源开发培育基地，大力发展职业教育，提升人力资源服务水平，培养高素质劳动者，全力推进人力资源开发各项工作，为全市经济社会高质量发展提供坚强的人力资源服务保障。毕节在“引育用留”上强化措施，为乡村振兴提供源源不断的人才支撑，充分依托东西部协作机制，培育打造“七星康养”“织金绣娘”“草海陪护”“毕节建筑工”等一大批劳务技能品牌。毕节通过一系列举措把人口规模优势变成人力资源优势，为高质量发展夯实人才基础。

■ 启示意义

只有强化问题导向，坚持系统思维，盯紧高质量发展的重点和关键，不断地补短板、强弱项，才能推动贯彻新发展理念的实践迈向纵深。经济工作从来都不是抽象的、孤立的，而是具体的、联系的，坚持问题导向和系统思维是推进经济高质量发展的内在要求。毕节在建设贯彻新发展理念示范区的过程中，全力破解发展约束和潜力的难题，在发展产业、保护生态、乡村建设、助农增收和基层治理等方面全面发力。毕节的成功，很大程度上得益于其坚持问题导向、靶向发力，深入打好环境污染防治攻坚战，重拳治水、攻坚扩绿、铁腕治矿、科学治理石漠化及水土流失，牢牢守住了发展和安全的底线。毕节实现高质量发展的样本为我国全面推进乡村振兴提供了宝贵经验。

案例

8

揭秘东莞松山湖的创新魔力

核心阅读

因创新而生，依创新而兴，靠创新而强。从一片无人知晓的“荔枝林”到一座远近闻名的“科学城”，东莞松山湖牢牢牵住科技创新这个“牛鼻子”，把以科技创新为核心的全面创新充分融入经济社会发展的各方面各环节，真正把创新这个“关键变量”转化为高质量发展的“最大增量”。在这片创新热土上，大科学装置、大科研平台迎来收获的季节，高水平大学、新型研发机构、龙头企业加速汇聚，海内外人才慕名而来，加速构建起全链条全过程全要素创新生态。2020 年 7 月，松山湖科学城正式被纳入粤港澳大湾区综合性国家科学中心先行启动区。在推动创新引领经济社会高质量发展的征程上，松山湖经验的示范效应愈发凸显。

过去 20 多年，松山湖坚持一张蓝图绘到底，层层升级蝶变，实现了从科技产业园，到国家级高新区、珠三角国家自主创新示范区，再到综合性国家科学中心的数次飞跃。

为什么是松山湖？为什么又是松山湖？

机会当然是青睐有准备者的。早在 2001 年 7 月，东莞市第 20 次市委常委、副市长联席会议就原则上同意了筹备建设松山湖科技产业园的计划；11 月，松山湖科技产业园经广东省政府批准成为省级高新区，并更名为东莞松山湖科技产业园区；2002 年 1 月，园区正式奠基。奇兵出重围，巨笔绘新卷。在巍峨山下、松山湖畔，一座未来之城轮廓初显便露峥嵘。2002 年，松山湖被评为“中国最具发展潜力的高新技术产业开发区”，犹如黑马，扬蹄欲奔。

2006 年，在得知中国散裂中子源项目短期内不会直接带动 GDP 增长的情况下，东莞市委、市政府依然积极争取其落户松山湖，并给予最大程度的支持，提供全方位服务。像这样的项目，松山湖聚集了很多……随着时间的推移，一批重大科技基础设施平台生根发芽，前沿基础领域引领性的原创研究开花结果……站在前沿、想在前头、走在前列、引领前进的创新思考，重新定义了东莞的气质。

聚天下英才而用之

松山湖加快改革步伐、健全激励机制、改善政策环境，全力为各类人才搭建成长进步、施展才华的广阔舞台。松山湖立足园区创新发展需求，围绕科学城建设中的基础研究、应用研究、科技成果转移转化及产业化目标，推出系列人才政策。建设松山湖国际创新创业社区是松山湖人才工作创新的点睛之笔。松山湖国际创新创业社区利用“成本洼地、服务高地、政策特区”优势，引进国际一流创新资源、优质项目和人才团队，推动高端创新资源集聚，孵化科技企业，打造“创新创业不夜城”，集聚一批站在行业科技前沿、具有国际视野和能力的创新人才，切实推动了松山湖科学城创新创业落地生根、转化见效。截至2023年底，松山湖科学城集聚各类国家级人才92名，广东省省级人才30名，东莞市特色人才637名，东莞市优才卡持有者2 800名，人才总量22.2万名。陈和生、王恩哥、汪卫华、方滨兴、李国杰等著名科学家扎根于此。

引凤的关键在于筑巢

松山湖围绕企业培育专项，加大创新型企业扶持力度，实施科技企业孵化器奖励和科技企业家培养计划等，构建起“高企—瞪羚企业—百强企业—双三企业—双五企业”的创新型企业梯队；同时，围绕科技金融专项，着力引导金融资本支撑科技创新工作，鼓励基金集聚发展，支持科技企业融资发展，培育奖励上市企业。2021年，松山湖材料实验室实用超导薄膜研究团队，在购买国外设备遇阻的情况下，成功自主研发出“三光束脉冲激光共沉积镀膜系统”，打破了部分技术垄断。这背后除了科研人员的努力，也离不开新型管理体制对经费使用的“灵活放权”。一方面政府注重研究实效，不以论文论英雄，让科研人员集中精力搞攻关；另一方面政府充分信任科学家，“允许用打酱油的钱买醋”，给予科学家足够的自主权。

“星月同辉”，融通发展。从鸿蒙操作系统研发到鸿蒙智能座舱发布，再到华为运动健康科学实验室揭牌……华为开发者大会及系列活动连续多年落地松山湖，吸引着全球开发者前来参会。随着华为进一步扎根松山湖，众多上下游合作伙伴随之搬迁到东莞，中软国际、易宝软件、软通动力等一大批华为供应商随之而来，松山湖周边镇区已引进华为配套软硬件项目数十个。以华为终端、生益科技、华贝电子为龙头的新一代信息技术产业已成为千亿规模的支柱产业，电子信息产业集群成为广东特色产业集群数字化转型试点，通信设备和智能终端等领域更是处于国内领先地位、达到世界先进水平。

“高校经济”赋能。松山湖积极推动高校科创力量扎根，清华东莞创新中心摸索出三条路径：“常回家看看”，将母校创意创新创业资源引进东莞；“在外靠朋友”，东莞清华校友会成员相互引荐；“沙场秋点兵”，清华校友三创大赛互联网与新媒体全球总决赛来到东莞举办。2021年，在松山湖建园20周年“改革、创新、再出发”大会上，松山湖与华中科技大学、华南理工大学等6所高校代表，共同签署《共建大湾区综合性国家科学中心先行启动区（松山湖科学城）合作框架协议》，通过签订战略框架协议，进一步聚集国内一流高校科技创新资源，在校地合作、产学融合、高层次人才培养、科技成果转化等方面开展多层面深化协作。

“磁吸效应”加速释放。东莞市奥芯智能科技有限公司的规模还很小，但它联动国际资源所形成的能量很大。要在高品质与低成本之间找到最大公约数，才能让产品更具市场竞争力。该公司选址于创新资源高度集聚的松山湖科学城并不是偶然，国际化要素也将向这座城市加速汇聚。对于粤港澳大湾区综合性国家科学中心先行启动区而言，国家已赋予它“建设成具有全球影响力的原始创新高地”的总目标。一方面，松山湖正在以更加开放的姿态，向海内外创新创业者抛出橄榄枝；另一方面，这里释放的创新活力与发展机遇，正像一块磁铁，吸引着四面八方的科学家、企业家纷至沓来。中国散裂中子源、松山湖材料实验室等大装置、大平台的建设，激励着童欣、陈卫东等爱国科学家回国创新，吸引了沃尔夫冈、汤雷翰等海外知名科学家扎根于此。

思考讨论

1. 结合案例思考，松山湖走出了一条什么样的创新引领高质量发展的新路？

2. 习近平强调：“高质量发展要靠创新，我们国家再往前发展也要靠自主创新。”结合案例思考，创新对于推动实现高质量发展有何意义？

3. 结合松山湖发展的独特经验思考，如何坚持和加强创新引领经济高质量发展？

教学建议

本案例主要适用于第六章第一节“完整、准确、全面贯彻新发展理念”部分的辅助教学。案例主要展示东莞松山湖积极抢抓国家战略机遇，构建以科技创新为基础的完整创新生态，多措并举推进高质量发展的生动实践。

组织教学建议

第一，教师可让学生在课前自主学习党的二十大报告中与高质量发展相关的内容，初步理解推动实现高质量发展的重要性。党的二十大报告阐述了新时代新征程的使命任务，“着力推进高质量发展”是其重要内容，“实现高质量发展”被列为中国式现代化的本质要求之一。报告提出“高质量发展是全面建设社会主义现代化国家的首要任务”“坚持以推动高质量发展为主题”“推动经济实现质的有效提升和量的合理增长”“增强国内大循环内生动力和可靠性”“着力提升产业链供应链韧性和安全水平”“建设现代化产业体系”“坚持把发展经济的着力点放在实体经济上”等重要论述，充分彰显出党中央对于推动高质量发展的高度重视。

第二，教师应着重引导学生厘清案例的叙述逻辑，把握东莞松山湖在创新引领高质量发展方面所进行的实践探索和相应成效。本案例系统展示了松山湖下好“创新”先手棋，前瞻布局高新区规划；打好“建设”主动仗，着力完善重大科技基础设施；加强“人才”驱动力，实施更加积极有效的人才政策；注重“龙头”示范性，加大对头部创新企业的支持力度；打造“开放”新高地，加强校地合作与国际协作。历经20余载建设发展，松山湖以科技创新引领多元创新，从一片无人知晓的“荔枝林”发展为一座远近闻名的“科学城”，走出一条独具特色的创新引领高质量发展的新路。

第三，结合案例，教师应引导学生深刻理解，创新是推动实现我国经济社会高质量发展的第一动力。当今世界正面临百年未有之大变局，环视全球，国际环境日趋复杂，贸易保护主义、单边主义盛行，客观上要求我国必须走自立自强道路，依靠自主研发，不断提升自主创新能力。只有自主创新能力不断提高，企业才能摆脱对低成本竞争力的依赖，逐步培养起以创新为核心的竞争力；只有依托创新能力的不断提高，企业在国际产业分工体系中的地位才能不断提升，经济效益才会不断提高。聚焦国内，我国经济正处于由高速增长转向高质量发展的阶段，解决发展中面临的不平衡不充分问题，转变发展方式、优化经济结构、转换增长动力，全面提升经济发展的质量和效益，也都离不开创新。正如习近平所说，抓住了创新，就抓住了牵动经济社会发展全局的“牛鼻子”。

■ 总结提升建议

第一，实现经济社会高质量发展，前瞻思考是独特法宝。前瞻思考是站在前沿、想在前头、走在前列、引领前进的创新思考，是靠前站位、提前谋划、超前布局的第一步。东莞市委、市政府立足制造业转型升级这一发展实际，聚焦科技创新这一时代发展主题，紧紧抓住高新技术产业发展新机遇，把握规律、着眼未来，统筹谋划、提前布局，于2001年创建松山湖科技产业园，一张蓝图绘到底、一年接着一年干、一棒接着一棒跑，接续使之升级为国家级高新区、粤港澳大湾区综合性国家科学中心先行启动区（松山湖科学城），进而使之从初创发展、加速发展阶段转入高质量发展新阶段。另外，松山湖早在2010年就先行提出“以创新为核心”的发展理念，实施创新引领战略，推动创新发展取得历史性成就。松山湖20多年的发展实践证明，想要实现经济社会高质量发展，就必须锚定坐标、找准方向，下好“创新”先手棋。

第二，实现经济社会高质量发展，人才驱动是根本动力。人才是创新的第一资源，是创新发展的主动力，是创新驱动的核心动力。松山湖实施聚才工程、育才工程、用才工程，改革人才培养、引进、使用等机制，出台更加积极、开放、有效的人才政策，最大限度地激发人才活力。同时，松山湖围绕产业链创新链布局人才链，鼓励学校、科研机构通过多种渠道招引人才，支持各类研发机构、平台、企业等走在海外引才第一线，以人才为核心集聚创新要素，用高质量人才引领高质量发展。实践表明，创新驱动实质上是人才驱动，谁拥有一流的创新人才，谁就拥有了创新的优势和主导权。

第三，实现经济社会高质量发展，科技创新是鲜明主题。创新包含了技术创新、制度创新以及管理创新。其中，推动经济增长最根本的是技术创新。以技术创新促进劳动生产率的提升，本质是一个在知识积累基础上不断进行迭代创新的过程，这将为经济增长提供源源不断的动力。松山湖紧紧抓住科技创新这个核心，牢牢牵住科技创新这个“牛鼻子”，稳稳握住科技创新这个“杀手锏”，把科技创新嵌入各领域各行业，以科技创新引领产业发展，以科技创新之力助推高质量发展。松山湖的发展实践表明，科技是创新的第一动力源，推动创新驱动经济高质量发展，必须发挥科技创新这一关键手段和中坚力量。

第四，实现经济社会高质量发展，龙头企业是重要依托。龙头企业是引领我国经济增长的重要引擎，能够为我国经济高质量发展提供强大牵引力和向心力。松山湖通过优良的创新创业环境以及一系列制度建设和政策叠加红利，吸引了诸多大型科技企业。在全球产业链发生深刻变化的时代背景下，华为以其强大的技术创新能力及资源优势，成为松山湖科学城的重要组成部分，松山湖形成了以华为为龙头的超过 5 000 亿元产值的现代产业体系。松山湖的发展实践表明，企业是创新的主体，是推动创新创造的生力军，龙头企业是科技创新的核心主体与重要推手。

第五，实现经济社会高质量发展，开放合作是不二法门。实践充分证明，过去 40 多年中国经济发展是在开放条件下进行的，未来中国经济要实现高质量发展也必须在更加开放的条件下进行。改革开放给松山湖发展注入了新的活力，也给松山湖的创新发展增添了强大动力。松山湖坚持解放思想、改革创新，积极推动校地合作、国际合作，以更广阔的视野、更开放的胸怀、更解放的思想、更高效的举措蹚出一条独特的创新发展新路。松山湖的发展实践证明，开放合作是创新的前提基础和必要手段，是推动创新引领经济社会高质量发展的“关键一招”。

■ 启示意义

思路决定出路，正确的思路引领正确的方向。好的创新必须有好的思路，思路是创新的灵魂，是创新的关键所在。只有思路正确，创新才有正确的方向，我们才能沿着解决问题的方向不断激发出创新活力。新发展理念既是“以大势为导向”的认识论，又是“以问题为导向”的方法论，是探索创新方向、凝练创新思路需要牢牢把握的内容。只有坚决贯彻落实创新发展理念，才能在高质量发展中下好先手棋、抢占制高点。松山湖的发展实践证明，只有真正以创新发展理念来发现问题，持续深化对问题的认识，努力形成科学的、系统的、完备的解决问题的思路，用解决问题的思路来倒逼创新，才能不断迸发出智慧的火花，激发出创新的活力。

案例 9

改革创新谱新篇："世界小商品之都"义乌再出发

核心阅读

义乌，一座建在市场之上的城市。"莫名其妙""无中生有""点石成金"，40 多年来，从"鸡毛换糖"到"世界小商品之都"，义乌跨越式发展的每一步都离不开改革创新。步入新时代，面对中国经济由高速增长阶段转向高质量发展阶段，义乌以新发展理念为引领，在构建新发展格局中，提供了高质量发展的"义乌样本"。2012 年到 2024 年，义乌的地区生产总值从 802.9 亿元增长至 2 503.5 亿元。对内物流直达 1 500 多个县市，对外联通"一带一路"，200 多条国际专线遍布全球。今天的义乌市场，已成为小商品制造走向全球的重要门户。这里带动了全国 20 多个产业集群、200 多万家中小微企业，商品远销 200 多个国家和地区，相关数据成为预测全球经济趋势的风向标；来自 100 多个国家和地区的上万名不同文化、不同风俗的外商，在此安居乐业、和谐相处……

这里是全球最大的小商品批发市场。一天 86 400 秒，这里的车流量日均高达 88 600 辆，平均一秒钟就有一辆车进出。商机在这里涌动，生意在这里兴隆。

对义乌，习近平特别关心。在地方工作期间，他先后 12 次来这里调研考察，将义乌的发展概括为"莫名其妙""无中生有""点石成金"。这 12 个字，是义乌故事最生动的总结。一不临海、二不沿边的义乌，硬是建成了"世界小商品之都"，成了有口皆碑的"世界超市"。

征程万里风正劲，重任千钧再奋蹄。步入新时代，义乌以新发展理念为引领，紧抓改革创新的"关键一招"，站在"中国制造"升级的窗口，立足国内国际双循环的重要节点，积极搭建中国与世界互利共赢新平台，呈现出增长更稳、结构更优、效益更好、更可持续的高质量发展态势。

"中国制造"升级的窗口

坚持"兴商建市""贸工联动"，今天的义乌市场，已成为小商品制造走向全球的重要门户。这里带动了全国 20 多个产业集群、200 多万家中小微企业，商品远销 200 多个国家和地区，向全球持续输出中国小商品质量、品牌、标准。

"义乌造"走向全球，不仅得益于这里有全球最大的小商品批发市场，更源于"中国制造"不断提升的品质与品牌。

作为卡塔尔世界杯官方授权的纪念品足球生产商之一，义乌市奥凯体育用品有限公司2022年的订单量同比增长了70%，最忙的时候50天赶制了10万个足球。一个看似普通的足球，要经过剪裁、下料、印色、配染、装球胆、缝制等工序。奥凯足球工厂印刷自动化生产线上，3秒钟就能完成一个整球的球皮，高效且精准。创始人吴晓明没踢过足球，却被称为"懂球帝"，一个足球拿在手里，他只需看一眼就知道图案是否对位、转角是否工整。"我们做的是自有品牌，生产款式都是自己说了算，利润也更高。"一开始做贴牌生意的吴晓明，2000年选择创立自有品牌。他感慨："这就像自己一手养大的孩子，看着他一天天成长，很有成就感。"

如今在义乌，像奥凯一样做自有品牌的商户随处可见。从贩卖商品到自产自销，从仿制到创新，从贴牌生产到自有品牌，义乌市场形态的变化展现了这个城市的活力，也折射出中国制造业转型升级的步伐。

创新是第一动力。新时代以来，中国制造业增加值从16.98万亿元增加到近40.5万亿元，占全球比重从22.5%提高到30%，持续保持世界第一制造大国地位。义乌，这个中国外贸的晴雨表，成为观察中国制造业活力的窗口。

小商品背后也有大技术。在义乌科瑞特数字品牌服务中心，集聚了义乌文具类龙头企业的各类产品。过去，大家比拼谁的报价低，现在是争着考虑谁更能满足用户需求。文具笔变化的背后是工艺技术的进步和革新。

义乌最初以出口小商品为主，如今出口太阳能光伏板、汽车整车及零配件、智能设备等。由义乌开出的"义新欧"班列搭载的货物，也见证着"中国制造"的迭代升级。

"无中生有"，这个用来形容义乌发展的词语，如今也是义乌光电光伏产业的发展写照。义乌坚持项目为王、招大引强，从零起步，打造出信息光电和汽车制造两大千亿级现代制造业集群。2020年，义乌规模以上工业总产值首次突破千亿元。在义乌商城大道与福田路交叉口，一个崭新的数字化市场雄姿显现。这个瞄准新能源市场需求、立足自身优势的市场，将成为全国首个新能源产品展示交易的专业市场。

新市场，新产业，新未来。未来，时尚、信息、装备、健康……更多新兴产业将成为义乌经济新的增长点，也将继续见证中国经济转型升级的铿锵步伐。

国内国际双循环的重要节点

顺应发展大势，坚持改革开放，义乌立足国内国际双循环的重要节点，积极推动市场创新与产业升级。2024年，义乌市进出口总额6 689.3亿元，对内物流直达1 500多个县市，对外联通"一带一路"，200多条国际专线遍布全球。义乌经验已成为"打通内外贸，构建双循环"的典型案例。

境外采购商来不了，义乌就把市场开到他们家门口。2022年6月30日，"世界超市"义乌的首个海外分市场在迪拜成立。占地20万平方米，总投资约10.6亿元，这个小商品市场将义乌百万种商品"搬"到迪拜，让境外采购商在家门口实现看样、选品、下单。

落子迪拜，布局全球。义乌坚定"走出去"，云采洽、海外分市场、海外仓、代参展等一批新模式、新业态纷纷涌现。全球贸易低迷的背景下，义乌出口仍逆势显著增长。与其被动等待，不如主动出击。这种改革创新的闯劲和韧劲，是义乌成长过程中刻在骨子里的基因，又何尝不是中国创造发展奇迹的密码。

从国际贸易综合改革试点花落义乌，到义乌首创的“市场采购”贸易方式在全国复制推广；从获批设立跨境电子商务综合试验区，到义乌国际贸易综合改革试验区成立……一系列改革开放举措，让义乌市场从一个区域性市场成长为全球性市场。

义乌以全国万分之一的国土面积贡献了全国1/55的出口额。

义乌星宝伞业做了十几年高端雨伞，客户遍及五大洲100多个国家和地区。立足新发展阶段，星宝伞业加快向国内消费者靠拢。他们清楚地意识到，抓住国内消费市场升级的契机，就能撑出一片新天地。

面对外部复杂多变的环境，义乌表现出高度的市场灵敏度，从口罩、防护服，到取暖神器，再到世界杯周边产品，一个个产销热点频出，显示出义乌市场在促进国内国际双循环中的巨大优势。

义乌已成功对内链接全国287个二级分市场，物流直达1 500多个县市；对外联通“一带一路”，100多个海外仓、200多条“环球义达”国际专线织密全球贸易服务网络。

既立足国内大市场，又通过进出口将两个市场、两种资源连接打通。义乌经验已然成为“打通内外贸，构建双循环”的典型案例。

进一步发挥体制机制新优势

步入新时代，义乌发展进入“快车道”。加快推动体制机制改革，营造尊重、包容、开放、多元的营商环境，是义乌的核心竞争力之一。

2003年，时任浙江省委书记的习近平在深入调研的基础上，做出“发挥八个方面的优势”“推进八个方面的举措”的重大决策部署，“八八战略”成为浙江省域发展的总体方略。而其开宗明义第一条，就是“进一步发挥浙江的体制机制优势，大力推动以公有制为主体的多种所有制经济共同发展，不断完善社会主义市场经济体制”，将改革作为浙江发展的关键一招。

义乌人不会忘记，同样是小商品出口，几十年前却是另一番景象。一边，“世界超市”迅猛发展。另一边，受到县级市的权限制约，每天1 000多个出口货柜，要到宁波舟山港排队过关；银行授信额度低，中小企业融资只能转向民间借贷……习近平在深入调研中，敏锐洞察到了制约当地发展的一系列体制机制瓶颈。2006年，他部署在义乌试点强县扩权改革，下放了131项与设区市同等的经济社会管理权限，创造性地在“浙中腹地”设立海关，让这座“无中生有”的贸易之都，有了“点石成金”的变革底气。

义乌坚定不移沿着习近平指引的路子，坚持发展出题目，改革做文章，引领撬动全面深化改革向广度和深度进军，推动空间治理现代化水平显著提升，以改革攻坚的实绩实效，展现“八八战略”的磅礴伟力。

民营经济新优势组合拳频频打出，民营企业布局高端、走向世界，成为浙江闪亮的金名片；千万工程造就千万美丽乡村，乡间田园成为人们向往的诗和远方；而从“后陈经验”“浦江经验”到“大综合一体化”行政执法改革，基层治理一系列好经验、好做法，走出浙江，走向全国。

在义乌，有着“联合国社区”之称的江东街道鸡鸣山社区居住着来自 58 个国家和地区的外国人。不同国家的不同文化风俗、各色元素交织在一起，成为这座浙中小城国际化的窗口。来自不同国家的人共同选择留在义乌，不仅是因为这里的经商致富路，也是因为这里尊重、包容、开放、多元的营商环境。

在义乌，注册一家外贸公司只需 3 天，办理一宗出口货物通关手续最快仅需 1 分钟。在杭州钱塘医药港小镇，这幢外形酷似“综合体”的建筑里，包含 200 多项涉企服务，最快下一层楼、最慢步行 5 分钟，都可一站式办理完成。对标国际一流的营商环境，这里平均每天都能引进一家生物医药企业。“吃改革饭”长大的义乌正在让更多的改革红利在医疗卫生、子女教育、法律服务等方面产生溢出效应。

在浙江高质量发展奋力推进“两个先行”的道路上，义乌也在向更具活力、更加开放、更为包容的方向迈进。小商品，大世界。义乌，提供了与世界合作共赢的中国案例，向世界持续讲述着新时代的中国故事。

未来的义乌，更加令人期待！

思考讨论

1. 党的二十大报告提出：“高质量发展是全面建设社会主义现代化国家的首要任务。”结合案例谈谈，为什么要推动实现高质量发展？

2. 在推动实现高质量发展方面，义乌交出了怎样的答卷？

3. 结合案例思考，高质量发展的“义乌样本”为国内其他同类地区经济发展提供了何种经验借鉴？

教学建议

本案例主要适用于第六章第一节“完整、准确、全面贯彻新发展理念”部分的辅助教学。案例主要展示了“世界小商品之都”义乌立足新发展阶段、贯彻新发展理念、构建新发展格局、推动高质量发展，牢牢抓住改革创新的“关键一招”，不断推动实现“中国制造”的迭代升级，扩大高水平开放，积极推动体制机制改革，走稳走实走好经济高质量发展新路。

组织教学建议

第一，在案例讨论前，教师应着重引导学生对新发展阶段、新发展理念、新发展格局的内涵进行把握。全面建成小康社会、实现第一个百年奋斗目标之后，我们就进入了全面建设社会主义现代化国家、向第二个百年奋斗目标进军的新发展阶段。新时代抓发展，必须更加突出新发展理念，坚定不移贯彻创新、协调、绿色、开放、共享的新发展理念。加快构建以国内大循环为主体、国内国际双循环相互促进的新发展格局，是立足实现第二个百年奋斗目标、统筹发展和安全作出的战略决策，也是贯彻新发展理念的重大举措。立足新发展阶段、贯彻新发展理念、构建新发展格局，是以习近平同志为核心的党中央统筹中华民族伟大复兴战略全局和世界百年未有之大变局，与时俱进提升我国经济发展质量、塑造我国国际经济合作和竞争新优势作出的重大战略判断与战略抉择。

第二，教师要引导学生把握案例的叙述逻辑，进而把握义乌推动经济高质量发展的具体举措。案例系统展示了义乌直面经济高质量发展的新形势、新任务，使我们清醒地认识到必须用好改革创新的“关键一招”，在新一轮科技革命和产业变革背景下充分贯彻新发展理念，积极融入新发展格局，在推动经济高质量发展方面作出诸多“新”探索：一是加快技术创新，推动实现“中国制造”的迭代升级；二是把握国内国际双循环的重要节点，打通内外贸，构建双循环；三是加快推动体制机制改革，努力营造尊重、包容、开放、多元的营商环境。整体来看，新时代的义乌在推动实现经济高质量发展方面交出了一张优异的答卷。

第三，教师应着重引导学生将义乌推动经济高质量发展的实践逻辑同习近平新时代中国特色社会主义思想的理论逻辑有机统一起来。事实上，从贯彻落实“八八战略”到推动实现经济高质量发展，义乌经济社会的发展过程也是习近平新时代中国特色社会主义思想的形成和发展过程。发展思路决定发展进路，始终在科学发展思路的指引下，与时俱进、开拓创新、抢抓机遇，这是义乌实现经济跨越式发展的关键。

■ 总结提升建议

第一，步入新时代，我国经济的基本特征就是由高速增长阶段转向高质量发展阶段。立足新发展阶段、贯彻新发展理念、构建新发展格局，最终目的是推动高质量发展。高质量发展，就是能够很好满足人民日益增长的美好生活需要的发展，是体现新发展理念的发展，是创新成为第一动力、协调成为内生特点、绿色成为普遍形态、开放成为必由之路、共享成为根本目的的发展。更明确地说，高质量发展，就是指经济发展从“有没有”转向“好不好”。推动高质量发展，是保持经济持续健康发展的必然要求，是适应我国社会主要矛盾变化和全面建设社会主义现代化国家的必然要求，是遵循经济规律发展的必然要求。我国经济由高速增长阶段转向高质量发展阶段，这是以习近平同志为核心的党中央结合经济发展的一般规律对我国经济发展的阶段性特征所作出的重大战略判断，也是“世界小商品之都”义乌再出发的重要现实背景。义乌牢牢抓住改革创新这一推动高质量发展的“关键一招”，不断推动实现“中国制造”的迭代升级，扩大高水平开放，积极推动体制机制改革，这是贯彻落实习近平新时代中国特色社会主义思想的实然举措，契合了推动实现经济高质量发展的时代要求，抓住了实现经济突破发展的历史机遇，是理论与实践有机统一的必然结果。推动高质量发展，是当前和今后一个时期确定发展思路、制定经济政策、实施宏观调控的根本要求。必须坚持质量第一、效益优先，推动经济发展质量变革、效率变革、动力变革，不断增强经济创新力和竞争力。

第二，实现经济高质量发展，必须坚持“创新引领”。创新是引领发展的第一动力，是建设现代化经济体系的战略支撑，必须摆在推动经济高质量发展的核心位置。从最初以出口小商品为主，到如今出口太阳能光伏板、汽车整车及零配件、智能设备等，义乌不断强化自主创新，加快推动制造业转型升级，不断为实现经济高质量发展积蓄动能。义乌的发展经验表明，推动实现经济高质量发展，必须加快自主创新，不断优化产业结构，塑造更多依靠创新驱动、更多发挥先发优势的引领型发展，这样才能在发展过程中掌握主动权，为经济社会高质量发展打造新引擎。

第三，实现经济高质量发展，必须坚持"开放提升"。历史充分证明，以开放促发展，是我国现代化建设不断取得新成就的重要法宝。历史大势浩浩荡荡，经济全球化不可逆转，融入世界经济是历史大方向。中国要发展经济，就必须敢于到世界市场的汪洋大海中去游泳。过去40多年，中国经济发展是在开放条件下取得的，未来中国经济实现高质量发展也必须在更加开放的条件下进行。义乌立足新发展阶段，积极融入新发展格局，既立足国内大市场，又通过进出口将两个市场、两种资源连接打通，成为构建新发展格局背景下"打通内外贸，构建双循环"的典型案例。事实证明，加快发展更高层次的开放型经济，以开放提升助推经济高质量发展，是实现经济跨越式发展的应然选择和必由之路。新形势下，要坚定不移扩大对外开放，建设更高水平开放型经济新体制，推动由商品和要素流动型开放向规则等制度型开放转变，形成国际合作和竞争新优势。

第四，实现经济高质量发展，必须深化"改革攻坚"。深化改革是紧跟时代发展潮流、把握新发展阶段、走国际化发展道路、实现自身高质量发展的必由之路。义乌不断深化体制机制改革，引领撬动全面深化改革向广度和深度进军，大力推动公有制为主体、多种所有制经济共同发展，打造尊重、包容、开放、多元的营商环境，为推动经济高质量发展奠定了坚实基础。义乌的经验表明，将推动经济高质量发展落到实处，就要有务实管用的举措与之匹配，就要有能接地气的方案与之契合。这一切，在很大程度上取决于我们能否在全面而准确地搞清、弄懂、吃透经济高质量发展基本内涵的基础上，加快完善推动经济高质量发展的体制机制。我们必须坚持依靠改革增强发展内生动力，推进深层次改革，不断解放和发展社会生产力，激发增强社会活力。

■ 启示意义

"惟改革者进，惟创新者强，惟改革创新者胜。"实践表明，推动实现高质量发展是一项复杂的系统工程，但其核心驱动力在于改革创新。必须坚持质量第一、效益优先，以供给侧结构性改革为主线，着力探寻新的经济增长点。要不断推动经济发展质量变革、效率变革、动力变革，加快构建实体经济、科技创新、开放共享、协同发展的现代产业体系，着力构建市场机制有效、微观主体有活力、宏观调控有度的现代经济体制。在此基础上，因势制宜、因地制宜、因时制宜地增强经济的创新力和竞争力。唯有如此，推动高质量发展之路才会越走越宽广。

案例 10

"两山"理念诞生地的美丽蝶变

核心阅读

在浙江省湖州市安吉县天荒坪镇余村，一块刻着"绿水青山就是金山银山"的巨石纪念碑巍然矗立。正是这个小村庄，见证了一个重要理念的诞生，成为全国美丽乡村建设的最早实践样本。2005 年 8 月 15 日，时任浙江省委书记的习近平在余村考察时，首次提出"绿水青山就是金山银山"这一科学论断。尔后，余村进行了绿色转型。2020 年，当习近平再赴安吉余村考察时，对当地坚持绿色发展给予了充分肯定。余村努力念好"山水经"，打好"生态牌"，探索数字乡村建设，发展智慧农业、乡村旅游，带动周边村庄抱团发展，实现从"卖石头"到"卖风景"、从靠山吃山到养山富山的蝶变，奋力描绘"村强、民富、景美、人和"的秀美乡村新画卷，成为全国美丽宜居示范村，并入选 2021 年联合国世界旅游组织"最佳旅游乡村"名单，向世界讲述动人的"中国乡村振兴故事"。

在联合国世界旅游组织第 24 届全体大会上，浙江省湖州市安吉县天荒坪镇余村成功入选 2021 年联合国世界旅游组织"最佳旅游乡村"名单。这个将"绿水青山就是金山银山"理念一以贯之，用绿水青山敲开经济发展的新大门，走出一条生态美、百姓富的绿色发展之路的小村庄，第一次走上国际舞台，向世界讲述"中国乡村振兴故事"。

"脏乱臭"变身"绿美净"

竹海青山，田野农舍，春日山间的空气中带着竹子特有的清爽味道，村内有一条清澈透亮的小溪淙淙流过。干净的道路两旁，一座座农家住宅错落有致。村民游客三五成群，时不时飘出欢声笑语。安吉天荒坪镇余村是一个三面青山环绕的古村落，村庄宜业宜居宜游，村民富裕富足富有。

20 世纪八九十年代的余村却并不是这个模样。余村属于典型的"八山一水一分田"农村地貌。1978 年，安吉全县人均地区总产值仅 336 元。急于摘掉穷帽子的安吉，把目光转向工业：开矿采石、办水泥厂。余村成为安吉最大的石灰岩开采区。虽然红红火火的"石头经济"让村集体经济年收入高达 300 多万元，使余村成为全县的"首富村"，但随之而来的是严重的环境污染和生态破坏。最严重时，村里终日粉尘蔽日，不少村民患上了叫

“石肺”的呼吸道疾病。

余村人深深感到以牺牲环境换取的经济发展不是长久之计。痛定思痛的余村人迈出了整改第一步——关闭部分矿山及相关企业。2005 年，关闭全村所有矿山企业，彻底停止“靠山吃山”的做法，调整发展模式，还余村绿水青山。

矿山关停了，村集体经济年收入从几百万元一下子锐减到几十万元。最困难的时候，有人曾想着把矿山再开起来。正当余村处在迷惘、犹豫的十字路口时，2005 年 8 月 15 日，时任浙江省委书记的习近平来到余村调研。他对村里痛下决心关停矿山和水泥厂、探寻绿色发展新模式的做法给予高度评价，并说了此后深刻影响浙江乃至中国经济社会发展的这番话：一定不要再去想走老路，迷恋过去那种发展模式。所以刚才你们讲到下决心停掉一些矿山，这个就是高明之举。“绿水青山就是金山银山”。我们过去讲既要绿水青山，也要金山银山，其实“绿水青山就是金山银山”。

炎炎夏日，这段话犹如一股清风，吹散了在场干群的思想迷雾。路在何方？绿色发展。

企业集中入园，是余村人走绿色发展之路的关键举措。时任村党支部书记的鲍新民抓住时机，积极向上级争取了 500 亩工业用地指标，把全村大大小小的企业和竹制品家庭作坊搬进了工业区，实行统一规划、统一管理、统一治污。村两委下定决心走绿色发展、生态旅游、生态农业之路，带领村民封山护水，大力开展环境综合整治，借力美丽乡村建设、生态文明创建及世界银行贷款项目，有序推进厂区改造、道路三化、河道整治、污水处理、垃圾分类、农地复垦“六大行动”，先后投资近 2 000 万元，拓宽了村道，修复了冷水洞水库，拆除了余村溪边的所有违法建筑，加快旧村改造、基础设施建设和环境改善，实施村庄绿化、庭院美化等工程，全面系统改善人居环境。短短 3 年时间，余村成为安吉县第一批美丽乡村精品村之一，并在验收时列全县第一名。余村被评为全国美丽宜居示范村、全国生态文化村、全国乡村治理示范村、国家 4A 级景区。

“旅游饭”吃出“新滋味”

从“首富”到“最美”，余村走出了“两山”转化的第一步。随着环境逐渐恢复，村两委重新规划，将村子划分为生态旅游区、美丽宜居区和田园观光区，对村民生活、生产与发展的空间进行了合理布局，大刀阔斧地发展旅游业。

天林服务总公司余村负责人汪苗青，投资 400 多万元，承包 360 亩土地，筹建观光农业园区，发展林下经济，种植白及、山楂等 300 多种食药材。余村绿水青山间，生态农业风生水起。几乎有田地的农户都有几片茶地和竹林。为保护生态，村里严禁喷洒农药，提倡自然堆肥，溪流恢复清澈，野生动物多了，产出的竹笋和白茶更加绿色优质，销路更宽，售价也更高了。余村将全村 580 多亩农田、6 000 多亩山林进行统一流转、统一管理、统一经营，建设省级现代农业示范园。

余村以“竹海景区”为定位，逐步打造出以河道漂流、户外拓展、休闲会务、登山垂钓、果蔬采摘、农事体验为代表的休闲旅游产业。潘春林曾是余村矿山上的拖拉机手。矿山关停后，他创办了村里第一家农家乐——“春林山庄”。如今，他家年营业额达数百万元。潘春林还相继开办了旅行社，承包了旅游景区。他当上了乡宿联盟主席、天荒坪农家乐协会党支部书记，带着大伙儿一起提高服务质量。“以前我在矿上工作，整天灰头土脸，如今干干净净，安全和健康也有保障。”潘春林说。

越来越多的村民享受到了乡村旅游带来的红利。2020年，村民胡有乾创办了全国唯一一家村级供销社——余村供销社，积极采购余村和周边乡村的优质农产品、特色产品、手工艺品等，通过电子商务、参加对外展会、旅游附带销售等多种形式进行产销对接，带动村民们获得更多流通环节的增值收益。余村以首批开放庭院的15户示范户为核心，形成了一条“味道特色街”。“小胡的咖啡老胡的酒，春林的山庄老表的油，鲍家的学堂荷塘的藕”，成了家家户户都知道的顺口溜。与此同时，余村还进行了新一轮生态旅游产业布局，与安吉县文旅集团签订战略投资协议，将全村打造成集山地运动、健康养生等于一体的文旅融合综合体。

2020年3月30日，习近平再一次来到了余村。余村已焕然一新，成为宜居宜业宜游之地。2020年，余村实现GDP近1亿元，其中景区、度假村、民宿、农家乐、漂流等旅游业态收入占比超70%。休闲旅居的乡村生活，成为余村乡村旅游发展的新常态。

2022年，余村推出了“全球合伙人”计划，吸引有创造力的青年和优质项目来到余村。截至2024年初，共吸引50多个合伙人项目落地，1 000多名青年常态化驻地办公，涌现出70多处新场景、新业态。2023年，余村接待游客115多万人次，村集体经济总收入和村民人均纯收入分别从2005年的91万元、8 732元增长到2023年的2 247万元、7.1万元。

“样板村”谱写“共富曲”

余村从75个国家的170多个乡村中脱颖而出，成功入选2021年联合国世界旅游组织“最佳旅游乡村”名单，很重要的一个原因是当地旅游业已成为乡村振兴和经济可持续发展的动力源，且以余村为样板的乡村旅游已经成为安吉实现共同富裕和高质量发展的推动力。

联合国世界旅游组织秘书长祖拉布·波洛利卡什维利在通知信中表示：“余村这一创举将会推动旅游助力乡村地区发展、增进乡村群众福祉，同时提升和保护乡村及其周边地区的自然和文化多样性、价值观念和特色活动。”

初夏时节，余村游客接待中心、余村印象、乡里中心等未来乡村建设项目都进入收尾阶段。

2022年4月，余村被列入全省第二批未来乡村建设试点村。余村抓住这次契机，打造“绿色、低碳、共富”的乐游型未来乡村。

村内的闲置空间，被用于建设“两山”展厅、电影院、共享书房等。同时，依托“余村故事宣讲团”，开展绿色生态文化宣讲，贯彻习近平生态文明思想。

自《浙江高质量发展建设共同富裕示范区实施方案（2021—2025年）》发布以来，余村结合“两山”示范区建设工作，与周边4个村联合制定了抱团致富的发展规划；先后与新疆、四川等地的9个村“结对子”，通过组织共建、人才共育、产业共兴，让更多兄弟村庄在“绿水青山就是金山银山”理念的指引下找准致富方向。

在余村村头，一块刻着“绿水青山就是金山银山”的石碑屹立在一泓碧水、一片鲜花之间。这块石碑，悄然记录着余村的美丽蝶变。

思考讨论

1. 安吉余村是如何实现从“卖石头”到“卖风景”、从靠山吃山到养山富山、从粉尘蔽日到山清水秀的蝶变的？余村绿色发展之路给实施乡村振兴战略提供了怎样的启示？

2. “绿色发展”是新发展理念的重要组成部分。结合案例谈谈在乡村振兴中应如何坚持绿色发展理念。

3. 安吉余村是“两山”理念的诞生地。你是如何理解这一理念的？在贯彻绿色发展理念方面，我们应该如何从自身做起？

教学建议

本案例主要适用于第六章第一节“完整、准确、全面贯彻新发展理念”和第四节“建设现代化经济体系”部分的辅助教学，也可用于第十二章第一节“坚持人与自然和谐共生”部分的辅助教学。案例主要介绍了浙江省湖州市安吉县天荒坪镇余村践行“绿水青山就是金山银山”理念，念好“山水经”，打好“生态牌”，实现从“卖石头”到“卖风景”、从靠山吃山到养山富山的华丽转身，村强、民富、景美、人和，成为全国美丽乡村建设的最早实践样本，并入选 2021 年联合国世界旅游组织“最佳旅游乡村”名单，彰显了走绿色发展道路对实施乡村振兴战略的重要意义。

■ 组织教学建议

第一，在讨论具体案情之前，要注意进行必要的理论铺垫，可以引导学生阅读 2018 年 1 月 2 日发布的《中共中央 国务院关于实施乡村振兴战略的意见》，使学生深刻理解实施乡村振兴战略的重要性，从而为课堂案例讨论打下良好基础。也可以让学生在课外线上观看由中共中央宣传部、中央电视台联合制作的电视纪录片《辉煌中国》第四集《绿色家园》。该视频介绍了党的十八大以来，国家大力推进生态文明建设、推动中国绿色发展取得的巨大成就，重点讲述了“两山”理念诞生地——浙江安吉余村年轻人的故事以及在“两山”理念指引下，余村大地上发生的前所未有的历史性巨变。

第二，引导学生结合浙江安吉余村通过走绿色发展之路实现乡村振兴的历程，概括总结其成功经验。2003 年，安吉县提出创建全国生态县的目标，余村下决心关停矿山、水泥厂，探索绿色发展新模式。在抉择的十字路口，2005 年 8 月 15 日，时任浙江省委书记的习近平来到安吉余村调研，以充满前瞻性的战略眼光，明确提出了“绿水青山就是金山银山”的科学论断。正是在“绿水青山就是金山银山”的发展理念指引下，余村加快推进转型发展，彻底停止“靠山吃山”的做法，调整发展模式，通过科学布局生活、生产与发展空间，努力修复生态，做美环境，发展生态产业，走出了一条以休闲旅游为主的美丽乡村之路、绿色发展之路，真正实现了生态美、经济美、产业美，成为全国美丽宜居示范村。越来越多的村民享受到了乡村绿色发展带来的红利。党的二十大报告提出全面推进乡村振兴，余村抓住未来乡村建设试点的契机，努力打造乐游型未来乡村。余村的发展经验主要体现在做精规划、做美环境、做优产业、做浓氛围等方面，最主要的经验就是坚定不移地走好护美绿水青山、做大金山银山的生态文明发展之路。

第三，引导学生深刻理解“两山”理念和绿色发展理念的内涵及重要意义，思考在社会主义生态文明建设中应该如何从自身做起、从点滴小事做起。绿水青山和金山银山，是对生态环境保护和经济发展的形象化表达，这两者绝不是对立的，而是辩证统一的。环境如水，发展似舟。水能载舟，亦能覆舟。“我们既要绿水青山，也要金山银山。”习近平将“绿水青山”放在“金山银山”前面，明确表达了生态环境优先的态度，强调经济社会的发展决不能以牺牲生态环境为代价，保护生态就是发展生产力，改善生态环境就是发展生产力。“绿水青山就是金山银山”作为生态文明建设的核心理念，不仅继承和发展了马克思主义的自然观，还蕴含了绿色发展观、绿色幸福观、绿色财富观等诸多绿色新观念。党的十八届五中全会提出创新、协调、绿色、开放、共享的新发展理念。其中，绿色发展是新发展理念的重要组成部分。绿色发展是实现中国永续发展的必要条件，是指导中国生态文明建设的核心理念，也是我国经济社会发展的重要方向和战略目标。绿色发展，就其要义来讲，就是要解决好人与自然和谐共生的问题，坚定走生产发展、生活富裕、生态良好的文明发展道路，加快建设资源节约型、环境友好型社会，形成人与自然和谐发展现代化建设新格局，推进美丽中国建设。浙江安吉余村近年来成功实现绿富共赢，从根本上说，是其发展理念转换，以“两山”理念为指导，走绿色发展之路的结果。

■ 总结提升建议

第一，生态宜居，是乡村振兴的内在要求。让乡村成为安居乐业的美丽家园，是实施乡村振兴战略总要求“产业兴旺、生态宜居、乡风文明、治理有效、生活富裕”中不可或缺的重要内容。在实施乡村振兴战略的诸多目标任务中，包含了与美丽乡村建设有关的目标任务：到 2035 年，乡村振兴取得决定性进展，农业农村现代化基本实现；农村生态环境根本好转，美丽宜居乡村基本实现。到 2050 年，乡村全面振兴，农业强、农村美、农民富。在实施乡村振兴战略过程中，如何补上生态环保短板，实现绿富共赢，加快农业农村现代化步伐，是中国必须破解的发展难题。浙江安吉余村牢固树立和践行“绿水青山就是金山银山”的理念，以农村绿色发展全面推进乡村振兴，建设生活环境整洁优美、生态系统稳定健康、人与自然和谐共生的生态宜居美丽乡村，为构建人与自然和谐共生的乡村发展新格局提供了典型范例。

第二，浙江安吉余村开启了以农村绿色发展全面推进乡村振兴的发展道路。余村是全国美丽乡村建设的最早实践样本，也是浙江省最早发展“农家乐”的地区之一。最让余村人骄傲的是该村是“两山”理念的诞生地。2005 年，时任浙江省委书记的习近平来到了余村，首次提出了“绿水青山就是金山银山”的科学论断。有了“两山”理念这盏指路明灯，余村人找到了正确的发展方向。余村广大干部群众牢记习近平的嘱托，在党支部的领导下，转变发展道路，将“绿水青山就是金山银山”理念作为发展的指导思想和坚守原则，将生态文明建设融入村经济建设、文化建设、环境建设等各项事业之中，优化生态环境，大力发展生态旅游、生态种养等产业，打造乡村生态产业链，打造风景旅游景点，发展民宿、农家乐等旅游项目，走出一条生态美、产业兴、百姓富的“绿富美”的康庄大道，带动了乡村的全面振兴。从以前的“石头经济”到如今的“生态经济”，从曾经的“靠山吃山”到现在的“养山富山”，从过去炸山开矿、烟尘漫天到现在山清水秀、游人如织，余村经过 10 多年的不懈坚持和努力，完成了“破茧成蝶”的完美蜕变，为美丽中国建设添上浓墨重彩的一笔，获得全国美丽宜居示范村等荣誉称号。“绿水青山就是金山银山”的发展理念已经从这个小山村走向了全中国，成为推进中国式现代化建设的重大原则，成为全党全社会的共识和行动。

第三，乡村振兴，生态振兴是关键。推进乡村绿色发展，打造人与自然和谐共生发展新格局，是全面推进乡村振兴的重点工作之一。农业是生态产品的重要供给者，乡村是生态涵养的主体区，良好生态环境是农村的最大优势和宝贵财富。习近平强调：“要守住生态保护红线，推动乡村自然资本加快增值，让良好生态成为乡村振兴的支撑点。”生态振兴重在构建乡村振兴的环境基础，关键是在农业发展观上开展一场深刻革命，实现农业农村绿色发展，既要形成绿色的生产方式和产业结构，也要形成绿色的生活方式和人居空间，打造山清水秀的乡村风光，加强农村突出环境问题综合治理，打造农民安居乐业的美丽家园，实现百姓富、生态美的统一。实现绿富共赢的余村，已经被列入浙江省第二批未来乡村建设试点村，扛起新使命、新责任、新担当，开始探索先进带后进的共同富裕“余村模式”，致力于打造“绿色、低碳、共富”的乐游型未来乡村，引领更多村庄在“两山”理念指引下找准致富方向，做大生态共富“朋友圈”。

第四，必须牢固树立和践行“绿水青山就是金山银山”的理念，站在人与自然和谐共生的高度谋划绿色发展。党的十八大以来，我国以前所未有的力度抓生态文明建设，美丽中国建设迈出坚实步伐，生态环境保护发生历史性、转折性、全局性变化。安吉余村的蝶变，正是美丽中国建设成就的一个缩影。党的二十大报告强调，中国式现代化是人与自然和谐共生的现代化。尊重自然、顺应自然、保护自然，是全面建设社会主义现代化国家的内在要求。推动经济社会发展绿色化、低碳化是实现高质量发展的关键环节。余村成功入选 2021 年联合国世界旅游组织“最佳旅游乡村”名单，很重要的一个原因是当地旅游业已成为乡村振兴和经济可持续发展的动力源，且以余村为样板的乡村旅游已经成为安吉实现共同富裕和高质量发展的推动力。党的二十大报告对“推动绿色发展，促进人与自然和谐共生”作出具体部署，强调要“像保护眼睛一样保护自然和生态环境，坚定不移走生产发展、生活富裕、生态良好的文明发展道路，实现中华民族永续发展”。我国的生态环境保护现状，离 2030 年前碳达峰目标和 2035 年美丽中国建设目标还有一定差距。树立和践行“绿水青山就是金山银山”的理念，一定要从思想认识和具体行动上进行一个根本转变。坚持绿色发展观，努力做到在发展经济的同时保护好生态环境，在保护生态环境的同时发展好经济。坚持绿色幸福观，努力使人民群众既能享有丰富的物质文化产品，又能享有良好的生存环境和生态产品。坚持绿色财富观，在追求经济利益、创造财富的全过程都必须确保以“生态安全”为前提。必须深入学习贯彻党的二十大精神，进一步擦亮高质量发展的绿色底色，有力推动人与自然和谐共生的现代化建设，实现经济与生态“双进双赢”，实现生态美与百姓富有机统一。

启示意义

第一，真正的发展是建立在“绿水青山”常在、人与自然和谐共生的基础上的。走好中国特色社会主义乡村振兴道路，一个重要方面，就是坚持人与自然和谐共生，走乡村绿色发展之路。余村的发展实践，充分体现了“绿水青山就是金山银山”发展理念的科学性，充分体现了建设美丽乡村在乡村治理中的重要地位。余村走绿色发展之路的实践成就，证明环境保护与经济发展不是对立的关系，而是相互促进的关系。余村走绿色发展之路，是对传统发展方式、生产方式、生活方式的根本变革。“环境就是民生，青山就是美丽，蓝天也是幸福。”良好生态环境是我们共同的愿望，是人民共有的宝贵财富。绿色发展是未来我国经济社会发展的重要方向，关系民众福祉，关乎民族未来。绿色发展人人应为，绿色生活从我做起。每个人都应该自觉做绿色发展理念的践行者。人若不负青山，青山定不负人。

第二，任何一项伟大事业，都需要锲而不舍、接续奋斗的不懈努力。良好生态环境的建设绝非一日之功，需要持之以恒付诸行动。浙江安吉余村的美丽乡村建设为什么能做得这么好？因为他们不是做了一两年，而是已持续不断地做了20多年。生态问题是一个全球性问题。过去几十年，中国经济快速发展，创造了举世瞩目的成就，但粗放的发展方式也使我国在资源环境方面付出沉重代价。如今，绿色发展理念早已深入人心。生态环境保护是一个长期任务，必须全心全意谋保护，久久为功抓落实，坚定不移走生态优先绿色发展之路。只要各地坚持知行合一，持之以恒，就一定能像余村那样，换来蓝天常在、青山常在、绿水常在。生态文明建设是关乎中华民族永续发展的根本大计。保护生态环境，人人有责。中国青年应该形成绿色价值取向，树立绿色消费、低碳消费、勤俭节约等理念并付诸行动，积极参加环保宣传，争做环保志愿者，用自己的科技知识自觉地推动绿色发展、低碳发展、循环发展，为促进实现人与自然和谐共生的现代化奉献聪明才智！

案例 11

被总书记点赞的“手撕钢”是怎样“擀”出来的

核心阅读

2020 年 5 月 12 日，习近平总书记来到山西太钢不锈钢精密带钢有限公司（简称“太钢”）的车间考察，他饶有兴致地拿起厚度仅有 0.02 毫米的不锈钢箔材“手撕钢”仔细察看，用手指轻轻扭折了一下，不禁称赞：“工艺确实好，就像锡纸一样薄，百炼钢做成了绕指柔。”只有 A4 纸 1/4 厚度的“手撕钢”，被誉为钢铁工业“皇冠上的明珠”，这种钢材广泛应用于航空航天、医疗器械、精密仪器、计算机等高精尖端设备制造行业，该技术因工艺控制难度大，长期被日本、德国等少数国家垄断。在总书记考察 3 个月后，太钢又成功轧出厚度 0.015 毫米的超薄不锈钢箔材，为世界首创。从 0.02 毫米到 0.015 毫米，“手撕钢”实现了“一薄再薄”的技术突破，为我国打赢关键核心技术攻坚战写下浓墨重彩的一笔。

2020 年 5 月 12 日，习近平总书记到山西太钢考察调研。在光亮机组前，总书记饶有兴致地观看了厚度仅有 0.02 毫米的不锈钢箔材“手撕钢”产品。“希望你们再接再厉，在高端制造业科技创新上不断勇攀高峰，在支撑先进制造业方面迈出新的更大步伐。”

总书记的殷殷寄语，让时任公司首席工程师廖席和研发团队的伙伴们更感责任在肩。为了落实总书记的要求，他们重新确定研发重点，抽调精兵强将组建了 7 个攻关组。在总书记考察 3 个月后，公司成功轧出 0.015 毫米的超薄不锈钢箔材。

从 0.02 毫米到 0.015 毫米，“手撕钢”实现了“一薄再薄”的技术突破。从航空航天、高端电子、新能源领域，到当下流行的折叠屏手机都有它的身影。

那些年为摆脱被“卡脖子”所做的准备

2018 年之前，这一规格产品全世界只有少数国家可以生产。中国每年需要花费巨资进口。可是，即便价格高昂，国外也只允许对我国出口厚度超过 0.03 毫米的“手撕钢”，且供货难以保障。

要知道，对于精密行业的精密产品，即使是 0.01 毫米的差距，也是一个重要的技术档次。

有国外企业甚至下了结论："中国永远造不出0.02毫米的'手撕钢'!"

这不是中国人的性格，更不是中国钢铁企业的风格。最终，这一极难完成的使命，落在了太钢肩上。

地处山西太原的太钢，前身为西北炼钢厂，始建于1934年。新中国成立后更名为太钢，是我国最早研制与生产不锈钢的企业，长期专注发展以不锈钢为主的特殊钢。

2008年，太钢投资10亿元，在精密带钢公司上马了当时国内仅此一套的不锈钢精密带钢生产线，集成引进了当时世界上顶级的设备，轧机设计极限规格最薄即为0.02毫米。之后的安装，以及机械、电气、生产等工序的调试阶段，均由跟踪上门的外国专家全程指导。

2012年，精密带钢线如期投产。知道各工序、各流程都有难度，却没有想到难度如此巨大。一轮又一轮付出了极大努力，却依然没能收获大家盼望已久的成果，最终只能轧制出以0.3毫米为主、规格在0.1～0.5毫米之间的厚板，始终无法达到设计标准。

2014年，外国专家在坚持了近4年后离开。临走时，留下一句意味深长的话："原料差不多，人员差不多，管理差不多，然而加起来，差得就很多。"

眼见研发已经失败，又没有了外国专家，没人再敢轻易尝试。轧机设计极限最薄为0.02毫米这一规格，成为说明书上的一个数字，在现实中无法实现。

摆脱被"卡脖子"的努力，是否就此搁浅?

向0.02毫米发起挑战

2016年2月，刚刚走马上任太钢党总支书记、经理的王天翔提出想做"手撕钢"，"跟在别人身后奔跑，即使再好，也是老二。要干就干最好的"，但遭到公司上下的反对。王天翔努力与干部职工沟通，说道："我们拥有世界上最先进的设备，设备的设计能力能达到0.02毫米，就说明一定能生产出来。我们不仅要做0.02毫米的，还要将宽度达到600毫米，引领行业发展。中国制造要强起来，必须要靠自己努力，不能总是让别人卡着我们的脖子。"

王天翔对自主创新的坚持打动了大家，他们决定迎难而上。王天翔挂帅，组织了14名平均年龄只有30岁的青年业务骨干，成立了"手撕钢"创新研发小组，挑战0.02毫米。在研发小组的第一堂党课上，王天翔鼓励大家："青年人一定要勇挑重担，迎难而上，坚决突破被'卡脖子'的局面，为太钢打造国之重器锐意进取，奋发有为，勇挑历史重担。"

此后的两年多时间里，他们先后攻克175个设备难题、452个工艺难题，历经710多次失败，终于突破了钢质纯净度、产线工艺、控制水平、高等级表面精度、产品性能五大核心工艺技术，让中国"手撕钢"制造达到国际领先水平。2020年，这个"硬核"团队荣获了第二十四届"中国青年五四奖章集体"。

历经710多次失败

在"手撕钢"项目上马前，太钢的主要产品是0.5毫米的不锈钢材料。从0.5毫米到0.02毫米，在常人眼中这可以忽略不计的差距，研发团队却没日没夜地干了两年，经历了710多次失败。

如何突破？“白板分析法”应运而生。只要遇到难题，就把一块白板拉过来，相关人员各自将问题和建议写到上面，然后大家分析归纳，逐条对比讨论，理清思路。这种方法使得问题简单化、形象化，让措施条理化、数据化，更让团队成员养成了用逻辑思维分析解决问题的习惯。

轧制是首道工序，每往前推进 0.01 毫米，意味着对辊系配备的推倒重来。20 根辊，分为支撑辊、一中间、二中间，每一根的宽度有 6 种选择，锥度有 5 种选择，每种锥度对应 5 种锥长，又需兼顾不同的凸度选择。如此多变量的配比，意味着 2 万多种可能性。断带是最常见的问题，也是太钢最为头疼的问题。

2016 年 12 月 10 日上午，2 号轧机 9 点开始按照预定方案再次进行 0.02 毫米穿带轧制。11 点 40 分，穿带完成，准备轧制。谁知生产了 100 多米时，“噼啪”一声巨响，钢带瞬间碎成钢末。太钢人回忆起当时的场景仍历历在目：打开辊系，里面全是粉末状的白色晶体，3 吨、近百万元的钢材全都碎成粉末了。“轧机手动穿带方式、生产走步与过程中张力调整及变化、极薄材料备料要求细化……”在白板上，在生产线旁边观察了 5 个多小时的王天翔边思考边写出了 12 条问题和建议，供大家讨论。

不同于厚板断带一分为二，薄板一旦断带，就会碎成粉末，只能由瘦小的职工爬进仅有 0.4 米高的设备，用手抠、用手抓，把粉末清理出来。

有一次，因为一连几次清理钢末，攻关进展一无所获，研发团队成员感觉自己到了崩溃的边缘。但每当看到办公桌上的那些笔记本里，记录了一个个实验参数和团队成员之间一次次的思想碰撞，他们便再次选择了坚持。

0.1 毫米、0.05 毫米、0.03 毫米，薄一丝，再薄一丝！2018 年初，0.02 毫米的超薄不锈钢精密箔材终于研发成功。之后，团队又攻克了多项工艺技术难题，成功研制出世界首发 640 毫米宽的 0.02 毫米不锈钢箔材，该产品得到国内科技界权威专家的高度认可，中国金属学会专家委员会评定该成果达到“国际领先水平”。

“不能满足！不敢满足！”

这是“手撕钢”研发与轧制团队一直以来秉持的共识。

在实现 0.015 毫米超薄不锈钢箔材研发后，山西太钢又向金属掩膜版发起了“总攻”。

2023 年 4 月 17 日，经过近 3 年的反复试制，第一卷掩膜版基材成品轧制成功；9 月，第一批国产掩膜版正式上市，国内的企业也能用上“中国制造”。

在这次联合研发中，太钢精密传承技术革新 109 项，制作工装卡具 66 套，撰写工艺文件、操作指导书籍 72 项，改进进口工装设备技术缺陷 20 多项。

“免责额度”的推行

一切成功的背后都有不为人知的艰辛付出。“手撕钢”从研发到技术攻克，到最后实现量产也同样面临着诸多困难，经历过无数次失败。然而，团队一直秉持太钢人百折不挠的精神，坚忍不拔地面对每一次失败。

“试验的都是‘废材’，这一天又要白辛苦了！”一次失败后，王天翔听到工人这样抱怨，当即意识到，原来制定的工资和产量直接挂钩的绩效标准，会让职工对试验产生无形的抵触，不利于创新。他思考后决定推行“容错”管理办法，给每个研究人员一定的断带次数、抽带米数的“免责额度”，鼓励大家勇于创新。

“手撕钢”过光亮退火线要经过260米长的带钢通道，最容易发生质量问题的是抽带，一次又一次的失败几乎让大家绝望。时任光亮线首席工程师的王向宇向厂里请命：“给我1 000米，让我试一试！”1 000米“手撕钢”价值10万元，大家都为王向宇捏了一把汗。王天翔在仔细分析王向宇的技术方案后，果断拍板：“不要怕失败，大胆地干！”结果王向宇只用了400米就攻克了这个难题，生产出600米合格产品。

包容与尊重，让研发团队的每一位成员都得到了前所未有的提升和历练。在困难和挫折中，培养了工匠精神，锻造了工匠人才。

从“中国制造”到“中国精造”

走出一条创新之路，生产出人无我有、人有我精的高附加值产品才是唯一选择，是太钢发展理念最好的诠释。

为适应市场需求，团队再度发力，成功研发出新一代5G高端电子用系列精密带材柔性屏钢。这种柔性屏钢可以实现折叠20万次不变形、不断裂，是生产折叠屏手机的关键材料。同时，太钢正在研发用“手撕钢”替代玻璃基板生产柔性太阳能板，这种太阳能板能够像地毯一样卷起来，可应用于太阳能背包、太阳能汽车等等。

随着柔性屏钢技术的突破，将来的手机和电视机，屏幕是可以卷起来的。出去旅行，背包上的太阳能板将更轻更薄，储存的能量也会更多。材料的创新让生活更加美好。

“改革不止，创新不断！”太钢“手撕钢”创新研发团队有这样的豪情和信心，作为青年一代的国企人，他们正在用自己的智慧和汗水，推动“中国制造”向着“中国精造”不断进步。

思考讨论

1. 太钢“手撕钢”创新研发团队在两年多的研发实践中，攻克了175个设备难题、452个工艺难题，历经了710多次失败，面对如此之多的困境，他们为什么仍然坚持“手撕钢”的自主研发？他们成功的秘诀是什么？

2. 为什么太钢要给每个研究人员一定的断带次数、抽带米数的“免责额度”？结合本案例谈谈突出人才在科技创新中起主导作用的意义。

3. 习近平在太钢考察期间同职工亲切交流时说道：“希望你们再接再厉，在高端制造业科技创新上不断勇攀高峰，在支撑先进制造业方面迈出新的更大步伐。”习近平为何如此强调高端制造业科技创新？攻克“卡脖子”技术为何如此重要？结合本案例谈谈你的理解。

教学建议

本案例主要适用于第七章第三节“加快建设科技强国”部分的辅助教学。案例主要介绍了太钢自主创新研发“手撕钢”的过程及其重要意义。“手撕钢”的问世不仅打破了日本和德国长期以来在该技术上对我国“卡脖子”的局面，而且被应用于多个领域，为“中国制造”创新发展提供重要助力。

组织教学建议

第一，重点引导学生通过本案例认识和把握自主创新的重大意义，了解我国一定要将关键核心技术牢牢掌握在自己手中的真正原因。在使用本案例的时候，可以先做一些背景交代。我国对于“手撕钢”的需求量占全球市场的80%，然而由于核心技术长期被部分发达国家垄断，“手撕钢”不仅价格昂贵，而且常常供不应求，使得我国很多新兴领域对高精尖基础材料的需求无法得到满足。在这个意义上，我们必须坚持自主创新，攻克“卡脖子”技术。要使学生明白，科技创新是提高供给质量和水平最重要的发力点。

第二，引导学生认识到创新人才对企业发展、国家强大和民族振兴的重要性。在经济和科技发展如此迅猛的今天，我们迎来了跨越式发展和弯道超车的大好机遇，我们比历史上任何时期都更接近中华民族伟大复兴的目标，与此同时，我们也比历史上任何时期都更加渴求人才。“手撕钢”之所以能够研发成功，离不开优秀的年轻高端人才创新团队，14名平均年龄只有30岁的青年业务骨干勇挑大梁，锐意进取，在历经710多次失败后终于研发出0.02毫米的“手撕钢”。要使学生明白，高端人才队伍在科技创新过程中的重要作用。

第三，在使用本案例时，建议对“手撕钢”技术及其应用领域进行简要介绍，并对内容进行适当的延伸与拓展，使学生对我国高端制造业发展状况有所了解。“手撕钢”作为一种高科技不锈钢产品，虽然在生活中不常见，但是在军事、航天、汽车、石油、电子等领域都起着十分重要的作用。太钢“手撕钢”的自主研发成功，不仅打破了德国和日本长期以来对该技术的垄断，进而大大降低了我国对该技术使用的成本，而且远销多国。除了“手撕钢”之外，我国在该科技制造业领域还取得了很多其他举世瞩目的成就，例如素有“钢中之王”称号的轴承钢自主研发的过程等。在这里要使学生明白，弱国无外交，在科技领域亦是如此，技术的落后必然导致被他国扼住发展的喉咙。

第四，在组织讨论环节，应强化学生对工匠精神的认识。注意要层层深入，使学生意识到自身在推动科技发展和国家强大上所肩负的责任与使命，以达到思政课教学的真正目的。教师可通过本案例的呈现、讨论和深入分析，使学生深刻认识到科技创新人才对于国家发展的重大意义，鼓励他们不仅要在当下学好专业知识、掌握专业技能，成为国家有用的人才，还要将自我实现同国家的强大、人民美好生活需要的满足紧密地结合起来，为实现中华民族伟大复兴中国梦不懈奋斗。

总结提升建议

第一，实现高水平科技自立自强是国家强盛和民族复兴的战略基石。科技是国之利器，国家赖之以强，企业赖之以赢，人民生活赖之以好。我国要实现高质量发展，要解决人民日益增长的美好生活需要和不平衡不充分的发展之间的矛盾，就必须坚持创新发展理念。而坚持创新发展理念的关键，正是在核心技术上实现突破，因为核心技术是要不来、买不来、讨不来的，如果核心技术被他国垄断，我国的发展必然受到限制。因此，科技创新是核心，抓住了科技创新就抓住了牵动我国经济发展全局的“牛鼻子”。2014年，欧美国家对我国钢材进行“反倾销、反补贴”的调查，使我国普通钢材出口遭遇寒冬，而且由于“手撕钢”的核心技术长期被德日垄断，国内相关材料需求常常陷入“无米下锅”的境地。太钢自主研发的“手撕钢”的问世，不仅突破了企业发展的瓶颈，扭转了不利局面，而且使我国在该领域的关键性技术不再受制于人，在大大降低生产成本的同时，成功解决了“卡脖子”问题。科技创新是我国迈向制造强国的底气和自信，只有不断加强自主创新，有效提升制造业供给体系质量，才能持续推动中国制造走向全球价值链的高端。

第二，深入实施人才强国战略，完善人才战略布局，突出创新人才在科技实践中的主体地位和主导作用。在科技活动中，人是最活跃、最富有创造力的因素，对于科技创新尤为如此。我国要建设世界科技强国，人才队伍建设是关键，拥有一支规模庞大、专业过硬、结构合理的创新人才队伍，是推进科技创新的重要保障。在本案例中，太钢自主研发“手撕钢”的成功，离不开由14名青年业务骨干组成的专业团队的坚定、努力与付出，他们勇挑重担，不畏失败，迎难而上，实现了挑战0.02毫米的成功。太钢为鼓励科技人才创新所推行的“免责额度”，免除了他们在创新活动中的很多后顾之忧，给予他们最大的尊重、理解和包容，使科研人员不仅勇于创新、乐于创新，而且敢于创新，义无反顾地投身于推动国家科技进步的伟大事业中。拥有创新人才，就意味着国家拥有了发展的核心竞争力，必须在最大限度上保护、鼓励和激发创新人才的积极性、主动性与创造力，充分发挥高端人才团队在创新发展中的主导作用。

第三，大力弘扬创新精神、工匠精神，把各方面优秀人才集聚到党和国家事业中来。要极大调动和充分尊重广大科技人员的创新精神，激励他们争当创新的推动者和实践者，使谋划创新、推动创新、落实创新成为自觉行动，把科技创新成果应用到中国特色社会主义建设的伟大事业中。在本案例中，正是太钢年轻的科研人员反复观察、记录、比对和调整，突破了毫厘之差，最终攻克了“手撕钢”核心技术难题，彰显了他们不畏艰难、勇攀科技高峰的精神。他们不仅在这一过程中实现自我、超越自我，而且体现了中华民族的工匠精神和青年一代为祖国繁荣不懈奋斗的伟大情怀。奋斗是青春最亮丽的底色，新时代的青年人要坚守产业报国初心，牢记大国重器使命。太钢研发团队立志要对“手撕钢”进行不断突破创新，将其推广和应用到更广阔的领域。科技创新不仅意味着追求真理、勇于创新，发扬中华民族的工匠精神，突破技术，还需要科技工作者胸怀报国之心，将自我价值的彰显融入实现国家强大、人民富裕的伟大实践中去，将创新成果服务于我国经济社会发展和广大人民群众。

启示意义

第一，自力更生是中华民族自立于世界民族之林的奋斗基点，自主创新是我们攀登世界科技高峰的必由之路。中国要迈向制造强国、质量强国，必须要有领先的、过硬的科技作支撑，而强大的科技不能仰仗他国的施舍和售卖，必须自主创新。我国尽管已成为科技大国，在很多领域已经处于世界领先水平，但仍存在尚待突破的重大科技瓶颈，关键领域核心技术受制于人的情况也依然存在。像“手撕钢”的制造技术就在很长一段时间内受制于日本、德国，这也正是太钢不顾重重阻力、坚持攻关“卡脖子”技术的原因所在。我国要想实现高质量发展，在大国角力中拥有更大的主动权和话语权，就必须坚持科技自立自强，始终不渝地走自主创新的发展道路，建立高水平的科技创新人才队伍，不断提升核心竞争力，抓住牵动经济发展全局的“牛鼻子”。

第二，必须不断增强创新自信。增强创新自信，就要增强推动原创性、颠覆性科技创新的自信，努力在更多领域实现领跑，把创新主动权、发展主动权牢牢掌握在自己手中。在全球科技竞争日益激烈的今天，只有增强创新自信，才能不断攻坚克难，勇攀科技高峰，取得更多原创性、引领性成果，掌握更多关键核心技术，为经济社会发展注入强大动力。太钢科研人员的创新实践再一次证明，只有树立敢为天下先的雄心壮志，敢于探索科学“无人区”，勇于挑战最前沿的科学问题，才能推出更多国际领先的原创性成果，实现更多“从 0 到 1”的突破。

案例 12

超燃"村 BA""村超"里的乡村振兴密码

核心阅读

近年来，贵州黔东南的"村 BA"（乡村篮球赛）、"村超"（乡村足球超级联赛）火爆全国。一个"村"字，点透了这两项赛事热度空前的原因。它们的火热出圈，是近年来广大农村富起来、美起来，群众精神文化生活不断充实起来的生动呈现。"体育承载着国家强盛、民族振兴的梦想"；"要开展形式多样的群众文化活动，孕育农村社会好风尚"。习近平为乡村文化振兴指明了方向。乡村要振兴，文化振兴是其中最厚重、最具持久性、影响最广泛的构成部分。孕育好风尚，离不开广大农民群众的积极参与。近年来，一场又一场村民当主角、"土"味十足的文化体育活动接连举行，既丰富了群众精神文化生活，又拉动了当地经济增长。习近平在 2024 年新年贺词中点赞"村超"活力四射。促进"村 BA""村超"等群众性文体活动健康发展写入 2024 年中央一号文件。"村 BA""村超"被媒体誉为观察中国式现代化的一个窗口。

近年来，在黔贵大地精彩上演的"村 BA""村超"赛事，打出了国际大赛的气势，其火爆程度、参与热度，超出很多人的想象。曾经深度贫困的贵州，虎跃龙腾般走上了乡村全面振兴的"金光大道"，展现了中国式现代化乡村的幸福模样。

"村味赛事"火遍海内外

2022 年夏天，贵州黔东南州台江县台盘村进行的充满乡土气息的篮球比赛，摇身变为"村 BA"，在全网火出了圈。8 月 2 日的半决赛更是座无虚席，不少人站在马扎、板凳上，伸直脖子观看比赛，现场气氛直逼职业联赛。新华社、《环球时报》等媒体的直播，累计在线观看人数上千万。

"村 BA"持续火爆。68∶65！2023 年 3 月 27 日，裁判一声哨下，黔东南州代表队在"村 BA"冠军争夺战中获胜，成为贵州省首届"美丽乡村"篮球联赛冠军。全国和美乡村篮球大赛的举办，标志着贵州"村 BA"已升级为全国"村 BA"。2023 年 10 月 28 日，全国和美乡村篮球大赛总决赛在台江县台盘村落下帷幕，广东沙溪队获得冠军。2024 年 4 月 27 日晚，贵州省第二届"美丽乡村"篮球联赛总决赛圆满落幕，黔东南州代表队成功卫冕冠军。

“村 BA”热度不减，“村超”也成为跨年“顶流”。2023 年 5 月 13 日，贵州省黔东南州榕江（三宝侗寨）和美乡村足球超级联赛开赛，因赛事由村民组织、参赛者以村民为主、比赛奖品极具乡土气息而被称为“村超”。7 月 29 日晚，在超过 5 万名现场观众和千万名全网球迷的见证下，“村超”在榕江县城落下帷幕。国足前名将范志毅以及香港明星足球队等也来到“村超”现场进行友谊赛。2024 年 3 月 16 日，第二届贵州“村超”决赛开赛。20 支晋级球队将分为 A、B 两组，先后进行循环赛和淘汰赛，共 98 场比赛，直至决出总冠军。

“村 BA”“村超”参赛球员是真正的村民。就是这样的“全业余阵容”，在“村超”球场上踢出了彩虹过人、圆月弯刀、贴地斩；在“村 BA”篮架下腾挪跳跃、抢断绝杀，化身“梦之队”……“村味赛事”成为现象级的体育赛事和社会话题，感染并感动着国人，也吸引了外国球星、媒体和社交网络的关注。2023 年 7 月 21 日，美国 NBA 迈阿密热火队球员吉米·巴特勒来到台盘村，现场展现球技、与球迷交流——“村 BA”与其“原型”NBA 首次实现了“梦幻联动”。7 月 24 日，篮球名将马布里也来到“村 BA”现场，与小球员切磋球技。2024 年 5 月 27 日，“逐梦”冠军公益赛在贵州“村超”球场开幕，世界足球先生卡卡和“村超”球员代表一起下场踢球。卡卡站在领奖台上，手里提着冠军奖品——两只活着的小香鸡，脸上的笑容比阳光还要灿烂。2024 年，非洲贝宁帕拉库市和南非开普敦市借鉴贵州“村超”模式，分别发起名为“非洲村超”和“南非村超”的赛事。

“村味文化”的盛宴

“村 BA”“村超”既是一场球员和球迷的大联欢，也是一次多民族同胞的大聚会，更是一次民族文化的盛宴和精神文明的大餐。2023 年，历时 78 天的“村超”赛事，98 场比赛带来了 126 场民族文化表演。看“村 BA”“村超”，不光是看球，许多人专门等着看各种民族歌舞秀、盛装秀和暖场活动。身着盛装、叮当作响的苗族、侗族姑娘组成了一支最亮眼的啦啦队。

服饰秀还未品够，更大的惊喜开始了：姑娘们走进“吊脚楼”，几个小伙子爬上木梯、拉起牛腿琴，在窗下唱起情歌……

“爬窗探妹！这是我们侗族的恋爱习俗，我爷爷辈都这样的嘞！”激动的“解说”从人堆里响起。

开赛热场、中场表演、赛后狂欢……“村 BA”“村超”刮起的“最炫民族风”，成为很多人心动的一大理由。

要看歌舞？安排！这里有世界级非物质文化遗产侗族大歌、排山倒海的水族大鼓、摇曳多姿的苗族芦笙舞、刚健欢快的瑶族春杵舞……

想品民俗？管够！村民们身背茅人，带来了神秘水书、素雅蜡染，舞起发光的稻草龙，走起古朴的农具秀……

比赛中场休息期间，绿茵场秒变“民族联欢大舞台”。人们手拉手同跳多耶舞、激情蹦“苗迪”，一场“村味”十足的球赛，硬是搞出了过年的气氛……

就连奖品，也充满浓浓的农耕文化味。“村超”的奖品是小黄牛、黑毛山猪、塔石香羊、本地大鹅等。“村BA”的奖品，同样是香米、鲟鳇鱼、三穗麻鸭等农产品。

“村味赛事”的深厚根基

无论从历史厚度还是覆盖广度看，足球之于榕江、篮球之于台江，都有着非同寻常的意义。

榕江县的足球历史最早可以追溯到抗日战争时期。当时，为避战火，国立贵州师范学校、广西大学等相继迁入榕江办学，将足球带入当地。此后，足球成为当地引以为傲的运动强项。榕江县2016年被评为省级校园足球试点县，2021年又被评为首批全国县域足球典型县。榕江县总人口不到40万，但会踢足球、喜欢踢足球的接近5万人。全县有全国青少年校园足球特色学校14所，县级足球特色学校41所。在县足协注册的球员超过1 000人。榕江县的每个村都有足球队，县城光标准足球场就有14块，并且全部免费开放。在榕江县，少数民族群众占比超80%，浓郁的少数民族文化与足球赛事碰撞融合，形成了独特的赛场文化。

篮球文化早已融入台江县台盘村的血液中。当地有“逢节必比赛、比赛先篮球”的说法。通常每年农历六月初六，是台江县的最重要节日之一——吃新节。作为贵州省级非物质文化遗产，吃新节是预祝粮食丰收而举行的民间传统节日，村民们往往通过举办活动来欢度节日，篮球赛便是其中的重头戏之一。在台盘村，几乎每家小孩都是跟着大人在球场上跑大的，“吃新节”篮球赛已经办了七八十年。台江156个自然村寨实现了篮球场全覆盖。小小的台盘村还有多个国家级篮球裁判。

过去因交通落后、信息闭塞，火热的赛事只能藏在深山。党的十八大以来，贵州实现了快速发展，923万贫困人口全部脱贫、66个贫困县全部摘帽。2014年，榕江、台江两县贫困人口人均收入分别为3 063元、2 739元。到2023年，两县脱贫人口人均收入分别增加到14 896元、15 488元。黔东南是“百节之乡”，30多个民族的节日加起来，可以说“大节三六九，小节天天有”。节庆传统、民情风俗、非遗文化，为“村BA”“村超”提供了土壤。

“多个球场、少个赌场，多场球赛、少场酒席，多看名角、少些口角”成为当地群众的共识。球场上的规则，已进入村规民约——不管球员还是观众，只要闹事、不尊重裁判或打架斗殴，都将被列入球场黑名单，不得踏入球场。

解锁乡村振兴“新赛道”

“村BA”“村超”之所以能火遍全国，与当地政府的因势利导、顺势而为密不可分。当地政府特别看重活动的群众性、自发性，放手让村民自己办赛。政府“不上场但始终在场、不缺位更不越位”，为赛事举办统筹协调并提供周到服务。为保障赛事顺利运行，台江、榕江两县成立赛事组委会，设置综合协调、后勤保障、现场指挥、赛事组织等工作组，多次召开会议专题调度赛事筹备，整合公安、消防、卫健、文旅等部门人员，组成专业安保和志愿服务队伍，全流程开展“赛前预判、赛中稳控、赛后引导”，着力做好组织服务保障工作。相关部门向全县群众发出倡议，提醒大家维护“村BA”“村超”品牌，用心用情接待游客。

在“村超”系列赛事的带动下，2023 年榕江县累计接待游客 765.85 万人次，实现旅游综合收入 84 亿元；全县新增经营主体 2 764 户；带动夜间消费 4.48 亿元，农产品线上线下销售额 6.26 亿元。受“村 BA”系列赛事助推，2023 年台江县累计接待游客 640 余万人次，实现旅游综合收入 85 亿元，同比增长均超 70%。

在“村 BA”“村超”赛事期间，当地群众在体育场周边摆设摊位，为观赛群众提供餐饮美食、农特产品等。随着藏在深山的“村味好物”映入大众视野，陆续有农业产业项目落地“两江”，前来洽谈投资的企业明显增多。开民宿、直播带货等新兴创业方式逐步在年轻人中发展开来。

通过赛事引流，“两江”实现了体文互促、体文助产、产业兴赛的良性循环，成功跑出了乡村振兴的“新赛道”，走出一条脱贫地区因地制宜发挥优势、变“后发”为“先发”的致富路。

思考讨论

1. 为什么西部欠发达的贵州省的“村味赛事”却能屡屡“破圈”并引领全国潮流？
2. “村味赛事”的魅力何在？乡村文体活动如何赋能乡村振兴？
3. 2024 年中央一号文件首提“村 BA”“村超”有何深意？你认为“村味赛事”如何才能保持兴盛不衰？

教学建议

本案例主要适用于第六章第四节“建设现代化经济体系”部分的辅助教学，也可用于第十章第四节“铸就社会主义文化新辉煌”部分的辅助教学。案例通过展示贵州“村 BA”“村超”的风采，分析其火爆出圈的密码，彰显乡村凭借特色文化助力全面振兴的重要性，展现了中国式现代化乡村的幸福模样。

组织教学建议

第一，在使用本案例之前，可以组织学生课外观看贵州乡村赛事系列纪录片《我们的赛场》。该纪录片围绕贵州“村超”“村 BA”赛事，聚焦平凡人物的生活故事，从小切口反映乡村振兴的大背景，探索乡村赛事火爆出圈背后蕴藏的精神力量，向世界呈现贵州经济社会发展的生机活力和开放包容的新形象。通过观看视频，学生可以对贵州“村超”“村 BA”赛事有感性的认识，为案例讨论打下良好基础。也可以组织学生课外查找资料，了解一下号称“天下苗族第一县”的贵州省台江县以及素有“黔省东南锁钥，苗疆第一要区”之称的榕江县的自然环境、文化资源和发展体育赛事的历史传统，从而使他们深入探究“村 BA”“村超”发源于贵州省两个并不富裕的县城的原因，加深对“村味赛事”蕴含的深厚文化底蕴的认识。

第二，在讨论具体案情之前，应进行必要的理论铺垫。可以引导学生阅读 2022 年由农业农村部、国家体育总局、国家乡村振兴局联合印发的《关于推进“十四五”农民体育高质量发展的指导意见》、2023年国家体育总局会同中央精神文明建设办公室等11部委印发的《关于推进体育助力乡村振兴工作的指导意见》以及《农业农村部办公厅 体育总局办公厅关于举办全国和美乡村篮球大赛（村BA）的通知》，使学生深刻认识到发展农民体育是全面推进乡村振兴、建设体育强国和健康中国的重要任务。充分发挥体育在中国式现代化和高质量发展中的综合价值与多元功能，可以为推动乡村振兴取得新进展，农业农村现代化迈上新台阶，农村居民获得感、幸福感、安全感不断提升提供有力支撑。

第三，在讨论中应注意引导学生结合案例内容深刻理解以中国式现代化实践推动乡村振兴取得新突破的必要性和中国式现代化乡村应有的幸福模样。党的二十大报告指出，中国式现代化是全体人民共同富裕的现代化，是物质文明和精神文明相协调的现代化。全面推进乡村振兴是中国式现代化的题中应有之义。中国式现代化的清晰蓝图和本质要求，为全面推进乡村振兴，补齐农业农村发展不充分、不平衡的现实短板，明确了顶层设计和实施举措。乡村振兴不仅体现为物质层面的富足充裕，还体现为精神层面的健康向上，以及对美好精神文化生活的孜孜追求。“村BA”“村超”的发展无疑为物质文明和精神文明协调发展的中国式现代化实践增添了生动的注脚。

■ 总结提升建议

第一，乡风文明，是乡村振兴的内在要求，文化振兴是实现乡村振兴的重要思想保障。加强乡风文明建设是乡村振兴的“灵魂工程”，是实施乡村振兴战略总要求“产业兴旺、生态宜居、乡风文明、治理有效、生活富裕”中不可或缺的重要内容。文化建设体现着人的精气神、价值观，对乡村振兴起到基础性、支撑性的引领带动作用。大力推动乡村文化振兴，加强农村文化领域治理，净化农村精神文明建设环境，倡导科学文明健康的生活方式，传承发展农村优秀传统文化，丰富乡村文化生活，提高乡村社会文明程度，才能为乡村振兴持续提供强大精神动力。在实施乡村振兴战略过程中，必须紧紧抓住乡村文化这一灵魂，大力弘扬民族精神与时代精神，大力弘扬时代主旋律，激发社会正能量，让乡村文化接地气聚人气，以丰富多彩的活动和群众喜闻乐见的方式，培育文明乡风、淳朴民风、良好家风，推进乡村文化繁荣兴盛，激发农村发展的内生动力和活力，使农村让人记得住乡愁，留得住乡情。贵州乡村体育展现出来的蓬勃生机，是对优秀民族文化和现代文明要素结合的完美注解，是民族地区乡村文化振兴的生动诠释。乡村文体活动多起来，乡风民风美起来，农民口袋鼓起来，日子越过越红火，乡村振兴之路越走越宽广。

第二，“村BA”“村超”火爆出圈是偶然中的必然，折射出走向振兴的乡村地区对高质量精神文化生活的强烈需求。“村BA”“村超”的爆火，颇有一种“无心插柳柳成荫”的意味，并没有很详细的前期策划和准备。但深入了解就会发现，“村BA”“村超”的火爆绝非机缘巧合、一夜走红那么简单，而是有其必然性。脱贫攻坚战取得全面胜利打下的坚实物质基础、传承千年生生不息的浓厚民间文化氛围、覆盖城乡的便利的交通网和互联网造就的高效开放渠道、蕴藏在广大群众之中的无限创造力等，为“村BA”“村超”的火爆出圈创造了环境、提供了条件。“村BA”“村超”能火遍全国，与当地深厚的群众基础分不开，也与当地政府的因势利导、顺势而为密不可分。正是由于台江、榕江两地几十年来的不懈努力和政府及时补位、不缺位不越位的服务保障，才有了“村味赛事”现象级的火爆场面。“两江”所在的黔东南苗族侗族自治州历史悠久的节庆传统、丰富多样的民情风俗、引人注目的非遗文化为“村味赛事”的火爆提供了适宜的文化土壤。社交媒体的迅速传播，则为“村味赛事”的出圈助力添火。“村味赛事”出圈的背后，是新时代农民对高质量精神文化生活和体育娱乐活动的强烈需求。农民群体与其他社会群体一样，追求文明健康的生活方式，希望生活在安定有序的社会环境之中，渴望有良好的社会风气与和谐的人际关系，盼望享受到更多的现代化文明成果。“村 BA”“村超”的核心是“村”，底色是一脉相承的乡土文化与人文情怀，让体育文化融入村民日常生活，实现“乡土气息”与“现代元素”无缝融合，满足了农民群众日益增长的体育文化需求和对美好生活的向往。

第三，举办有农趣农味的乡村赛事，是农文体旅融合的好抓手，将有效助力乡村振兴。体育不仅是一种运动，也是一种文化。体育活动繁荣，本身就是文化振兴的一部分。体育对激发乡村发展活力具有重要作用。以体育助力乡村建设，让农村更繁荣；以体育赋能农业发展，让农业更兴旺；以体育促进农民健康，让农民更幸福；以体育丰富乡村文化，让乡风更文明。体育成为满足人民对美好生活的向往、促进人的全面发展的重要手段。以“村 BA”“村超”为代表的农村体育赛事，集全民健身、传统文化、乡村旅游于一身，生动丰富地展现了体育在乡村振兴战略中的重要地位和多元功能价值。凭借“村 BA”“村超”赛事东风，民宿等产业实现了发展，当地特色美食、农特产品、非遗产品不断走进观众席、走出大山，拓宽了当地群众的增收门路。“超级村赛”成为助推乡村振兴的“新动能”。这些“村味赛事”，以体育之名，让文化唱戏，促经济发展，助乡村振兴，给广大群众带来精神上的满足，展现了新时代乡村生活的新气象和农民精神的新风貌，彰显了乡村文化自信的力量源泉和强大动能。体育赛事也可以成为一条产业主线，将体育、文旅、农业串联起来，形成农文体旅融合发展的新业态、新模式，促进乡村产业结构转型升级，开拓乡村消费的新空间，推动了农民增收、农业发展。同时，“村味赛事”也引领了乡村风尚，激发越来越多的村民投身乡村振兴的积极性和主动性，提升助力乡村振兴的内生动力，营造出全社会关心关注宜居宜业和美乡村建设的浓厚氛围。

第四，实施乡村振兴战略，必须因地制宜地发挥文化的引领作用，塑形与铸魂并重。塑形，就是抓物质文明建设；铸魂，就是抓精神文明建设。坚持塑形与铸魂并重，才能实现农村物质文明与精神文明双提升，提振农民精神风貌。新时代的乡村文化振兴，要有更丰富的想象力、创造力和实践力，也要有更充足的信心、决心和耐心，既要发挥政府主导作用，又要发挥农民主体作用，从农民需要出发，从农民喜好着手，采取符合农村、农民特点的有效方式，追求实效，不能搞形式主义、政绩思维。要因地制宜，在挖掘本土特色文化资源的同时，吸纳融合现代文明要素，借助现代互联网科技的东风，增加富有农耕农趣农味的乡村文化产品和服务供给，真正找到既有本地扎实基础，又能触发群众参与热情的活动和适合自己的文化振兴路径，共建和谐和美的美好家园。火爆的“村 BA”“村超”球赛注重趣味性、娱乐性、大众性、观赏性，老少皆宜，易引共鸣，具有强烈的文化符号意义和精神意义，彰显了乡土文化本身具有的强劲活力。充满乡土气息的体育赛事，让乡土文化和现代体育完美融合在一起，让“村字品牌”走出乡村，实现文化资源向文化品牌的价值提升。“村 BA”“村超”的火爆，必将带动更多乡村文体活动红火出圈，会有更多乡村凭借特色文化助力全面振兴。

■ 启示意义

第一，只有坚持以人民为中心的发展思想，坚持发展为了人民、发展依靠人民、发展成果由人民共享，才会有正确的发展观、现代化观，才会有高质量的发展和中国式现代化的实现。贵州“村 BA”“村超”源于农耕农趣农味，推动人民需求与体育旅游发展紧密结合，充分体现了以人民为中心的发展理念。“村味赛事”带来的全民狂欢是物质和精神两个层面的发展成果由人民群众共享的直接表现，背后折射的是推进中国式现代化的奋进力量，彰显的是中国式现代化乡村的幸福模样和中国梦的美丽模样。江山就是人民、人民就是江山。只要我们始终坚持把实现人民对美好生活的向往作为现代化建设的出发点和落脚点，“村 BA”“村超”这样的金字招牌就会越擦越亮，乡村振兴的幸福故事就会更加激动人心。

第二，热爱是所有事情的原动力。唯有热爱，可抵岁月漫长。运动和健康是美好生活的基础。热爱体育，乃人之天性。为热爱而奔跑跳跃，在参与中快乐，做更好的自己，实现更美好的人生，正是体育的魅力。“村 BA”“村超”的出圈不靠上级的号召和资金投入，有的只是乡亲们对体育的热情：村民自发“赞助”球队，村支书上场踢球，外出打工的村民请假回家支持本村球队……不论是球员、观众还是裁判，每一个参与其中的人都感受到了体育运动带给人的最本真的快乐。村民手中的篮球、脚下的足球，其实都是心中的追求，是火热的生活，是美好的人生！因此，场内场外、网上网下的观众才能产生强烈的情感共鸣。“村 BA”“村超”的火热，温暖着当地，传播至全国，影响到海外，让人们看到了中国乡村的无限活力，也认识到任何时候，热爱才是永远的动力。

案例 13

在“浙”里，看见未来乡村的样子

核心阅读

山水浙江，如诗如画，全省3万多个村庄散落在这秀美风光中。而这份美丽也得到了国际赞誉。2018年9月，中国浙江省“千村示范、万村整治”工程（简称“千万工程”）获得了联合国最高环保荣誉——“地球卫士奖”，这是习近平生态文明思想在浙江结出的硕果，也是浙江推进乡村振兴的喜人成果，标志着“千万工程”从中国农村走向了世界。“千万工程”发端于2003年，20多年来，浙江省坚持一张蓝图绘到底、一年接着一年干，乡村面貌发生巨大变化，美丽乡村建设走在全国前列。截至2022年底，浙江全省90%以上村庄达到新时代美丽乡村标准，创建美丽乡村示范县70个、示范乡镇724个、风景线743条、特色精品村2 170个、美丽庭院300多万户。如今的浙江农村，生态美，环境靓，处处呈现出山清水秀、天蓝地绿、村美人和的动人景象，堪称中国乡村振兴的典范。

“小桥连曲径，台门通人家”，这是粉墙黛瓦的绍兴新未；“川原五十里，修竹半其间”，这是竹海空蒙的安吉高家堂；“舍南舍北皆种桃，东风一吹数尺高”，这是桃花烂漫的桐庐阳山畈……浙江大地上，一个个美丽乡村各具特色，令人流连忘返。发端于2003年的“千万工程”，推动浙江乡村不断实现从美丽生态、美丽经济到美丽生活的跃升。这份美丽也得到了国际赞誉：2018年9月，浙江“千万工程”被联合国授予最高环保荣誉——“地球卫士奖”。这标志着“千万工程”从中国农村走向了世界。

“千万工程”的缘起

为什么要实施“千万工程”？浙江，中国经济最活跃的省份之一。改革开放之初，急于丢掉“穷帽子”的浙江，把目光逐步转向了工业。电镀、造纸、印染、制革、化工、铅蓄电池，都是浙江乡镇的龙头产业。一时间，“村村点火、户户冒烟”。经济发展了，但付出的代价巨大：乡村的水脏了，山秃了，垃圾成堆，农村环境问题严峻，群众健康受到威胁。

2002年，习近平到浙江工作。刚到任的118天里，他跑了11个市、25个县，实地了解到浙江乡村发展的真实情况：示范村县县有，而垃圾村到处有。据省农办摸排，当时全省有 4 000 个村庄环境比较好，3 万多个村庄环境比较差。

经过酝酿，2003 年 6 月，时任浙江省委书记的习近平谋划、部署、推动实施了“千万工程”——从全省 4 万个村庄中选择 1 万个左右的行政村进行全面整治，把其中 1 000 个左右的中心村建成全面小康示范村。浙江美丽乡村的故事，就是从那时开始讲起的。

绿水青山还复来

“千万工程”从哪些方面破题？浙江省委决定从整治环境“脏乱差”问题入手，以星火燎原之势全域推进农村人居环境治理。“千万工程”一路走来，浙江农村“美丽转身”的故事俯拾皆是。

丽水市莲都区，群山环抱，状若莲瓣，瓯江两岸的滩、屿、岛、林与堰、坝、港、村相互映衬，勾勒出一幅幅恬静的田园风光图。然而，过去，莲都区家家户户门前有猪栏，全村粪坑有 100 多个，进村就是臭气，与周围的山水极不和谐。依托“千万工程”进行环境整治，各村逐步显现出山清水秀的美好面貌。

金华市浦江县是有名的人工水晶之乡，仅大畈乡建光村的 500 多户人家当中就有 300 家水晶加工小作坊。过去的浦江，很多人每天在乌烟瘴气的棚子里磨玻璃，废渣、粉末等随着废水排到河里，白色的“牛奶河”一路流到钱塘江，严重破坏了周边环境。自 2013 年以来，建光村依托“千万工程”，不断加强“美丽乡村”建设，关停和搬迁了村里的水晶加工作坊，依托村内古建筑古树多、青山环抱、清水长流的优势，发展乡村旅游，实现了从水晶加工专业村到乡村旅游景区村庄的蜕变。

“千万工程”推行以来，农户厕所污水、厨房污水、洗涤污水得到有效治理，山更青、水更绿、天更蓝、地更净，浙江农村人居环境测评持续领跑全国，森林覆盖率超过 61%，并成为首个通过国家生态省验收的省份。

绿色发展天地宽

海拔超过 1 000 米的丽水市遂昌县高坪乡茶树坪村被连绵青山拥在怀中，一方方梯田里水稻开始分蘖，不同层次的绿色梯田仿佛莫奈笔下的油画。尽管村民们生活在世外桃源般的环境里，但曾经薄弱的集体经济和微薄的收入却让他们愁眉不展。通过开发生态资源，发挥绿色优势，茶树坪村村民纷纷走上了致富之路。如今，在茶树坪村，一户户农家乐次第排开，旅游收入成了村民们的主要收入来源。“人均收入比原来翻了三倍多，在家就能把钱赚了。”党支部书记黄久富笑着说。

茶树坪村的华丽转身，是浙江推进“千万工程”过程中无数乡村蝶变的缩影。在浙江，绿色发展兴村富民的例子数不胜数。在嘉兴海盐，乡村旅游已成风尚。2020 年，海盐县制定美丽经济培育行动方案，在乡村旅游营销策划、业态开发、品牌推广、景区托管等方面全方位发力。该县雪水港村，依托“绿野仙踪”乡旅品牌，村民收入节节攀升，从 2005 年的 8 000 多元提升至 2020 年的 4.2 万元。天台县后岸村在原有农家乐的基础上，实施整村亮化工程，推出乡村夜酒吧“凡花小筑”等，每月吸引游客 6 000 多人次，增加收入 8 万多元。安吉蔓塘里“大地之光”项目中，80%的员工为本村人，村民可拿到门票收入 3%的分成，村集体每年固定收入 80 万元，若门票收入超过 80 万元，则还能获得额外分成，实现了村集体、村民、业主三方共赢。

从过去的“卖树木”“卖矿产”“卖劳力”，到现在的“卖风景”“卖文化”“卖体验”，浙江形成“千万工程”与农民增收互动发展的良好局面。2024 年，浙江农村常住居民人均可支配收入达到 42 786 元，一大批昔日的穷山村、污染村，蝶变为现在的富裕村、幸福村、美丽村。

山美水美人更美

乡风淳，则乡村兴。浙江把推动“以文化人”和加强公共服务作为“千万工程”的两翼，着力丰富农民的精神文化生活。许多村庄把旧祠堂、闲置校舍、废弃公用建筑等改建成文化礼堂，宣讲政策、陈列村史、集体议事，利用率很高。

绍兴市新昌县镜岭镇外婆坑村，过去穷名在外，“开门就是山，出门就爬岭，看看面对面，走走老半天”的地理环境，逼得乡亲们开山劈岩。在老支书林金仁的带领下，他们修了 8.5 公里山路，畅通了与外界的联系，并通过发展旅游产业，使所在村逐步变成了富裕村。村里的文化礼堂，一楼有多幅图片展示了村子由穷到富的历程。老林说，村民不仅富了，大家的关系也像山里泉水一样清澈、甘甜。158 户、501 口人，难免磕磕碰碰，有什么矛盾，到文化礼堂来，干部们和有威望的村民一说和，就烟消云散了。

放眼浙江大地，一座座各具特色的文化礼堂，成为美丽乡村的重要风景和村民文化生活的精彩舞台。截至 2024 年末，浙江 500 人以上行政村覆盖率达 100%。

党建引领不放松

浙江在实施“千万工程”过程中，强化基层组织建设，推动基层党建“整乡推进、整县提升”工作。利用“千万工程”建设带来的客流和商机，通过景区经营、物业经营、配套服务等途径，发展村级集体经济，消除集体经济薄弱村，夯实了党在农村的执政基础。

农村“头雁工程”是浙江实施“千万工程”过程中加强基层党建引领的有益探索。发挥基层党组织的引领带动作用，采取上级下派、乡贤回请、跨村任职等方式，吸引有知识、有头脑、有热情的人到村任职兴业，取得了显著的发展成效。

从“千村示范、万村整治”到“千村精品、万村美丽”再到“千村未来、万村共富”，一幅迈向共同富裕现代化的美好乡村图景在浙江大地徐徐展开。联合国前副秘书长、联合国环境规划署前执行主任埃里克·索尔海姆曾赞赏道：“我在浙江浦江和安吉看到的，就是未来中国的模样，甚至是未来世界的模样。”

“千万工程”建设造就了万千美丽乡村，取得了显著成效。截至 2022 年底，浙江全省 90%以上村庄达到新时代美丽乡村标准，创建美丽乡村示范县 70 个、示范乡镇 724 个、风景线 743 条、特色精品村 2 170 个。浙江农民收入连续 38 年领跑全国省区，城乡居民收入比从 2003 年的 2.43 缩小到 2022 年的 1.90。浙江农村集体经济总收入达到 760 亿元。在“千万工程”引领下，浙江正积极打造未来乡村，预计到 2025 年末，浙江将建设 1 000 个以上引领数字生活体验、呈现未来元素、彰显江南韵味的未来乡村。

思考讨论

1. 2018年9月，“千万工程”获得了联合国最高环保荣誉“地球卫士奖”。那么，为什么要实施“千万工程”?“千万工程”给浙江农村发展带来怎样的重要变化?“千万工程”有哪些好经验好做法值得总结推广?

2. 实施乡村振兴战略，是党的十九大作出的重大决策部署。党的二十大报告强调要全面推进乡村振兴。那么，实施乡村振兴战略的意义如何?应如何推进乡村振兴?请联系浙江“千万工程”实践加以分析。

3. 浙江“千万工程”是浙江实现共同富裕的关键一环。请结合浙江“千万工程”谈谈乡村振兴对于实现共同富裕的重大意义。

教学建议

本案例主要适用于第六章第四节“建设现代化经济体系”部分的辅助教学。案例介绍了2003年浙江启动“千万工程”以来，坚持一张蓝图绘到底、一年接着一年干，乡村面貌发生喜人变化，美丽乡村建设走在全国前列的生动实践。

组织教学建议

第一，要引导学生理解习近平对浙江“千万工程”的高度关注，进而体会党的领导对乡村振兴战略顺利推进的重大意义。“千万工程”是习近平以广阔的视野、前瞻的思维、非凡的魄力谋划的一项重要决策。“千万工程”发轫于2003年，时任浙江省委书记的习近平经过深入调查研究，部署和推动了这一工程。在浙江工作期间，习近平一直在抓“千万工程”。后来，省里一把手主抓这项工作，成为雷打不动的惯例。离开浙江后，习近平依然牵挂着“千万工程”。2013年5月，习近平强调，要认真总结浙江省开展“千万工程”的经验并加以推广。2015年5月，习近平到浙江舟山调研时说道，全国很多地方都在建设美丽乡村，一部分是吸收了浙江的经验……希望浙江再接再厉，继续走在前面。2018年4月，习近平强调指出，浙江省15年间久久为功，扎实推进“千万工程”，造就了万千美丽乡村，取得了显著成效。习近平的决策、部署、推动、指导和关心，让浙江“千万工程”充满强劲动力。

第二，要引导学生把握浙江“千万工程”的显著实践成果。浙江“千万工程”的实践成果，最具代表性的是其获得了联合国最高环保荣誉“地球卫士奖”，这是习近平生态文明思想在浙江结出的硕果，也标志着“千万工程”从中国农村走向了世界。在这一奖项的背后，是浙江在乡村振兴方面所取得的实实在在的发展成果。案例文本从“绿水青山还复来”“绿色发展天地宽”“山美水美人更美”“党建引领不放松”四个方面描绘出一幅生态宜居、产业兴旺、乡风文明、治理有效的乡村景象。教师可引导学生从这四个方面探讨浙江“千万工程”给乡村振兴发展带来的显著变化。这四个方面的内在逻辑是，生态宜居是关键，产业兴旺是重点，乡风文明是保障，治理有效是基础。党的二十大报告提出，全面推进乡村振兴，要扎实推动乡村产业、人才、文化、生态、组织振兴。浙江“千万工程”的实践与此高度契合。在教学过程中，教师可结合党的二十大精神，对浙江“千万工程”的实践及其成果加以探讨，使学生更好地把握乡村振兴的要义。

第三，要引导学生通过了解“千万工程”的实施阶段体会乡村振兴发展任务的长期性和艰巨性。具体而言，浙江实施“千万工程”大致可分为四个阶段。第一阶段：示范引领阶段（2003—2007 年）。选择 1 万多个建制村，全面推进村内道路硬化、垃圾收集、卫生改厕、河沟清淤、村庄绿化，建成 1 181 个全面小康示范村、10 303 个环境整治村。第二阶段：整体推进阶段（2008—2010 年）。将整治内容拓展到面源污染治理、农房改造、农村公共设施建设，基本完成全省村庄整治任务。第三阶段：深化提升阶段（2011—2015 年）。实施美丽乡村建设行动计划，开展历史文化村落保护利用工作。第四阶段：转型升级阶段（2016 年至今）。美丽乡村建设从一处美向全域美、一时美向持久美、外在美向内在美、环境美向生活美转型，全力打造美丽乡村升级版。

第四，要引导学生把握浙江“千万工程”的重要经验。浙江“千万工程”的成功实施，其经验是多方面的，包括但不限于如下经验。一是把改善农村人居环境和建设美丽乡村作为缩小城乡差距的主抓手。把建设生态宜居的美丽乡村、促进城乡基础设施和公共服务一体化作为“三农”工作重点，不断缩小城乡差距。二是充分发挥人民群众的主体作用。极大地调动农民群众参与“千万工程”的积极性，充分发挥农民群众在乡村治理中的主体作用。三是构建新型城乡关系。以城乡统筹规划引领城乡一体化建设，极大地提升了“千万工程”建设水平，促进了城乡经济社会融合发展。四是坚持与时俱进地深化“千万工程”的内涵。实现从“千村示范、万村整治”到“千村精品、万村美丽”再到“千村未来、万村共富”的迭代升级。五是坚持党政“一把手”亲自抓、“五级书记”一起抓。这种分管领导直接抓、一级抓一级、层层抓落实的工作推进机制，为“千万工程”持续高质量推进提供了坚强的组织保障。

第五，可推荐学生观看全景展现浙江乡村蝶变的系列纪录片《千万工程》。该纪录片由国家广播电视总局、中共浙江省委宣传部联合出品，分为《又见江南》《万物生长》《心安吾乡》三集，全景式展现 20 年来“千万工程”久久为功、扎实推进，历史性重塑乡村生态、全面驱动乡村振兴、引领乡村精彩蝶变的非凡历程，彰显习近平的深厚人民情结和真挚为民情怀，以及以非凡魄力开辟新路的远见卓识和战略眼光。

■ 总结提升建议

第一，乡村振兴，生态宜居是关键。2017 年，党的十九大报告提出要实施乡村振兴战略。2018 年，中央一号文件即《中共中央 国务院关于实施乡村振兴战略的意见》进一步指出：乡村振兴，生态宜居是关键。良好生态环境是农村最大优势和宝贵财富。必须尊重自然、顺应自然、保护自然，推动乡村自然资本加快增值，实现百姓富、生态美的统一。乡村振兴就是要改变农村以前的过度消耗农业资源的发展方式。生态宜居中的生态，指的是要保护生态环境，坚持绿色导向、生态导向，坚持人与自然和谐共生。早在 2013

年，习近平就曾指出，“良好生态环境是最公平的公共产品，是最普惠的民生福祉”。宜居，指的是要给老百姓提供干净舒适的居住环境。良好的生态环境是提高人民生活水平、提升人民幸福感和安全感的基础和保障，是重要的民生福祉，只有实现了生态宜居，才能更好地实施乡村振兴战略。浙江“千万工程”，就是从整治环境“脏乱差”问题入手，推进农村人居环境治理，使浙江乡村实现了生态宜居的“美丽转身”。

第二，乡村振兴，文化先行；文化振兴是乡村振兴的铸魂工程，是乡村振兴的重要一环。乡村振兴不仅需要青山绿水，更需要深厚的文化积淀，以文化不断丰富群众的精神家园。文化是一个乡村最基本、最持久的力量，能为实施乡村振兴战略提供精神激励、智慧支持和道德滋养。文化“活”，乡村的各项发展才会有基础。少了文化滋养，各种陈规陋习将在无形中阻挡乡村振兴的步伐。因此，乡村振兴，文化引导至关重要，必须文化先行。浙江把推动“以文化人”和加强公共服务作为“千万工程”的两翼，着力丰富农民的精神文化生活。特别是农村文化礼堂的普遍建设，为我国乡村振兴战略的实施提供了良好范例。

第三，乡村振兴，要充分发挥基层党组织的引领作用。乡镇党委是党的基层组织建设的责任主体，农村基层党组织是党在农村全部工作和战斗力的基础，二者在乡村振兴中的地位十分重要。基层党组织就是党在基层的“一线指挥所”和“前线冲锋队”。基层党建是构筑乡村振兴强大动力系统的关键。加强农村基层党组织建设，关系党的路线方针政策和决策部署在农村的落实，关系乡村振兴战略的实施。抓好党建“源头”，乡村振兴就能“水到渠成”“活水自来”。因此，在乡村振兴过程中，要坚持“落实到基层、落实靠基层”理念，着力提升基层党组织的组织力，以坚强有力的组织堡垒推动乡村振兴战略落地落实，并积极探索开创“党建＋乡村振兴”新模式，以强化基层党组织的组织力、发展力、服务力为重点，不断抓实抓牢党建工作，使基层党组织真正成为推动乡村振兴的坚强战斗堡垒。浙江在实施“千万工程”过程中，把基层党建工作贯穿始终、牵引带动，强化基层组织建设是其顺利推进的一大关键。

第四，乡村振兴是实现共同富裕的必经之路。在中国这样一个超大规模的社会，实现共同富裕是一项极具挑战性的任务。正如党的二十大报告所指出的，全面建设社会主义现代化国家，最艰巨最繁重的任务仍然在农村。党的十八大以来，以习近平同志为核心的党中央致力于实现共同富裕。从精准扶贫到乡村振兴，努力缩小地区之间、城乡之间和居民之间的收入差距；前者解决了绝对贫困问题，后者正在逐步缓解相对贫困问题。中国所推进的乡村振兴正在进行一个前无古人的伟大创举，即在一个超大规模的社会实现共同富裕。共同富裕是中国特色社会主义的本质要求，而实现共同富裕，乡村振兴是必经之路。由此可见，浙江“千万工程”无疑是浙江实现共同富裕的关键一环。2021年6月，浙江被赋予建设共同富裕示范区的新使命，在此过程中，“千万工程”的推进无疑发挥着基础性作用。

启示意义

社会主义事业高度复杂，各项事业发展都绝非一日之功，保持久久为功的战略定力和历史耐心至关重要。有战略定力，就是要锚定目标、把准方向、全力以赴、一张蓝图绘到底。有历史耐心，就是要用历史的眼光看待今天的工作，既要看现在，也要看得长远。“骐骥一跃，不能十步；驽马十驾，功在不舍。”再宏伟的大厦，也是一砖一瓦建起来的；再广阔的海洋，也是涓滴不息汇成的。我们党自成立以来，作出一个个伟大的历史性贡献，创造一笔笔丰厚的历史功绩，正是保持战略定力和历史耐心持续推进的结果。浙江“千万工程”取得备受世界瞩目的发展成果，靠的正是浙江省一任又一任领导干部持之以恒的坚持和无数建设者的接续奋斗、辛勤耕耘。世上很少有毕其功于一役的事，只有用量的积累实现质的突破，才能赢得实实在在的改变，收获真真切切的掌声。

案例 14

江苏昆山：点燃经济高质量发展的“新引擎”

核心阅读

从一个农业县到一个现代工商城市，昆山一路闯关夺隘、翻山越岭，勇闯“无人区”，收获了“别样的风景”。一条现代化发展的“昆山之路”，正是中国式现代化进程的生动缩影。新时代以来，昆山经济总量连跨 3 000 亿元、4 000 亿元……2022 年，昆山完成地区生产总值 5 006.7 亿元，成为全国首个 GDP 突破 5 000 亿元的县级市，在绿色发展、科技创新、新型城镇化等方面再创县域发展的多个“第一”。新征程新起点，从加工起步，进而串珠成链，从集成组装进入研创开发，从县域领跑到打开全球视野，从练内功到引外源，昆山业已点燃经济高质量发展的“新引擎”，正在中国式现代化新征程上加速奔跑。

昆山，以山得名。辖内玉峰山高不过百米，却在万顷平畴上挺起中国县域经济“第一高峰”。

改革开放之初，昆山经济总量在苏州下辖的 6 个县中排名末位，曾因此被戏称为“小六子”。1984 年，当国家在沿海 12 座城市设立首批国家级经济技术开发区时，不在其列的昆山不甘人后，“自费创办工业区”。从一个农业县到一个现代工商城市，昆山一路闯关夺隘、翻山越岭，勇闯“无人区”，收获了“别样的风景”，书写了一个又一个发展奇迹。

2009 年 4 月，时任国家副主席的习近平在江苏调研，为推动昆山的进一步发展框定了坐标，锚定了方向：像昆山这样的地方，现代化应该是一个可以去勾画的目标。

新征程，再出发；只争朝夕，不负韶华。沿着习近平规划的方向，昆山人勇攀高峰，经济总量连跨 3 000 亿元、4 000 亿元……2022 年，昆山完成地区生产总值 5 006.7 亿元，成为全国首个 GDP 突破 5 000 亿元的县级市，在绿色发展、科技创新、新型城镇化等方面再创县域发展的多个“第一”。

打造产业链，形成“强磁场”

昆山人至今记得，20 多年前他们在笔记本电脑组装产业中刚站稳脚跟，就做了个影响深远的布局。当时，他们对笔记本电脑零部件一项项比对，分析哪些部件昆山还不能生产，就重点攻关、精准招商。几年下来，笔记本电脑几乎所有零部件生产环节都在昆山完成布局，一条总产值超 6 000 亿元的电子信息产业链逐步成形。

在别人招商“挖到篮里都是菜”的年代，昆山就盯准了产业链布局。直到今天，这条秘诀仍是昆山蓄势聚能的底气所在。昆山之所以能够保持全球笔记本电脑“三分天下有其一”的市场份额，就是因为坚持“缺什么招什么”，打造了完整产业链。

专攻柔性屏、专注 OLED（有机发光二极管）显示技术的维信诺就是在产业链上与昆山相互寻找、双向奔赴的案例。在维信诺公司展厅内，手机屏像纸张一样卷折，可以被风轻盈地吹动，丝毫不影响屏上的清晰画质。鲜活的展示场景背后，是当年的坚持。2009 年，维信诺转型做 AMOLED（有源矩阵有机发光二极体），需要 3 亿元研发实验的投资。一旦失败，3 个亿就打了水漂。这对于维信诺来说是笔巨款，他们也很犹豫。但昆山坚持投资，铁了心把项目做成。

那个阶段，昆山电子信息产业虽“个头”已不小，但在面板、软件和芯片等核心环节缺少自主创新技术的支撑，“缺芯少屏”问题尤其突出。昆山需要维信诺这样的科创企业，维信诺需要昆山的创新发展环境。经过不懈努力，2022 年，维信诺智能手机面板出货量达 3 700 多万片，居全球第四位。

沿着这根链条，2004 年，昆山瞄准光电产业转型升级机遇，开始打造光电产业园，先后引进龙腾光电、友达光电等行业龙头企业。当年的种子，已经长成枝繁叶茂的大树。谁能想到，α 硅、低温多晶硅、氧化物半导体、主动有机发光，光电显示技术的 4 条重要路线，在一个园区同时具备先进产能。

蓄能聚力时，产业链吸引上下游，强如磁场；经风应变时，产业链也让昆山坚如磐石。根据《昆山现代产业体系建设行动计划（2022—2025 年）》，昆山在电子信息、装备制造 2 个千亿级产业带领下，正在形成 6 个百亿级产业集群。

有链强链，缺链补链。没有链，昆山认准了，也能“无中生有”造一条链出来。昆山不是咖啡产地，也不是主要消费市场。2020 年 3 月，全球咖啡烘焙与零售巨头星巴克落户昆山，抓住这一机遇，昆山全力打造集物流分拨、平台交易、研发制造、品牌销售于一体的咖啡全产业链基地，快速架构了一条以咖啡为主的千亿级高端食品产业链条。

用足“产业链招商”这个看家本领，昆山屡试不爽。“上下楼就是上下游，产业园就是产业链”已经由当年的口号变成今天的现实。

从“关键变量”到“强劲增量”

人们没想到，在不起眼的童车市场，昆山的“好孩子”公司却抢抓机遇，依靠科技创新、产品创新，使自身的市场占有量稳居全球第一。这样一家 20 世纪 80 年代濒临倒闭的校办企业，是如何做到起死回生并走向巅峰的呢？

最初，“好孩子”公司就是靠一款多功能的专利设计产品站稳脚跟。它跟着市场求新求变逐渐壮大，最后一路冲向国际市场最高端。它把欧美儿童汽车安全座椅撞击试验标准最高时速 50 公里提高到时速 80 公里，通过蜂窝铝等航天技术，确保安全座椅中的仿真婴儿安然无恙。在“好孩子”公司展厅里，既有轻轻一抖就能快速展开的“口袋车”，也有碳纤维材质打造的全球最轻婴儿车。这样的创新能力，令“好孩子”公司在行业稳稳占据主动。

只有立足自身发展的确定性，才能更好地应对外部环境的不确定性，创造更多的可能性。面对激烈的国际竞争，昆山不断开辟发展新领域新赛道，塑造发展新动能新优势，切实担负起“走在前、挑大梁、多做贡献”的重大责任。

近年来，昆山以打造国家一流产业科创中心为主线，加快形成科技创新策源地、人才创新创业首选地、科技成果转化集聚地，一批“以我为主”、自主可控的科创企业茁壮成长。

指甲盖大小的芯片的制作难度相当于在指甲盖上建造一座城市。多年来，澜起电子科技（昆山）有限公司专注芯片研发，其研发的高性能DDR5内存接口芯片荣获2022年第十七届“中国芯”年度重大创新突破产品奖。

昆山有座运营了10多年的燃煤发电厂，如今摇身一变，成为当地首屈一指的科创综合体。这座“新旧融合”的科创综合体总投资约25亿元，建筑面积约28万平方米，汇聚了苏州贝莱克金刚石、苏州恒驰数字打印、苏州合煌能源科技等3D数字技术、生物医药、能源科技领域的优质企业。

昆山空间宝贵，产业必须从粗放走向集约。进入新发展阶段，昆山坚持以亩均效益为衡量产业发展水平的核心指标，分辨“低产田”和“高产田”，倒逼“有限”空间迸发“无限”能量。2022年，昆山净增高新技术企业480家，总量增至2 744家，占苏州市总量的1/5，战略性新兴产业产值比重提升至57.3%，成为全国首批创新型县（市）。

“走出去，引进来”

驶出沪宁高速昆山出口，迎面就能看到两幢高耸的塔楼。这是昆山全新打造的元宇宙产业地标——云昆大厦。“打造元宇宙产业看昆山、发展元宇宙产业来昆山”，正成为这片热土的最新标识。

不能等风口到了再做准备。2022年9月，昆山市委理论学习中心组专题学习“元宇宙技术应用及产业发展”；同时昆山首次全程采用VR（虚拟现实）技术举办元宇宙产业发展战略咨询会。2023年春节后第一个工作日，昆山干部便围绕“数字城市元宇宙”进行了专题学习。此外，昆山还发布了元宇宙产业发展行动计划，建立了产业发展基金，展现出一个宏大愿景。

在2023年昆山元宇宙产业大会春季会上，有学者发出这样的感慨：“我在全国各地听了不少元宇宙主题的会，大部分在讲元宇宙是什么，只有昆山在讲元宇宙产业是什么。”会上，16家元宇宙企业签约落地，8个元宇宙应用场景发布。

时不我待，昆山坚持“走出去，引进来”，要让“国企敢干、民企敢闯、外企敢投”。在贯彻落实党的二十大精神开局之年，昆山招商人员多批次赴海外招商，登门拜访戴尔、丰益国际等50余家企业，引进固铂轮胎、恩斯克汽车等8个注册外资超3 000万美元的项目以及理律生物、台光电子2个注册外资超1亿美元的项目。

尽管外部形势趋于复杂，但是昆山依然成为全球资本乐于登陆的热土，仅2023年一季度，昆山就完成实际使用外资8.7亿美元，总量创历史同期新高，同比增长170.1%。

2023 年 1 月，由美国 500 强企业固特异轮胎投资的高性能子午线轮胎扩建项目在昆山注册，新增投资总额 2 亿美元，成为 2019 年以来苏州范围内最大的美资增资项目。几天后，总投资 20 亿元的太古可口可乐昆山项目签约落户，成为该公司在华最大的单笔投资。2 月，昆山市政府与新加坡丰益国际签署合作协议，总投资 3.5 亿美元的丰厨昆山现代食品特色产业园启动。

2023 年 5 月 4 日，随着一辆满载货物的半挂车缓缓驶出，芬兰通力集团在华制造的第 150 万台整梯正式发运。作为全球电梯及自动扶梯产业最大的供应商之一，通力集团自 1996 年在昆山投资设厂，累计投资超 13.8 亿元，产品还出口至 90 多个国家和地区。这些年来，通力集团已经与昆山牢牢融为一体。

2022 年，昆山全市完成实际使用外资 17.3 亿美元，增长 252.4%，创 10 年来新高。截至 2023 年上半年，昆山集聚了全球 79 个国家和地区的 9 600 多个项目，总投资超 1 200 亿美元。

“内聚”精气神，“外联”新机遇

2022 年 11 月，中国 500 强企业东山精密新能源汽车零部件智能制造中心在昆山千灯镇启动建设，跑出了“1 周签约、3 周挂牌、5 周开工”的审批新速度。

“七天发四证”“三天发四证”“一天发五证”，昆山不断刷新重大项目行政审批速度，让投资者获得比黄金还宝贵的信心。

眼里有大企业，也关注小个体。2023 年 5 月 13 日上午，个体工商户王黎明需要办理奶茶店的行政审批手续，他没有选择前往政务服务大厅，而是到昆山大西门商业街区的自助服务机，在“家门口”就顺利地打印出了营业执照。

昆山主动对标世界银行最高标准，连续多年发布营商环境政策，先后推出营商环境白皮书以及“二十八条”“十六条”“三十条”营商环境新政，创新推出“昆如意”营商服务品牌。2023 年 4 月 11 日，又召开政策发布会，发布《昆山市深化“昆如意”营商环境 2023 年创新行动方案》，围绕六大亮点推出 25 条含金量十足的“干货”举措。

时代的浪潮，把昆山带入更宏阔的发展格局。应长三角一体化发展需要，昆山提出“东接、西融、北联、南协”区域联动发展策略。向东接轨上海，当好苏州全面对接上海的“桥头堡”；向西融入苏州主城，打造苏州市内全域一体化发展创新强引擎；向北联动沿江港口，共同打造苏州先进制造增长极；向南协同推进长三角生态绿色一体化发展示范区建设，打造江南文化样板区。

以“内聚”强化协同发展，以“外联”拓展战略空间。昆山不再简单做产业溢出的承接者，而是主动做联动发展的同行人。融入大势，昆山再一次登高望远，走在高质量发展前列的澎湃动力如春潮涌动，在新征程上迈出坚实步伐。

思考讨论

1. 习近平在党的二十大报告中强调，高质量发展是全面建设社会主义现代化国家的首要任务。结合案例，谈谈你对这句话的理解。

2. 结合案例思考，立足于中国式现代化新征程，昆山如何点燃推动经济高质量发展的“新引擎”?

3. 立足于中国式现代化新征程，你认为点燃高质量发展“新引擎”、推进中国式现代化“加速跑”的关键是什么?

教学建议

本案例主要适用于第六章第四节“建设现代化经济体系”部分的辅助教学。其主要展示了昆山立足于中国式现代化新征程，从加工起步，进而串珠成链，从集成组装进入研创开发，从县域领跑到打开全球视野，从练内功到引外源，点燃经济高质量发展的“新引擎”的生动实践。

组织教学建议

第一，教师可在课前布置读书任务，推荐学生阅读《习近平经济思想学习纲要》，从而使其初步理解和把握“中国式现代化”“高质量发展”，并在此基础上思考实现高质量发展对于推进中国式现代化的重要意义。在开展案例教学前，教师可组织学生进行课堂讨论，明确“中国式现代化”“高质量发展”的内涵和本质，进而使他们对二者之间的关系有所把握。

第二，在案例讨论开始时，教师应首先引导学生充分把握本案例的展示思路。江苏昆山面对新形势、新任务，按照习近平指引的方向，在推进高质量发展实践中，做出诸多“新探索”，点燃多部“新引擎”：一是从加工起步，进而串珠成链，形成“强磁场”；二是从集成组装进入研创开发，创造“强劲增量”；三是坚持“走出去，引进来”，从县域领跑到打开全球视野；四是“内聚”“外联”相结合，创造新机遇。

第三，在案例讨论环节，教师要着重引导学生将昆山推动实现经济高质量发展的实践逻辑与习近平经济思想的理论逻辑结合起来。全面建设社会主义现代化国家，实现经济向高质量发展转变，这是以习近平同志为核心的党中央结合经济发展的一般规律对我国经济发展的阶段性特征所作出的重大战略判断，也是昆山成功点燃“新引擎”、实现“新跨越”的重要实践背景。昆山实现蜕变的重要原因在于把握住了我国经济发展的鲜明主题，并在新发展理念的引领下，因地制宜、因时制宜、因势制宜地探索构建经济发展新模式。

总结提升建议

第一，高质量发展是全面建设社会主义现代化国家的首要任务，实现高质量发展是中国式现代化的本质要求之一。中国式现代化就是社会主义现代化的现实路径，是中国特色社会主义在发展道路上的具体化，是实现中华民族伟大复兴目标的必然选择与必由之路。从特征来看，中国式现代化是人口规模巨大的现代化，是全体人民共同富裕的现代化，是物质文明和精神文明相协调的现代化，是人与自然和谐共生的现代化，是走和平发展道路的现代化。党的二十大报告将“实现高质量发展”作为中国式现代化的本质要求之一，明确提出“高质量发展是全面建设社会主义现代化国家的首要任务”。一方面，转向高质量发展是我国经济建设迈进高级形态的必然进程。党的十八大以来，中国特色社会主义进入新时代，我国社会主要矛盾已经转化为人民日益增长的美好生活需要和不平衡不充分的发展之间的矛盾，党中央提出要坚定不移贯彻新发展理念，这必然要求通过高质量发展转变发展方式、优化经济结构、转换增长动力。另一方面，高质量发展是我国新的发展阶段应对各种风险挑战的正确选择。从国内角度看，我国经济在投资、消费及需求结构上面临新的变化趋势，产业结构面临新的调整转换压力，城乡区域发展也面临新的路径选择，只有坚持走高质量发展之路，才能实现质量变革、效率变革、动力变革。从国际角度看，当前世界经济和贸易增长动能减弱，外部打压遏制不断上升，只有坚持推动高质量发展，才能有效应对各种外部挑战，顺利推进社会主义现代化建设。

第二，点燃高质量发展“新引擎”，推进中国式现代化“加速跑”，建设现代化产业体系是基础。多年来，昆山在转型升级、加码投资、抢滩新赛道上保持着强劲的发展势头，推动打造“搬不走、压不垮、拆不散”的核心产业链条，不断完善现代化产业体系格局，为高质量发展奠定了坚实基础。经验表明，建设现代化产业体系，不断增强产业韧性，是适应经济发展新常态、提升产业竞争力的重要前提，要将打好产业链强链补链“攻坚战”放在突出位置，拿出超常规举措，推动重点产业链强筋壮骨，不断增强产业链自主可控能力和竞争力。

第三，点燃高质量发展“新引擎”，推进中国式现代化“加速跑”，创新是第一动力源。创新是一个民族进步的灵魂，是国家兴旺发达的不竭动力。立足于新时代新征程，昆山紧紧围绕推进数字经济时代产业创新集群融合发展，不断开辟发展新领域新赛道，塑造发展新动能新优势，坚持把科技创新的“关键变量”不断转化为高质量发展的“强劲增量”，推动“昆山制造”向“昆山创造”跃升。当今社会已进入知识经济时代，经济增长和社会进步比以往任何时候都更加依赖科技的创新与发展，推动高质量发展、实现中国式现代化，必须把科技自立自强作为发展的战略支撑，推进以科技创新为核心的全面创新。

第四，点燃高质量发展“新引擎”，推进中国式现代化“加速跑”，推进高水平对外开放是关键一招。改革开放是决定当代中国命运的关键一招，也是决定实现第二个百年奋斗目标、实现中华民族伟大复兴的关键一招。昆山积极融入新发展格局，坚持“走出去，引进来”的对外开放思路，把增强国内大循环内生动力和可靠性与提升国际循环质量和水平有机结合，打造了推动高质量发展的新高地。历史和现实都告诉我们，推进高水平对外开放，有利于引进更多国际先进要素，更好利用两个市场、两种资源，为我国发展扩空间、提质量、增动力，实现高水平科技的自立自强和发展的独立自主。在实践中，我们必须更加深刻地认识对外开放的历史必然性和时代意义，在全面对外开放中，不断增强经济增长动能和国际竞争力。

第五，点燃高质量发展“新引擎”，推进中国式现代化“加速跑”，营造良好的内外发展环境是根本保障。进入新发展阶段，贯彻新发展理念，构建新发展格局，推动高质量发展，必须进一步加快完善社会主义市场经济体系，着力提升营商环境水平，着力加强资源平台建设，方能为全面建设社会主义现代化国家提供有力保障。昆山以“内聚”强化协同发展，以“外联”拓展战略空间，通过与区域核心城市建立联动机制、加强要素流动，释放区域一体化的澎湃力量。实践表明，只有以共享发展理念为引领，加快营造良好的内外发展环境，处理好“自转”与“公转”的辩证关系，高质量发展之路才会越走越宽广。

■ 启示意义

发展理念是发展行动的先导，高质量发展本质上是体现新发展理念的发展。高质量发展是典型的“中国概念”与“中国话语”，是中国特色鲜明的经济发展方式。党的十八大以来，以习近平同志为核心的党中央不断深化对经济社会发展规律的认识，针对我国发展中的突出矛盾和问题提出一系列新理论、新思想、新战略，融汇成引领中国特色社会主义现代化强国建设的新理念。新时代的昆山之所以能够书写一个又一个经济高质量发展奇迹，归根到底是因为坚持了正确的发展理念，契合了中国式现代化发展的本质要求。实践证明，新发展理念既是“以大势为导向”的认识论，又是“以问题为导向”的方法论。面向未来，实现经济高质量发展，建设社会主义现代化强国，必须坚持从整体观、系统论出发学习贯彻习近平新时代中国特色社会主义思想，切实把思想与行动统一到中央对形势的分析判断和决策部署上来。

案例 15

粤港澳大湾区：大机遇 大优势 大未来

核心阅读

粤港澳“同饮一江珠水，共铸三颗明珠”，构成了一个相对独立、完整的地理单元。在长期发展过程中，粤港澳之间形成了唇齿相依的密切关系。2017 年 7 月 1 日，国家发改委、粤港澳三地政府在香港共同签署《深化粤港澳合作 推进大湾区建设框架协议》，粤港澳大湾区建设正式启动。几个月后，粤港澳大湾区建设被写入党的十九大报告。2019 年 2 月 18 日，中共中央、国务院印发《粤港澳大湾区发展规划纲要》，粤港澳大湾区建设作为国家战略正式进入实质性实施阶段。多年来，粤港澳大湾区综合实力显著增强，粤港澳合作更加深入，三地民众获得感更加充实，国际一流湾区和世界级城市群建设迈出坚实步伐，成绩斐然。2023 年，大湾区经济总量突破 14 万亿元（与日本东京湾区的经济总量旗鼓相当，位居世界四大湾区前列），以不到全国 0.6%的土地面积创造了全国 1/9 的经济总量，成为中国开放程度最高、经济活力最强的区域之一。

世界夜景卫星图上，粤港澳大湾区灯光璀璨，熠熠生辉。这个包括香港、澳门及广东省 9 市的湾区，总面积 5.6 万平方公里，以不到全国 0.6%的土地面积创造了全国 1/9 的经济总量。中共中央、国务院印发的《粤港澳大湾区发展规划纲要》的稳步推进，更成为该地区加快发展的重要引擎。

领航定向 擘画宏伟蓝图

粤港澳大湾区是一个空间地理上的概念，粤港澳“同饮一江珠水，共铸三颗明珠”，构成了一个相对独立、完整的地理单元，形成了唇齿相依的密切关系。党的十八大以来，习近平更是以政治家的远见卓识，从全局高度为粤港澳大湾区发展擘画蓝图。

2012 年 12 月，习近平在广东考察期间指出，希望广东联手港澳打造更具综合竞争力的世界级城市群。2017 年 7 月 1 日，粤港澳大湾区建设正式启动。几个月后，党的十九大召开，粤港澳大湾区建设被写入党的十九大报告。2019 年 2 月，中共中央、国务院印发《粤港澳大湾区发展规划纲要》，对大湾区的发展作了全面规划。粤港澳大湾区建设就此掀开历史全新的一页。2023 年 4 月，习近平在广东考察时强调“使粤港澳大湾区成为新发展格局的战略支点、高质量发展的示范地、中国式现代化的引领地”，更是为推进粤港澳大湾区建设指明了前进方向。

“对香港、澳门来说，‘一国两制’是最大的优势，国家改革开放是最大的舞台，共建‘一带一路’、粤港澳大湾区建设等国家战略实施是新的重大机遇。”习近平对香港和澳门的未来发展进行长远谋划。

在习近平的谋划、部署、推动下，粤港澳大湾区建设加快推进。从协议规划到蓝图铺展，再到生动现实……粤港澳合作更加深入，融合发展不断取得新成效，粤港澳大湾区综合实力显著增强。

“软”“硬”联通 共享合作之利

只需15分钟，以“G”字母开头的中国高铁列车就能从香港西九龙站开到深圳福田站。近年来，以南沙为圆心，粤港澳大湾区的“立体交通网”越织越密、越联越通，干线铁路、城际铁路、城市轨道交通、有轨电车“四网融合”。截至2024年2月，大湾区铁路运营里程超过2 500公里，“轨道上的大湾区”加速驶来。

伶仃洋上，港珠澳大桥一桥飞架香港、澳门、珠海三地，如同一条海上巨龙，让港澳正式接入国家高速公路网。到2024年2月，大湾区高速公路通车里程约5 000公里，路网密度在国内外主要城市群中位居前列；广佛、深港、珠澳三极之间，一小时左右即能通达。随着2024年深中（深圳—中山）跨海通道的建成通车，大湾区“一小时生活圈”将进一步演进为“半小时生活圈”：从香港到珠海、澳门仅需30分钟车程。

“硬”联通持续推进的背后，“软”联通也正在加速。

“我从澳门到横琴上班，有时一天需要来回三四趟，20来分钟就可以走一趟。”澳门人洪于德2020年到横琴创业，现在他每天要驾驶澳门单牌车往返于澳门与横琴之间。近年来，“一次排队、一次查验、一次放行”等便利化措施逐步落实，内地与港澳的往来愈加快捷便利。早在2022年5月，约2/3的出入境旅客就可以通过自助方式通关。2023年，深港口岸累计超1.6亿人次出入境，日均超40万人次，最高峰突破80万人次。

2021年10月19日，香港市民邝女士联系到家附近的工商银行分行，办理了内地人民币产品投资业务，成为“跨境理财通”业务的首位客户。截至2023年底，大湾区参与“跨境理财通”试点个人投资者达6.9万人，涉及相关资金跨境汇划金额超128亿元。

近年来，粤港澳三地不断深化规则对接、机制衔接，积极探索“一事三地、一策三地、一规三地”，规则机制“软”联通向纵深推进，“制度之异”正变为“制度之利”。

创新集聚 赋能高质量发展

在东莞美丽的松山湖畔，有着深藏地下13米至18米、占地足有40个足球场大的中国散裂中子源，它是我国迄今为止单项投资规模最大的大科学工程。在此之前，全世界只有美国、英国和日本拥有同类项目。依托这个工程，大湾区的科学家再也不用去求美英日。

一流湾区首先是一流的科创湾区。在粤港澳大湾区，国家给予最有利的政策支持，赋予最宽松的制度环境，各方高起点高标准推进科技创新，以广深港、广珠澳科技创新走廊为主干架的区域创新格局初步形成。广州实验室挂牌启动，惠州加速器驱动嬗变研究装置正式开工建设，“鹏城云脑Ⅱ”重大科学设施正式上线运行；500 多家生命健康和人工智能企业集聚广州南沙，深圳精准推进集成电路、生物医药、新能源汽车等 8 条重点产业链，佛山建成 26 个国家级特色产业基地……粤港澳大湾区正在加速成为全球科技创新高地和新兴产业重要策源地。世界知识产权组织发布的《2024 年全球创新指数报告》显示，“深圳—香港—广州”科学技术集群连续五年位列全球创新指数第二，超过美国硅谷所在的圣何塞—旧金山地区。截至 2024 年 4 月，大湾区已经拥有超过 7.5 万家国家级高新技术企业，涌现出华为、腾讯、比亚迪、美的、格力等一批科技领军企业。

加快集聚的科技创新力量有力地引领着粤港澳大湾区向着高质量方向发展迈进。大湾区建设正式启动以来，一组组数据令人振奋：2021 年，粤港澳大湾区经济实现跨越式发展：深圳 GDP 突破人民币 3 万亿元，东莞 GDP 首破万亿元大关，香港经济展现强劲复苏活力，GDP 增长 6.4%，连同广州和佛山，这五个湾区城市组成了“万亿经济圈”。2023 年，粤港澳大湾区经济总量突破 14 万亿元，与日本东京湾区的经济总量旗鼓相当，位居世界四大湾区前列。从经济规模来看，2021 年，东京湾区、纽约湾区和旧金山湾区经济总量分别为 20 940 亿美元、19 020 亿美元和 12 712 亿美元，粤港澳大湾区排名第二。2023 年，粤港澳大湾区经济总量迈上 14 万亿元的新台阶，以不到全国 0.6%的国土面积创造了全国 1/9 的经济总量。2022 年和 2023 年，粤港澳大湾区全球招商大会累计达成投资贸易项目超过 1 700 个，投资总金额近 5 万亿元。开放程度最高、经济活力最强的粤港澳大湾区，正铺展出一幅高质量发展的时代画卷。

宜居宜业 共创美好未来

深圳湾畔，天朗气清。前海石矗立海边，见证着前海这个“因深港合作而生、因深港携手而兴”的合作区的发展变化。香港青年陈升的创业梦就从前海开始。他时常回想起自己在前海深港青年梦工场创业的日子，“这里是我圆梦的地方”。

“大湾区的机遇越来越多，舞台越来越宽广。”这是许多港澳青年选择扎根大湾区的理由。澳门青年律师黄景禧从珠海横琴总部大厦向外眺望。昔日“蕉林绿野，农庄寥落”的横琴岛，如今已是大道纵横、高楼林立，处处充满机遇与活力。到 2022 年 7 月，横琴已有澳资企业 4 975 家，有各类国家级、省级科技创新平台达 20 家。

为更好地让港澳青年在粤港澳大湾区就业、创业，2018 年，国务院全面取消台港澳人员在内地就业许可。从广州南沙到深圳前海，从珠海横琴到佛山南海……港澳青年到内地创业蔚然成风。数据显示，早在 2022 年 5 月，广东就已建成“1＋12＋N”港澳青年创新创业孵化基地体系，累计孵化港澳项目超过 2 300 个、吸纳港澳青年就业达 3 400 余人，在粤纳入就业登记管理的港澳居民就已超过 8.51 万人。

“港澳工程专业人才可以在南沙评职称了!”来自香港的工程师闫澍说。随着职业资格认可、标准衔接范围持续拓展，在医师、教师、导游等领域，以单边认可带动双向互认，大批港澳专业人士取得内地注册执业资格。港澳居民在大湾区内地城市当公务员也并不稀奇。

在粤港澳大湾区，港澳居民享有诸多便利条件：港澳居民及随迁子女同等享受学前教育、义务教育、高中阶段教育等政策落地实施；港澳居民在大湾区内地购房无须提供相关证明，可按规定进行港澳银行跨境按揭购房；“港澳药械通”试点实施，大湾区内地符合条件的医疗机构可按规定使用已在港澳上市的药品和医疗器械；“湾区社保通”政策落地……大湾区公共服务优质、宜居宜业的生活圈正在形成，港澳居民在大湾区发展有了更强的“归属感”和满满的“获得感”。

乘风破浪，勇立潮头。粤港澳三地大胆创新、真抓实干、奋发进取，国际一流湾区和世界级城市群建设正迈出坚实步伐。

思考讨论

1. 粤港澳大湾区建设是习近平谋划、部署、推动的重大国家战略。到目前为止，粤港澳大湾区建设进展如何？

2. 粤港澳大湾区建设是新时代我国促进区域协调发展的区域重大战略之一。实施这一战略的重大意义是什么？

3. 相比国内其他经济圈，粤港澳大湾区具有哪些突出特点和独特优势？在这一战略下，港澳如何更好融入国家发展大局？

教学建议

本案例主要适用于第六章第四节“建设现代化经济体系”部分的辅助教学。案例介绍了党的十八大以来以习近平同志为核心的党中央高屋建瓴布局和推动粤港澳大湾区建设，并取得显著成效的典型事例，展现了粤港澳大湾区建设加快推进、港澳加速融入国家发展大局的发展过程。

组织教学建议

第一，要引导学生认识和把握以习近平同志为核心的党中央对粤港澳大湾区建设的谋划、部署、推动。重点把握三个节点：一是2017年7月1日，国家发改委、粤港澳三地政府在香港共同签署《深化粤港澳合作 推进大湾区建设框架协议》，粤港澳大湾区建设正式启动。二是2019年2月18日，中共中央、国务院印发《粤港澳大湾区发展规划纲要》，对粤港澳大湾区的战略定位、发展目标、空间布局等作了全面规划。这是中国第一个大湾区“路线图”，粤港澳大湾区建设就此掀开历史新篇章。三是2023年4月13日，习近平在广东考察时，明确指出“使粤港澳大湾区成为新发展格局的战略支点、高质量发展的示范地、中国式现代化的引领地”。这是对粤港澳大湾区提出的新使命、新目标、新任务、新要求，为大湾区指明了前进方向。

第二，要引导学生把握粤港澳大湾区建设的重大意义。根据2019年印发的《粤港澳大湾区发展规划纲要》，打造粤港澳大湾区，建设世界级城市群，有利于丰富“一国两制”实践内涵，进一步密切内地与港澳交流合作，为港澳经济社会发展以及港澳同胞到内地发展提供更多机会，保持港澳长期繁荣稳定；有利于贯彻落实新发展理念，深入推进供给侧结构性改革，加快培育发展新动能、实现创新驱动发展，为我国经济创新力和竞争力不断增强提供支撑；有利于进一步深化改革、扩大开放，建立与国际接轨的开放型经济新体制，建设高水平参与国际经济合作新平台；有利于推进“一带一路”建设，通过区域双向开放，构筑丝绸之路经济带和 21 世纪海上丝绸之路对接融汇的重要支撑区。

第三，要引导学生深入思考粤港澳大湾区的特点和优势。与世界其他湾区相比，“一国两制”是粤港澳大湾区的最大特点。一个国家、两种制度、三个关税区、三种货币，在这一条件下实现区域协调发展，国际上没有先例。粤港澳大湾区也具有其他地区难以复制的优势，具体来讲：一是大湾区发展海港经济和对外开放的历史，使其具有较好的基础设施和产业体系，具备成为创新熔炉的必要元素。二是大湾区的中心城市数量较多，城市间的经济联系比较紧密，它们在未来的发展中能够更加有效地形成整体联动的态势。三是得益于香港、澳门的地理位置和我国的地位，大湾区已经具有较高的国际化程度和吸收国际先进经验的绝佳条件。对于粤港澳大湾区的优势，亦可作其他分析，教师可引导学生通过深入思考得出结论。

第四，要引导学生了解和把握粤港澳大湾区建设启动以来的重要进展。可结合案例着重从三个方面加以把握：一是在交通基础设施“硬”联通和规则机制“软”联通方面的建设进展；二是在以科技创新引领高质量发展方面的建设进展；三是大湾区宜居宜业的优质生活圈的建设进展。案例受篇幅所限，所列事实较为有限。教师可以予以补充，亦可引导学生通过自主查阅资料来获取更加丰富的现实素材，以进一步深化对粤港澳大湾区建设成效的认识。

■ 总结提升建议

第一，促进区域协调发展是贯彻新发展理念的重要内容。这一理念强调的是在经济发展中实现区域之间的平衡和协调，以推动经济高质量发展。新发展理念包括创新、协调、绿色、开放、共享五个方面，其中协调发展是关键之一，旨在通过优化重大生产力布局，构建优势互补、高质量发展的区域经济布局和国土空间体系，形成主体功能明显、优势互补的区域协调发展新格局。包括协调发展在内的新发展理念，是习近平新时代中国特色社会主义思想的重要内容，是引领发展之道。在以习近平同志为核心的党中央的高度重视下，粤港澳大湾区建设作为国家重大发展战略，进入全面实施的新阶段。建设粤港澳大湾区，要在新发展理念指引下，着眼于 21 世纪世界发展大趋势和全球化发展新格局，进一步深化改革、扩大开放，实现更高质量、更有效率、更加公平、更可持续、更为安全的发展。

第二，促进区域系统发展是实现高质量发展的必然要求。协调发展和高质量发展，是当前我国区域发展中的两大重要主题，二者相互促进并紧密联系，需要有机结合起来。一方面，高质量发展是体现新发展理念的发展。新发展理念中的协调发展，其核心内容之一就是区域协调发展。因此，区域协调发展本身就是区域高质量发展的重要内容和内在特征。另一方面，高质量发展是对所有地区的普遍要求，所有地区都必须贯彻落实好新发展理念，走高质量发展之路，高质量发展的要求为各个层面的区域协调发展规定了方向。统筹区域协调发展和区域高质量发展，是新发展阶段的一项重要任务，核心是构建更高质量、更有效率、更加公平、更可持续的区域协调发展新格局。2023年4月，习近平在广东考察时指出，要使粤港澳大湾区成为“高质量发展的示范地”。由此，推动粤港澳大湾区实现高质量发展是时代赋予粤港澳大湾区的重要课题。

第三，促进区域协调发展，要深入实施区域协调发展战略。党的十八大以来，以习近平同志为核心的党中央高度重视区域协调发展，立足解决我国发展不平衡不充分问题，部署推动京津冀协同发展、长江经济带发展、粤港澳大湾区建设、长三角一体化发展、黄河流域生态保护和高质量发展等区域重大战略，使得我国区域协调发展的战略布局更加完整。习近平在党的二十大报告中强调，应促进区域协调发展，并把深入实施“区域重大战略”明确为促进区域协调发展的内在要求。随着这些国家战略的不断实施推进，一个要素自由有序流动、主体功能约束有效、基本公共服务均等、资源环境可承载的区域协调发展新格局正加快形成。

第四，与内地合作、融入国家发展大局是香港、澳门经济发展的必由之路。香港、澳门发展同内地发展紧密相连。香港、澳门要实现更好的发展，最重要的前提就是要积极融入国家发展大局，把握粤港澳大湾区建设等机遇，更好地发挥自身所长，增强竞争优势。香港和澳门经济水平处于领先地位，但同样存在诸如土地、资源稀缺等短板，而广东能为它们提供广阔的腹地，极大地拓宽香港和澳门的发展空间。与此同时，香港、澳门作为中国的两个特别行政区，长期面向国际，拥有高度自由的市场和与国际接轨的法律体系、社会制度，这可以为广东乃至整个内地提供接入国际市场的通道。可见，粤港澳大湾区建设不仅有助于港澳融入国家发展大局，而且对整个国家发展全局亦具有重要意义。

第五，粤港澳大湾区建设取得了阶段性显著成效，为世界湾区经济发展提供了重要借鉴。数十年来，湾区经济已成为全球经济体中最亮眼的风景。放眼全球，纽约湾区作为全球金融湾区，是当之无愧的世界金融中心，其金融业、奢侈品业、都市文化都具有世界性影响力。东京湾区是产业湾区，其主要核心是工业和制造业。旧金山湾区是高科技湾区，全球各地科技精英聚集于此，创造科技神话。粤港澳大湾区虽起步晚，但发展迅速。根据深圳市社会科学院的智库报告《世界湾区发展指数研究报告（2021）》，在人口规模上，粤港澳大湾区的总人口规模超过8 000万，东京湾区超过3 600万，纽约湾区接近2 000万，旧金山湾区不到800万；在经济体量上，纽约湾区的GDP是1.8万亿美元，东京湾区的GDP是1.7万亿美元，粤港澳大湾区的GDP是1.67万亿美元，与东京湾区接近，旧金山湾区的GDP最少，为1万亿美元；在经济发展水平（主要以人均GDP来衡量）上，旧金山湾区的人均GDP超过13万美元，在世界知名湾区中遥遥领先，纽约湾区的人均GDP位列第二，超过9万美元，东京湾区的人均GDP接近5万美元，粤港澳大湾区的人均GDP接近2万美元。由此可见，粤港澳大湾区建设已经取得了显著成效。

启示意义

加强党中央对重大工作的集中统一领导，是我们成就各项事业的根本保证。推进粤港澳大湾区建设是以习近平同志为核心的党中央作出的重大决策，是习近平谋划、部署、推动的重大国家战略。在世界正经历百年未有之大变局、我国正处于实现中华民族伟大复兴的关键时期，作出建设粤港澳大湾区的战略决策，充分体现了以习近平同志为核心的党中央的高瞻远瞩、深谋远虑，对于实现第二个百年奋斗目标具有重大现实意义和长远历史意义。习近平明确提出将大湾区打造成“高质量发展的示范地”，这是中央赋予大湾区建设的历史重任和建设好大湾区的内在要求。粤港澳三地和有关部门应充分认识到粤港澳大湾区在国家发展大局中的重要战略地位，在以习近平同志为核心的党中央关心指引下，锐意进取，积极作为，在实现中华民族伟大复兴的征程上交出满意答卷。

案例
16

上海普陀："半马苏河"的华丽蜕变

核心阅读

习近平在上海考察时提出人民城市理念，上海市"一江一河"岸线公共空间贯通开放工程，正是践行人民城市理念的生动体现。在苏州河治理过程中，普陀区通过强化党建引领，发挥党员带头、党组织协同、区域化党建作用，采取"三治融合"等全过程人民民主方法，助力苏河岸线贯通、品质升级、资源开发，实现了"半马苏河"的华丽蜕变。"全过程人民民主推动苏河两湾岸线贯通"被评为第二届"上海城市治理最佳实践案例"，上海普陀区也成为践行全过程人民民主、建设人民城市的市域典范。

2019 年 11 月，习近平在上海杨浦区滨江公共空间同市民交谈时提出，"城市是人民的城市，人民城市为人民。无论是城市规划还是城市建设，无论是新城区建设还是老城区改造，都要坚持以人民为中心，聚焦人民群众的需求，合理安排生产、生活、生态空间"。上海市以人民城市理念为指导，持续推进"一江一河"岸线公共空间贯通开放、改造提升工程，实现还岸于民、还水于民。苏州河流经上海中心城区的岸线有 42 公里，其中流经普陀区的岸线长 21 公里，相当于半程马拉松的长度，因此，苏州河普陀段有"半马苏河"之称。在上海推进"一江一河"发展过程中，普陀区凝聚区域化党建单位和基层各类力量，探索全过程人民民主的基层实现形式，变"断点"为"通点"，打造高品质滨水空间，推动"工业锈带"向"生活秀带"发展，如今的"半马苏河"水更清、景色更美，两岸更有烟火气。"全过程人民民主推动苏河两湾岸线贯通"被评为第二届"上海城市治理最佳实践案例"，上海普陀区也成为践行全过程人民民主、建设人民城市的市域典范。

"两湾八步法"：打通最后一个"断点"

位于普陀区的"中远两湾城"是上海内环线内最大的居民小区，拥有 1.1 万余户居民、5 万常住人口，分属 4 个居委会，苏州河有 1.69 公里的岸线位于这个超大型小区内部。沿河空间倾向开放和共享，而居民小区又讲究封闭和安全，部分业主对权属岸线的开放和共享存在较大争议。如何征得 2/3 以上业主的理解和支持，成为贯通工作不得不跨过的一道"坎"。宜川路街道积极践行全过程人民民主，探索形成"两湾八步法"工作机制，通过强引领、广倾听、细调研、重协商、快回应、实推进、热评议、促转化，构建起多样、畅通、有序的民主渠道，使群众意愿得到充分表达，苏州河岸线贯通也从"不可能完成的任务"变成"家门口的风景"。

"贯通"工作之初，小区内部反对的声音非常多，僵持局面下，一封来自基层党组织的倡议书，引起了小区居民的热议。"这是市委、市政府造福全市人民办的一件大好事。对我们中远两湾城居民来说，更是改善小区设施、美化环境、提升品质的机会。"这封倡议书来自 314 号楼组功能型党小组组长陈步君。这位 80 多岁的老党员注意到并不是所有人都反对河岸贯通，只是在楼组微信群里持支持意见的人较少发声，便写下了倡议书。倡议书引发社区内乒乓球、摄像等的各种群众组织的积极响应，更多的党员主动当起了政策讲解员、宣传员，越来越多的人从最初的抵触变为开始主动了解这次沿河空间综合改造计划。党员的示范带头作用较大，进一步，在区委统一领导下，宜川路街道层面成立了中远片区联合党委，小区内成立了多个楼群党支部、楼内党小组，形成"三级联动"的组织体系。在党组织的引领下，贯通工作专班围绕居民普遍关心又意见不统一的问题，先后召开了 13 场业主磋商会，大到沿河楼栋安全怎么保障、让渡权利怎么补偿、步道后续怎么管养，小到空间隔离如何既美观又方便、种什么树、栽什么花等各种问题得到充分沟通协商，光步道的设计方案就先后改了 10 多稿。为了一票一票地争取到老百姓的支持，街道多次召开磋商会，运用微信公众号、社区海报栏、专题小程序、社区云平台等开展宣传，同时在居委会门口和社区服务中心设置心愿墙，供居民表达意见，在"联合接待点"与业主面对面交流，解疑释惑。最终，近 2 000 条针对贯通工程的意见和建议被收集、整理。党员带头示范、党组织"穿针引线"，再加上耐心细致的协商调研，小区里正面的声音越来越响，最终理解和支持的居民超过了居民总数的 80%，"贯通"工作顺利完成。

"三治融合"：打造高品质滨水空间

普陀区十分重视党建引领全过程人民民主实践，加快构建"发展出题、党建答题、全过程人民民主解题"的工作格局。在岸线贯通工作的基础上，区委聚焦苏河岸线品质升级，通过党建引领，自治、法治、德治融合，打造宜居、宜业、宜创和共建、共享、共治的"世界级滨水空间"。在自治层面，普陀区长寿路街道成立自治共治联盟，吸纳企业白领等各领域人才组成护河队，和沿岸居民企业协商、推动并保护滨水岸线公共空间环境建设。宜川路街道党工委打造苏州河步道"小湾豆"系列文明实践阵地，引导居民积极参与岸线景观设计等事务讨论，"社区是我家、善治靠大家"的良好氛围越来越浓。在法治层面，普陀区委围绕《上海市黄浦江苏州河滨水公共空间条例》展开广泛调研和意见征集，相关的实施主体、街道工作人员、专业人士和居民对于立什么样的法，从"标题"开始就展开了广泛讨论。该条例鼓励社会各界充分利用相关滨河设施，参与公共空间规划建设、设施设置与维护、共享与共治。该条例的颁布为保障苏州河滨水公共空间的高起点规划、高标准建设、高品质开放和高水平管理提供了法律依据。

在德治层面，长寿路街道携手普陀区总工会，聚焦新就业形态劳动者的需求，持续在安"新"暖"新"工作上发力，推出了普陀工会暖"新"十条。发挥劳模工匠的思想引领作用，传递劳动光荣、创造伟大的时代强音；选树更多暖"新"达人，建立暖"新"机制，鼓励更多人关心、关注、关爱新就业形态劳动群体；鼓励新就业形态劳动者发挥职业特长、参与社区共治，主动融入城市、承担社会责任。宜川路街道党工委还公开招募一批百姓宣讲员，挖掘社区达人、能人、热心人组建成社区“智囊团”，请“德治带头人”现身说法，让群众来做群众工作，促进社会矛盾化解，使“半马苏河”两岸居民充分体会到城市发展的温度。“三治融合”激活了基层党组织自身的建设，也以党建引领全过程人民民主实践推进苏州河沿线社会治理体系和治理能力现代化。苏州河在“物理贯通”的基础上实现了“化学聚合”，“半程马拉松、海派烟火地”的美好愿景，正在转化为“在者舒心、来者倾心、未来者动心”的“现代化新图景”。

区域化党建：共建共享滨水资源

普陀区将“半马苏河”视作宝贵的城市资源，随着区域更新的快速推进，驻地央企、国企、大院大所、高校医院、“两新”组织等正成为普陀区发展赛道上的生力军。普陀区发起成立“靠谱”区域化党建联盟，与区域内各类主体加强联动，实现“党建共建、专业共融、发展共创”。区域化党建在资源整合、平台搭建、组织协调和社会治理方面发挥了重要作用，从而广泛汇聚各方资源和力量，形成滨水资源开发的合力。比如，普陀区委与华东师范大学共同申报建设“大思政课”首批整体试验区，改造升级顾正红纪念馆、沪西工人半日学校史料陈列馆、苏州河工业文明展示馆等一批场馆，通过苏州河游船将沿线的资源串珠成链，以此传承“赤色沪西”红色基因，发掘百年苏河工业文明；普陀区总工会以苏州河上的长寿路桥为起点，由东向西沿河编列了 21 处工运记忆的火红地标，连点成线，绘制成“半马苏河 工运记忆”寻访地图，方便和激励更多人追寻红色记忆，感悟工运精神；久事集团通过“靠谱”区域化党建联盟平台，合作开发苏州河游船项目，再现十八湾美景。2023 年，普陀区正式发布了“半马苏河”滨河党建品牌，实施“半马苏河·七彩秀带”项目，以“人靠谱（普），事办妥（陀）”精神，把历史文脉、城市风貌、市民生活融入苏州河项目建设，把苏河秀带建设得更加美丽和亲民，让“半马苏河”的亮丽风景线真正成为人人乐享的生活幸福线。

上海，依水而生，因水而兴。在“上海 2035”城市总体规划中，“苏州河水上旅游带”是上海旅游发展轴线之一。在党建引领、全过程人民民主推动下，“苏州河上泛舟，一览两岸风景”这一令人期待的画面或许并不遥远。

思考讨论

1. 请根据案例内容回答什么是“三治融合”？“三治融合”在打通苏州河岸线“断点”和提升岸线品质中起到了什么作用？

2. 什么是基层民主？为什么说基层民主是全过程人民民主的重要体现？

3. 请简要阐释人民城市理念，并回答全过程人民民主对于建设人民城市有何作用。

教学建议

本案例主要适用于第八章第二节“全过程人民民主是社会主义民主政治的本质属性”

和第三节"健全人民当家作主的制度体系"部分的辅助教学。本案例主要展示的是上海市普陀区在"一江一河"治理过程中，通过党建引领、"三治融合"、区域化党建，打通"中远两湾城"这一最后"断点"，并不断提升岸线品质，开发滨水资源，使"半马苏河"的亮丽风景线真正成为人人乐享的生活幸福线。这体现了协商民主是中国特色社会主义民主的独特优势，基层民主是全过程人民民主的根基，中国共产党的领导是发展全过程人民民主的根本政治保证，发展全过程人民民主是中国式现代化的本质要求。

■ 组织教学建议

第一，详细介绍案例背景。苏州河又名吴淞江，因溯水而上可至苏州而得名，苏州河与黄浦江一样是上海的母亲河。历史上，苏州河也曾变成又脏又臭的黑水河，苏州河进行了长达 20 余年的河道治理与沿线景观建设。苏州河弯弯绕绕，形成无数个"湾""嘴""角"，从遍地"滚地龙"到超大型宜居社区，从"脏乱差淹"到净化绿化彩化美化，从"垃圾码头"到高颜值滨水岸线，苏州河已经成为上海的标志性景观带。面向 2035 年，上海的目标是建成社会主义现代化国际大都市，而可持续治理苏州河依然有许多工作要做。课堂上，教师可通过图片、纪录片、短视频等形式，向学生简要介绍苏州河及其治理的历史，激发学生学习兴趣，使其了解案例中所讲的"中远两湾城"滨河岸线打通的来龙去脉，既提升案例吸引力，又为学生学习基层民主与治理相关知识做好铺垫。

第二，情景模拟，凸显基层民主的重要作用。位于普陀区的"中远两湾城"是上海内环线内最大的居民小区，苏州河有 1.69 公里的岸线位于这个超大型小区内部。沿河空间倾向开放和共享，而居民小区又讲究封闭和安全，部分业主对权属岸线的开放和共享存在较大争议。教学过程中可围绕"开放滨河空间是否合理"，组织学生进行情景模拟：将学生分成两组，一组"扮演"贯通工作专班人员，另一组"扮演"小区居民，双方各执己见，围绕要不要贯通进行辩论。通过对话和协商，寻找妥善解决办法，将讨论形成的方案与案例中的处理方案进行对比，看哪种方案效果更好，以此凸显基层协商民主对于基层社会治理的重要作用。

第三，翻转课堂，帮助学生认识全过程人民民主对于人民城市建设的意义。"人民城市人民建、人民城市为人民"，是习近平在我国城市高质量发展新阶段所提出的重要理念。由于案例是在上海建设人民城市这一大背景下发生的，因此，为深入理解案例内容，有必要对人民城市相关内容有所了解。可以采取翻转课堂的方式：先由学生搜集马克思主义城市观、中国共产党 70 多年城市建设的历史经验、习近平总书记关于城市工作的重要论述、上海人民城市建设实践经验等方面的资料；再由学生围绕人民城市建设这一主题，在课堂进行专题讲解；最后由教师结合案例和学生讲述内容，分析全过程人民民主对于人民城市建设和治理的作用。

第四，主题升华，突出中国共产党的领导是发展全过程人民民主的根本政治保证。在案例教学中，教师要突出强调正是党建引领、党组织动员、党员带头化解了苏州河岸线贯通的最大难题；也正是通过党建引领下的"三治融合"，苏州河滨水空间更加亮丽。教师可以通过摆事实、讲道理使学生充分认识到中国共产党的领导在基层治理中的作用，使学生认识到中国共产党的领导是发展全过程人民民主的根本政治保证，让“思政课”成为铸就“四个自信”基石的熔炉。

■ 总结提升建议

第一，发展全过程人民民主是中国式现代化的本质要求。其一，中国式现代化是中国共产党领导的社会主义现代化。人民群众不仅是中国革命、建设、改革的强大力量，更是全面推进社会主义现代化事业的中坚力量。全过程人民民主是马克思主义国家学说在中国的民主实践和国家政治建设上的创造，体现了我国是工人阶级领导的、以工农联盟为基础的人民民主专政的社会主义国家的国家性质。坚持人民主体地位，保证人民当家作主，是中国式现代化和全过程人民民主共同的价值追求。其二，中国式现代化的核心是促进人的现代化，即人的自由和全面发展。为实现这一目标，需要发展全过程人民民主，扩大人们的有序政治参与，真正提升人们的民主素养。其三，中国式现代化塑造了不同于西方现代化的“新现代化”。其“新”就新在推动物质文明、政治文明、精神文明、社会文明、生态文明协调发展，发展全过程人民民主是中国式现代化新道路的题中应有之义。其四，中国式现代化为发展全过程人民民主标明实践进路。民主不是抽象的而是具体和有主题的。以现代化目标要求指明全过程人民民主发展导向，不断塑造比较优势；以现代化目标任务明确全过程人民民主核心议题；以现代化治理能力提升全过程人民民主发展效能；以现代化信息技术深入拓展全过程人民民主实施空间。总之，全过程人民民主扎根中国社会土壤，是最广泛、最真实、最管用的社会主义民主。发展社会主义民主政治，建设社会主义政治文明，是全面建设社会主义现代化国家的内在要求和重要目标。在中国式现代化新征程上，我们要加强全过程人民民主制度建设，深入推进参与实践，巩固和发展生动活泼、安定团结的政治局面，以中国式现代化全面推进中华民族伟大复兴。案例中，上海市践行人民城市理念，持续推进“一江一河”岸线公共空间贯通开放、改造提升工程，实现还岸于民、还水于民，体现了中国式现代化“以人民为中心”的发展逻辑；普陀区通过自治、法治、德治“三治融合”，最大限度地把居民群众发动起来，提升滨河空间品质，体现了全过程人民民主对于中国式现代化建设的动力作用；宜川路街道通过“两湾八步法”及时回应百姓需求，也对中国式现代化建设起到了凝聚民心的作用。

第二，协商民主是中国特色社会主义民主的独特优势。社会主义协商民主是我国人民民主的重要形式，它既是一项制度又是一种工作机制；其主体具有广泛性、多层性、代表性等特点；其领域涉及经济社会发展的重大问题和关乎群众切身利益的实际问题；其结果要求实现“三广两增”即广泛协商、广纳群言、广集民智、增进共识、增强合力；基层协商民主是协商民主最活跃的实践形式，也是协商民主不断获得旺盛生命力和凝聚力的催化剂，在基层政权组织的积极探索和人民群众的自觉参与下，基层协商民主的新形式和新办法也不断涌现。正如习近平所指出的：“在中国社会主义制度下，有事好商量，众人的事情由众人商量，找到全社会意愿和要求的最大公约数，是人民民主的真谛。”在实现中国式现代化和中华民族伟大复兴的进程中，协商民主必将发挥无可替代的巨大作用。案例中，苏河“贯通”工作顺利打通最后一个“断点”，协商民主起到了重要作用。比如贯通工作专班围绕居民普遍关心又意见不统一的问题，先后召开了 13 场业主磋商会，光步道的设计方案就先后改了 10 多稿，最终将"群众期盼的事"变成"政府要干的事"，也在群众支持下办成了"政府规划的事"，体现了协商民主在凝聚共识方面的优势和效用。

第三，基层民主是全过程人民民主的根基。其一，基层民主建设有利于充分激发人民群众的政治积极性，调动其主动精神。由于基层事务与人民群众自身的利益密切相关，人民群众直接行使民主权利，直接参与基层事务管理，才能切实感受到自己当家作主的权利，从而激发主人翁意识。其二，基层民主建设有利于提高基层群众的民主素质。社会主义社会是人民当家作主的社会，人民要实现当家作主，必须具备一定的民主素质。民主习惯的养成、民主素质的提高，靠抽象的民主理论的灌输，只会事倍功半。基层民主建设是涉及人数最多、最广泛的民主实践，也是养成民主习惯、提高民主素质的最有效途径。其三，基层民主建设有利于矛盾冲突的化解与和谐社会的构建。基层是社会的细胞，不少社会现象都通过基层反映出来，不少社会问题也都在基层最先表现出来，不少矛盾冲突也最先在基层酝酿爆发。民主能有效地整合民意，协调利益关系；有利于大众广泛参与，保障各方面的利益诉求；有利于达成共识，促进公共政策的合法化。因而，基层民主建设是化解矛盾冲突最有效的渠道。其四，基层民主建设有利于加快社会主义民主政治建设进程。中国式现代化要在稳定和有序中实现民主发展，基层民主可以先行一步，由基层到中层再到上层，循序渐进，可以视为中国特色社会主义民主发展的可靠路径。案例中，苏河"品质升级"工作通过"三治融合"，最大限度地发动居民群众，既提供了岸线优化方案，又增进了居民之间的相互了解。党建引领"三治融合"使"社区是我家、善治靠大家"的良好氛围越来越浓，"半马苏河"两岸居民充分体会到城市发展的温度，真正实现了以基层民主促进社会治理的预期和目标。

第四，中国共产党的领导是发展全过程人民民主的根本政治保证。其一，发展全过程人民民主，必须坚持党的领导。这是中国特色社会主义最本质的特征在社会主义民主政治建设中的根本要求，是中国特色社会主义制度的最大优势在社会主义政治制度中的充分体现。其二，中国共产党的无产阶级政党性质决定了，"保证和支持人民当家作主"是中国共产党始终不渝的政治追求。中国共产党领导人民发展的只能是社会主义的民主政治，也只有坚持中国共产党的领导，才能保证全过程人民民主不偏离社会主义方向。其三，从全过程人民民主的全面性、长期性、人民性、制度性看，中国共产党坚强有力的领导作用和长期执政的领导地位是发展全过程人民民主的政治保障。中国共产党发挥着总揽全局、协调各方的领导核心作用，能够建设全面、广泛、有机衔接的人民当家作主制度体系。其四，中国共产党是扎根中国大地的政党，它拥有的延伸并扎根到基层社会的组织网络，是其发挥影响力的基础性平台，为发展全过程人民民主提供了组织保障。它将不同领域、不同行业的党建组织网络联结起来，形成区域性的"大党建"格局，以党建网络把"断裂的社会"弥合起来，起到引领、组织、稳定、服务、整合社会的作用。案例中，普陀区以党员带头示范和"三级联动"的组织体系打通了"中远两湾城"这一最后的"断点"，以党建引领"三治融合"提升了岸线共享空间的品质，以区域化党建合力开发滨水资源，使"半马苏河"的亮丽风景线真正成为人人乐享的生活幸福线。苏州河的华丽蜕变是党建引领全过程人民民主、助力人民城市和中国式现代化建设的生动体现。

■ 启示意义

发展全过程人民民主必须坚持以人民为中心的发展思想。以人民为中心是全过程人民民主的价值理念，是贯穿民主制度体系的主线，也是民主运行的指导原则。坚持以人民为中心就是坚持发展为了人民、发展依靠人民、发展成果由人民共享。上海市开展苏州河岸线贯通工程，还岸于民、还水于民，体现了“人民城市为人民”的理念；为了打通“中远两湾城”这一最后的“断点”，普陀区实行党建引领，探索“两湾八步法”，最终得到80％以上居民的支持，是“发展依靠人民”的体现；在“贯通”工作之后，普陀区采取“三治融合”“区域化党建”等方式不断提升滨河空间品质，使“苏州河上泛舟，一览两岸风景”逐渐成为现实，是“发展成果由人民共享”的体现。坚持以人民为中心，使全过程人民民主成为最广泛、最真实、最管用的社会主义民主，为中国式现代化建设提供了不竭动力，也充分证明了习近平新时代中国特色社会主义思想的科学性和现实意义。

案例
17

全过程人民民主基层“小单元”迸发“大能量”

核心阅读

全过程人民民主基层单元，是在原有人大代表联络站物理空间基础上对人民民主实践场域的拓展和延伸。浙江省发布全国首个《践行全过程人民民主基层单元县域工作规范》，依托数字技术使民主基层单元在联系群众、汇聚民智、督政议事、依法履职、推进治理上创新突破，不断擦亮人大工作的“金名片”。重庆市以基层单元“小切口”驱动全过程人民民主“大场景”，形成“3＋17＋19＋1＋N”的基层民主单元体系，打造“遍地开花”的全过程人民民主基层实践阵地，以“建、训、用、考”4个闭环，推动基层单元建设出形象、见实效。全过程人民民主基层单元建设书写了我国新时代“党的领导、人民当家作主、依法治国有机统一”的民主新篇章。

浙江擦亮人大工作的“金名片”

人大代表联络站是浙江省人大工作的一张“金名片”。遍布城乡的1 500多个人大代表联络站，逐渐成为问计于民、问需于民的重要阵地。在此基础上，浙江省不断以数字化改革为牵引，推动全省人大代表联络站迭代升级，发布全国首个《践行全过程人民民主基层单元县域工作规范》，8万多名人大代表全部开通二维码，线上线下齐发力，不断提升人大代表联络站的凝聚力、感知力、服务力，着力打造全过程人民民主基层单元标杆。

杭州市西湖区人大创新建设全过程人民民主基层单元应用场景，即西湖数字人大联络总站，实现了“一舱一图五功能”全面升级，线上平台更加完善。“一舱”即人大代表联络站数字驾驶舱，包括区总驾驶舱和12个镇街人大分舱；“一图”即全区人大代表联络站电子地图；“五功能”即民意反映在线智联功能、议案建议在线办理功能、民生实事在线监督功能、履职活动在线展示功能、人大信息在线宣传功能。选民可通过扫“我向代表说”联络站二维码，或者登录美丽西湖App等进入网上联络站的“智联在线”板块，向代表反映意见建议，真正实现了全天候、零距离。代表能立即收到短信通知，并迅速将建议提交镇街人大，随后交由西湖区“民呼我为”综治中心进行办理和反馈。“有事扫码找代表”这个共识已经在西湖区居民心中逐渐形成。

2022年，杭州市转塘发起了线上街道民生实事公开投票活动，“‘迎亚运’周边环境优化项目”得票较高，并在随后召开的转塘街道第二届居民议事会第一次会议上成功入选2022年街道民生实事项目。为确保民生实事项目办好办实，人大转塘街道工委先后2次组织区人大代表、居民议事会成员30余人现场视察，并第一时间上传意见建议。比如有代表提交了“场馆周边的亚运氛围不足”及“象山路沿线红绿灯路口人行横道设置不合理”等问题，相关部门积极落实整改。所有民生实事项目办理情况将在下一次居民议事会上进行民主测评，测评结果将通过线上线下“双渠道”进行公示。民生实事项目从产生、票选、监督到测评，都是民主选举、民主协商、民主监督全过程的生动体现。

为了进一步规范民主基层单元建设，浙江省人大常委会办公厅在广泛调研、征求意见的基础上，研究制定了《关于以数字化改革推动代表联络站迭代升级 培育打造人大践行全过程人民民主基层单元的指导意见》。杭州市着力构建“1＋13＋191＋N”的基层单元体系，通过1个市代表联络站总站、13个区（县市）代表联络总站、191个乡镇（街道）代表联络中心站、N个中心站延伸设立的代表联络站（点）四级组织架构体系，构建省、市、区（县市）、乡镇（街道）四级上下贯通、一贯到底的工作机制。全过程人民民主基层“小单位”正在迸发出推动治理和发展的“大能量”。

重庆“民主村”里的“一号信箱”

重庆市九龙坡区，依长江、拥中梁、靠缙云，是国家自主创新示范区。该区高度重视全过程人民民主基层实践阵地建设，制定了《全过程人民民主实践站点建设工作方案》，发挥实践站点“聚”（凝聚民心）、“联”（联络民意）、“议”（协商议事）、“督”（问政督事）、“促”（促进治理）、“智”（数智赋能）6大作用。该区还形成了“3＋17＋19＋1＋N”的基层民主单元体系，其中，“3”即3个场景体验区，包括宪法主题广场、全过程人民民主主题公园和民主法治文化街区；“17”即17个全过程人民民主实践站点，覆盖13个镇街；“19”即19个代表之家；“1”即“九龙坡数智人大”综合平台，集代表履职、监督工作以及全景视窗等多个功能系统于一体，群众在实践站点，只需扫代表二维码，即可线上反映诉求；“N”即N个基层站点，按照规划，先是全区13个镇街将全覆盖建设，然后覆盖重庆高新区6个镇，到2025年进一步延伸覆盖面。为确保工作部署落地见效，区人大常委会还在全过程人民民主基层单元建设中，设置了“建、训、用、考”4个闭环，各基层单元建设运行情况也被纳入了民主法制领域改革考核内容和区人大常委会对镇街人大工作考核体系，通过组织开展优秀评选活动，推动基层单元建设不断出形象、见实效。

2021年，九龙坡区入选全国首批城市更新试点城市，为在城市更新过程中充分尊重居民意见，该区全面推行实践站点“代表亮身份”工作，开通“代表二维码”“实践站点二维码”，开辟全天候听取民意线上“直通车”，推动“渝事找代表”成为常态。九龙坡区谢家湾街道民主村片区总占地面积580亩，涉及2万多居民，是全国体量最大、综合性最强的城市更新项目。区人大常委会决定，将谢家湾街道的全过程人民民主实践站建在民主村，用城市更新这块“磨刀石”来打磨全过程人民民主基层单元的“实践之剑”。“一号信箱”是民主村原建设厂的专用信箱，因原建设厂迁走而闲置未用。谢家湾街道民主村全过程人民民主实践站成立后，在部分党员的提议下，“一号信箱”被设置在站内，发挥着人大代表及时沟通联系群众、居民反映问题诉求的纽带作用。工作人员通过整理“一号信箱”所收集的居民意见，发现停车难是居民反映最多的问题。原来，民主村片区在实施城市更新项目前，摊贩林立、道路拥挤、停车散乱，居民停车全靠“抢占卡”，相互之间时常为争车位而发生矛盾。为此，城市更新项目首期通过拆旧建新的方式，规划了 300 多个停车位。在二期城市更新项目动工前，驻实践站的人大代表联系了区发改委、住建委、城管局、城市更新公司等职能部门和建设单位，召集民主村片区居民代表多次开坝坝会、议事会，最终决定在城市更新项目二期建设时，通过科学规划、建设立体车位等方式，在民主村片区新增 300 个停车位，达到 600 个停车位的规模。同时还将与周边商圈联动，通过潮汐停车、错峰停车，让这一问题得到彻底解决，城市更新项目也得以顺利推进。

江流“巴”声远，峡映“渝”意长。波澜壮阔的历史风云，积淀、滋养出了特色鲜明而源远流长的巴渝文化。而今在全面建设社会主义现代化国家的新征程上，重庆市大力推动全过程人民民主基层实践，以“民呼我应”的“小单元”迸发出民主“大能量”，形成了具有“辨识度”的全过程人民民主建设新路，也凝聚起几千万巴渝儿女的奋斗热情，为现代化新重庆建设注入了强大的动力和精神力量！

思考讨论

1. 什么是全过程人民民主基层单元？
2. 请结合案例回答，为什么说全过程人民民主是最广泛、最真实、最管用的民主？
3. 请结合案例分析，发展全过程人民民主对于推进基层治理现代化有什么现实意义？

教学建议

本案例主要适用于第八章第二节“全过程人民民主是社会主义民主政治的本质属性”部分的辅助教学。案例主要展示的是浙江省和重庆市建设全过程人民民主基层单元的做法和经验，体现了全过程人民民主是全链条、全方位、全覆盖的民主，全过程人民民主是最广泛、最真实、最管用的民主，全过程人民民主是中国式现代化的本质要求等。

■ 组织教学建议

第一，教师向学生说明何谓全过程人民民主基层单元。2022 年，随着《中华人民共和国地方各级人民代表大会和地方各级人民政府组织法》第六次修改，人大代表联络站成为人大代表密切联系人民群众、践行全过程人民民主的法定“主阵地”。在人大代表联络站全面铺开的基础上，浙江、重庆等地推进人大代表联络站迭代升级，将民主发展与数字化改革、社会治理共同体建设结合，打造践行全过程人民民主的基层单元。与人大代表“家站点”相比，全过程人民民主基层单元的内涵和外延更丰富，与群众距离更近。这里聚合了辖区“四级”人大代表、区人大常委会组成人员、党政领导和政府部门负责人、人大智库专家和街道居民议事会代表力量，形成了“人大建场、代表驻场、干部进场、群众赶场、民主满场”的生动局面。

第二，教师通过本案例内容比较说明全过程人民民主基层单元的特点和作用。全过程人民民主基层单元是一个整体概念和综合性实践载体，在不同地区会呈现出不同特点。浙江省在人大代表联络站建设基础上，创新数字技术的民主应用场景，大大提升了民主参与度和效率，基层民主单元打破人大局限，真正体现了民主的全方位属性。重庆市基层单元建设规章制度完善，整体规划出色，具有良好的发展趋势。同时，重庆将民主单元建设与城市更新试点结合，更能体现民主实效。本案例充分说明中国民主建设蓬勃发展，民主创新不断涌现，展现了全过程人民民主旺盛的生命力。教师也可布置作业，由学生查找浙江、重庆之外民主基层单元建设的好举措，丰富案例主题。

第三，全过程人民民主基层单元的重点在基层，教师可梳理基层民主发展历史，引导学生充分认识到基层民主的重要性。我国人民生产生活的重心在基层，新中国成立之初，我国便在农村要求民主办社、民主兴社，并总结创造了以“两参一改三结合”为主要内容的经济民主新形式。党的十二大以来，历次党的全国代表大会都对发展基层民主提出了与时俱进的具体要求。党的十七大报告还首次将基层民主纳入社会主义民主政治的总体框架中。我国基层民主的核心内容一开始包括民主选举、民主决策、民主管理和民主监督，自基层民主纳入社会主义民主政治的总体框架中之后，这四个方面的民主权利也理所当然地成为全过程人民民主的完整的参与实践，在新时代又扩展为包括民主协商在内的更为完整的参与实践。总体上，基层民主为人民群众提供了政治参与的有效渠道，杜绝了形式上有权、实际上无权现象，基层民主实践也成为提高人民群众政治素质和管理能力的重要方式。

第四，教师要引导学生通过讨论认识基层民主对于促进基层治理现代化的意义。以民主促民生，推进基层治理现代化是实现人民美好生活的内在要求；同时，基层治理可以为人民群众依法表达诉求、管理公共事务提供渠道。教师可组织学生围绕“民主与现代化关系”展开讨论，以此凸显民主政治不等于政治民主，要把全过程人民民主具体现实地体现到人民对美好生活的向往中，实现基层民主与基层治理现代化的耦合。

总结提升建议

第一，全过程人民民主是社会主义民主政治的本质属性。社会主义民主是人类历史上新的更高类型的民主，其内在优越性需要通过一系列的民主形式充分体现出来。全过程人民民主植根于近代以来中国人民追求现代化的总体历程，以中国共产党为领导力量，以人民为主体力量，以有事好商量为内在精神，以实质民主为鲜明导向，构成一个有机整体，为我国社会主义民主政治向前发展提供了源源不断的动力支持。全过程人民民主充分借鉴吸收人类历史上的各种优秀民主成果，打造出集纵向民主与横向民主、程序民主与实质民主、过程民主与结果民主于一体的体系化制度规范，体现了社会主义民主的优势和效能。全过程人民民主通过丰富多样的民主形式、渠道和平台，保障了人民群众的全过程参与和充分表达自身意愿的权利，在凝聚共识的过程中不断取得符合最大多数人利益的发展成果，成为一种广受人民群众认可和支持的好民主。案例中，浙渝两地打造全过程人民民主基层单元，实现从人大代表联络站到“3＋17＋19＋1＋N”的基层民主单元体系，从线下空间到“一舱一图五功能”数字人大联络总站的迭代升级，以“民呼我应”的“小单元”迸发出民主“大能量”，形成了具有“辨识度”的全过程人民民主建设新路。基层民主单元建设所取得的成就充分证明全过程人民民主是我国社会主义民主政治的主要实践成果，是在中国特色社会主义政治发展道路上形成并日趋成熟的一种民主形态，也是涵盖绝大多数人的最广泛的社会主义民主。

第二，全过程人民民主是全链条、全方位、全覆盖的民主。全链条人民民主意味着民主选举、民主协商、民主决策、民主管理、民主监督等各个环节紧密结合、相互关联。人民不仅参与投票选举，还参与公共事务商议、国计民生重大决策、经济社会事务管理、公共权力运行监督等各个环节。全方位人民民主意味着从中央到地方，再到基层，每一个层级的每一个部门都需要加大推进民主政治建设的力度，不断创新方式方法，结合本地实际，保障人民当家作主的权利落到实处。也就是说，全过程人民民主在保障人民民主权利方面具有纵向到底、横向到边的全方位特点。全覆盖是指“民主必须是各方面的，是政治上的、军事上的、经济上的、文化上的、党务上的以及国际关系上的，一切这些，都需要民主”。全过程人民民主将人民当家作主充分体现在经济建设、政治建设、文化建设、社会建设、生态文明建设“五位一体”总体布局的方方面面，实现了整体性覆盖和贯通。案例中，重庆市九龙坡区人大发挥实践站点“聚”“联”“议”“督”“促”“智”六大作用，以全链条避免了民主空心化；浙江省全过程人民民主基层单元聚合了辖区“四级”人大代表、区人大常委会组成人员、党政领导和政府部门负责人、人大智库专家和街道居民议事会代表力量，形成了“人大建场、代表驻场、干部进场、群众赶场、民主满场”的生动局面，以全方位避免了民主碎片化；九龙坡区还借助“一号信箱”，明确代表履职方向，解决了停车难等一系列长期困扰人民群众日常生活的难题，以全覆盖避免了民主冷漠化。

第三，全过程人民民主是最广泛、最真实、最管用的民主。全过程人民民主坚持用制度体系保证人民当家作主，尤其是人民代表大会制度赋予全体人民当家作主的权利，保证全体人民的意志能够覆盖国家治理的全过程，以实现最广泛的人民参与，是最广泛的民主。全过程人民民主不仅有完整的制度程序，而且有完整的参与实践，把人民当家作主具体地、现实地体现到党治国理政的政策措施上，体现到党和国家机关各个方面各个层级的工作上，体现到实现人民对美好生活向往的工作上，避免了民主的形式化，是最真实的民主。全过程人民民主既发扬民主，又实行正确集中，使党、国家和人民成为目标相同、利益一致、相互交融、同心同向的整体，促进现代化建设各项事业不断发展和人民生活质量不断提高，彰显出显著的实践优越性，是最管用的民主。在本案例中，重庆市九龙坡区建立“3＋17＋19＋1＋N”的基层民主单元体系，广泛问计于民、问需于民；为确保工作部署落地见效，区人大常委会还在全过程人民民主基层单元建设中，设置了“建、训、用、考”4个闭环，通过加大考核力度等方式，推动基层单元建设真正得到落实；通过“一号信箱”等方式解决了停车难等问题，促进了城市更新改造项目的顺利推进，也充分体现了民主的实效和管用。重庆市全过程人民民主基层“小单元”迸发出民主“大能量”，形成了具有“辨识度”的全过程人民民主建设新路。

第四，发展全过程人民民主，推动中国式现代化。民主化与现代化相生相伴。民主化既是现代化的前提，也是现代化的使命之一；既是发展现代化的手段，也是发展现代化的目的之一。全过程人民民主是中国共产党团结带领人民追求民主、发展民主、实现民主的伟大创造。发展全过程人民民主有助于确保党的领导始终坚强有力，有助于为党和国家事业凝心聚力，有助于中国特色社会主义制度的自我完善。以中国式现代化全面推进中华民族伟大复兴，必须扎扎实实地把全过程人民民主运用好、发展好、实现好，确保人民群众满怀热忱地投入现代化建设之中。同时，中国式现代化是前所未有的伟大实践，也必然会在发展中对全过程人民民主提出新要求，要坚定不移走中国特色社会主义政治发展道路，不断丰富和发展全过程人民民主的理论体系、制度体系、运行体系和规范体系。重庆九龙坡区将城市更新与全过程人民民主相结合，确保党的方针政策回应人民关切，更好满足人民群众对美好生活的向往，也以人民依法、有序、广泛参与政治生活，把民主实践贯穿党领导和执政的全过程，从而厚植党的领导的民意基础。浙江省通过数字技术发展全过程人民民主，使民主实践融入人民群众的日常生产生活，让党的各项惠民政策透明化、公开化，成为人民群众可感、可知、可用、可完善的活政策。浙渝两地发展全过程人民民主，使国家治理更好地体现人民意志、保障人民权益、激发人民创造热情，中国特色社会主义制度优势得以更充分地发挥，确保了中国式现代化在正确的轨道上顺利推进。

■ 启示意义

“基础不牢，地动山摇。”基层是社会的细胞，既是产生利益冲突和社会矛盾的“源头”，也是协调利益关系和疏导社会矛盾的“茬口”。全过程人民民主基层单元建设促进国家与社会的联结，有助于发挥我国民主纵向到底、横向到边的体制机制优势，实现顺民心、齐人心、强共识的制度效应。发展全过程人民民主要将着力点置于基层，以基层社会秩序和活力的有机统一，为中国式现代化提供动力和保障。以充分保证人民当家作主，汇聚起团结奋斗的磅礴力量，创造全面建成社会主义现代化强国、实现中华民族伟大复兴的新的更大的奇迹。

案例 18

看广西如何谱写民族团结的新乐章

核心阅读

铸牢共同体，中华一家亲。作为自古以来的多民族聚居区，广西壮族自治区各族人民交知心朋友，做和睦邻居，中华民族“大一统”思想深入人心、融入血脉、坚如磐石。2023 年 12 月，习近平到广西考察，强调要把铸牢中华民族共同体意识作为自治区各项工作的主线。广西创建了铸牢中华民族共同体意识示范区，实现了各民族在文化、经济、社会等方面的全方位、全过程、全领域共居共融，各民族交往交流交融的联系更加紧密。截至 2025 年 2 月，广西已有 10 个全国民族团结进步示范市、21 个全国民族团结进步示范县（市、区）、38 个全国民族团结示范单位，自治区民族团结进步示范区示范单位共 829 个。铸牢中华民族共同体意识，是新时代壮美广西的生命线、幸福线。

“日落西山啊哩哩，散了圩啰啊哩哩；欢欢喜喜啊哩哩，回家去啰啊哩哩……”身着多彩民族服饰的各族群众载舞欢庆彝族火把节，火光映照着每一张洋溢微笑的脸庞……在广西壮族自治区，每逢汉族丰收节、壮族敬田节、苗族跳坡节、仡佬族吃新节、瑶族晒衣节等，其他民族同胞都携手共庆，这成为民族团结进步的一个缩影。

2023 年 12 月，习近平到广西考察，强调要把铸牢中华民族共同体意识作为自治区各项工作的主线，作为推进民族团结进步创建工作的根本方向，巩固发展各族人民团结奋斗的良好局面。

作为我国少数民族人口众多的自治区，广西壮族自治区深入贯彻民族区域自治制度，在全国率先制定实施新时代民族关系促进指导守则，厚植民族团结融合沃土，倾力建设中华民族共有精神家园、共同富裕幸福家园、守望相助和谐家园、边疆稳定平安家园，成功打造了一条具有广西特色的铸牢中华民族共同体意识示范区的建设之路。

互嵌交融，各族儿女亲如一家

在龙胜各族自治县泗水乡龙甸村，“全国五好文明家庭”侯光祖一家聚齐了 5 个民族，家庭聚会的餐桌上可谓“群菜荟萃”：汉族荔浦扣肉、壮族黑米粽、瑶族酿豆腐、侗族腌酸肉、苗族酸汤鱼。无独有偶，在隆林各族自治县德峨镇保上村，村民杨玉清也有一个 32

口人的四世同堂大家庭，由壮、汉、彝、苗、仡佬5个民族组成。每每说起自己的大家庭，他的脸上都洋溢着幸福。

广西生活着壮、汉、瑶、苗等12个世居民族和44个其他民族，少数民族人口约占常住人口的1/3，由多个少数民族组成的“大家庭”达130多万个。多民族的朋友圈、社交圈、生活圈成为常态，织就了各族人民长期和睦相处、和衷共济、和谐发展的美丽“壮锦”。

尊重包容、以诚相待，是这些家庭和睦幸福的共同秘诀，也是广西民族团结进步的写照。广西在易地搬迁集中安置点开展铸牢中华民族共同体意识示范区创建试点工作，以各民族“插花”方式安置16万多户、70多万名各族群众；做好城市民族工作，持续建设多民族群众互嵌式社区，建成“民族之家”和“服务中心”3 000余个，让各族群众留得下、融得进、过得好。

广西坚持把增进民生福祉作为出发点和落脚点，鼓励搭建社会各方力量广泛参与的文明实践服务平台，引导各族群众邻里互助、守望相助，促进交流交往交融，共建幸福家园。防城港仙人湾社区通过搭建志愿服务平台，组建“阳光大妈”等志愿者队伍，提供“菜单式”志愿服务，有效促进社区的和谐发展。截至2023年，该社区已有23支志愿者队伍、1 550多名志愿者，互帮互助的社区氛围越来越浓厚。

截至2025年2月，广西已有10个全国民族团结进步示范市、21个全国民族团结进步示范县（市、区）、38个全国民族团结示范单位，自治区民族团结进步示范区示范单位有829个；以国务院名义召开全国民族团结进步表彰大会，表彰全国民族团结进步模范集体308个、模范个人314名；以自治区党委、政府名义召开自治区民族团结进步表彰大会，表彰自治区民族团结进步模范集体1 798个、模范个人3 280名。

多彩文化，构筑中华民族共有精神家园

花山岩画、兴安灵渠、程阳风雨桥等文化遗产独具魅力，对山歌、吹芦笙、抛绣球、跳竹竿舞等民风民俗别具一格，壮族三月三、瑶族盘王节、侗族多耶节、苗族跳坡节等节庆活动丰富多彩……千百年来，各民族在历史长河中形成了灿烂的非物质文化遗产，构成了中华文化的重要组成部分，是广西各民族共有共享的文化符号。

广西多措并举确保发展与民族文化保护“双赢”，以增强中华文化认同为引领，深入实施中华优秀传统文化传承发展工程，强化社会主义核心价值观引领作用，构建大宣教格局，全面推广普及国家通用语言文字。2020年，广西普通话普及率为85.68%，高出全国普通话普及率4.96个百分点。

2014年，广西将“壮族三月三”确定为地方性法定节假日，每年举办“广西三月三·八桂嘉年华”活动。各地民族民俗活动次第登台，精彩纷呈，各民族特色文化得以挖掘、抢救、弘扬、传承。此后，这一传统民族节庆逐渐演变为各族人民共享共乐的节日盛会和知名文旅消费品牌。

春节、端午节、中秋节等传统节日是各民族共同欢庆的日子。对山歌、抛绣球、跳竹竿舞等传统习俗已成为各民族群众共享的娱乐项目。各族同胞心手相牵、各美其美、美美与共，让民族团结幸福之花绽放出更加绚丽的光彩，各族儿女像石榴籽一样紧紧拥抱在一起。

甑皮岩、合浦汉墓群与汉城遗址、靖江王府及王陵等国家考古遗址公园建设加快推进，壮族霜降节、六堡茶制作技艺、瑶族油茶习俗 3 个项目入选联合国教科文组织人类非物质文化遗产代表作名录，铜鼓文化（河池）生态保护区入选国家级文化生态保护区，非遗展示中心、传习基地、非遗工坊等 400 多个非物质文化遗产保护工作平台建成……不少民族地区的特色文化成为助力地方经济发展的宝贵资源。

心手相牵，各族群众共筑富裕幸福家园

全面建成小康社会，一个民族都不能少。

“石头缝里不出苗，熬干汗水吃不饱。”这曾是广西深度贫困地区大石山区的真实写照。为破解“一方水土养不好一方人”的困境，“十三五”期间，广西启动了声势浩大的“千家瑶寨·万户瑶乡”易地扶贫搬迁工程，71 万人得以挪出“穷窝”，少数民族同胞与汉族同胞一道，携手奔向小康生活。

百色市田东县林逢镇东养村掀起了种植芒果的热潮，周边 1 000 多户各族群众也开始种植芒果，户均年收入 5 万元以上。东养村由昔日的贫困村蝶变成远近闻名的富裕村。

2023 年，柳州螺蛳粉全产业链销售收入 669.9 亿元，寄递量突破 1 亿件。柳州市围绕螺蛳粉产业链，以村镇为单位建设养螺基地，配套建设酸笋、酸豆角、腐竹、米粉等螺蛳粉原材料加工基地，带动 7 万名各族群众持续增收。

让人民生活幸福，是“国之大者”。

广西持续巩固拓展脱贫攻坚成果同乡村振兴有效衔接。至 2023 年，广西基本实现“市市通高铁”，64 个少数民族聚居县（市、区）100％实现通高速公路，行政村 100％通广电光纤；少数民族聚居区脱贫人口人均纯收入达 1.5 万元，高于全国平均水平。2020—2022 年，自治区财政累计下达少数民族聚居区一般性转移支付 4 475 亿元，占全区的 61.08％，有力支持了当地经济社会建设。

走进广西，时速 350 公里的贵南高铁在巍峨群山间飞驰，给沿线广西各族群众带来发展新机遇；一个个坐落在青山绿水间的村寨，成为各民族共同团结奋斗、共同繁荣发展的幸福家园；中越边境各个口岸，一辆辆跨境货运车辆有序通关，一条充满活力的沿边经济带正在崛起……

广西坚持以实现各族人民对美好生活的向往为奋斗目标，把改善民生、凝聚人心作为经济社会发展的出发点和落脚点。各族群众共建美好生活、共享发展成果、共促民族团结，中华民族共同体意识深入人心、融入血脉、坚如磐石。

思考讨论

1. 广西壮族自治区有哪些具有民族特色的文化遗产？为什么要保护并发展民族文化遗产？

2. 党的二十大报告提出以铸牢中华民族共同体意识为主线，坚定不移走中国特色解决民族问题的正确道路。结合案例谈一谈铸牢中华民族共同体意识为什么要建设中华民族共有精神家园。

3. 习近平指出，“广西是全国民族团结进步示范区”。请结合本案例谈一谈广西加快创建铸牢中华民族共同体意识示范区的生动实践，为其他省（区、市）提供了哪些可以借鉴的经验。

教学建议

本案例主要适用于第八章第四节“巩固和发展新时代爱国统一战线”部分的辅助教学。案例主要展示了广西壮族自治区厚植民族团结融合沃土，促进各民族广泛交往交流交融，倾力建设中华民族共有精神家园、共同富裕幸福家园、守望相助和谐家园、边疆稳定平安家园，成功打造了一条具有广西特色的铸牢中华民族共同体意识示范区的建设之路。

组织教学建议

第一，引导学生了解“壮族三月三”“壮锦”等，深入领会保护并发展民族文化遗产的重要性。“壮族三月三”，又称歌圩节、歌婆节或歌仙节，是壮族祭祀祖先、倚歌择配的传统节日，是壮族及其先民在特定的历史条件和生活环境下，经过日积月累而慢慢形成的一种具有壮族特色的传统节日。2014年，广西将“壮族三月三”确定为地方性法定节假日，每年举办“广西三月三・八桂嘉年华”活动，各地民族民俗活动次第登台、精彩纷呈，已演变为各族人民共享共乐的节日盛会和知名文旅消费品牌。“壮锦”是利用棉线或丝线编织而成的精美工艺品，图案生动，结构严谨，色彩斑斓，充满热烈、开朗的民族格调，体现了壮族人民对天地的崇拜和对美好生活的追求与向往。壮锦与云锦、蜀锦、宋锦并称为中国四大名锦，是中华民族文化瑰宝。

第二，在讲授案例前可推荐或组织学生观看相关视频。一是公益宣传片《铸牢中华民族共同体意识示范区 有我》，视频强调了广西在推进铸牢中华民族共同体意识示范区建设中的积极作为和显著成效，传递了中华民族一家亲的正能量。二是专题片《建设示范区 共系同心圆》，视频由自治区民宗委与广西广播电视台共同策划拍摄，生动地展现了广西铸牢中华民族共同体意识示范区的基本情况以及各族群众的生活风貌。三是来宾市《铸牢中华民族共同体意识》系列微视频，涵盖了来宾市各民族群众在文化交流、经济发展、社会建设等方面的生动实践，展现了他们携手共进、共创美好未来的精神风貌。

第三，开展案例教学时要引导学生认识和把握中华民族共同体意识的内涵及重要意义。2014年5月，习近平在第二次中央新疆工作座谈会上鲜明提出“中华民族共同体意识”，随后召开的中央民族工作会议进一步强调“坚持打牢中华民族共同体的思想基础”。此后，习近平多次阐述了如何铸牢中华民族共同体意识，指出：“铸牢中华民族共同体意识，就是要引导各族人民牢固树立休戚与共、荣辱与共、生死与共、命运与共的共同体理念。”只有铸牢中华民族共同体意识，才能构建起维护国家统一和民族团结的坚固思想长城，推动各民族共同维护好国家安全和社会稳定；才能增进各民族对中华民族的自觉认同，夯实我国民族关系发展的思想基础，推动中华民族成为认同度更高、凝聚力更强的命运共同体；才能有效应对实现中华民族伟大复兴过程中民族领域可能发生的风险挑战，为党和国家兴旺发达、长治久安提供重要思想保证。

第四，可结合案例围绕“广西加快创建铸牢中华民族共同体意识示范区的经验启示”引导学生展开讨论。广西加快创建铸牢中华民族共同体意识示范区的生动实践，实现了各民族全方位、全过程、全领域共居共融，各民族交往交流交融的联系更加紧密。其主要表现在：全面优化“共居”环境，谱写了各民族之间“三个离不开”的“最美和声”；扎实推动各族同胞“共同富裕”，如期兑现“全面建成小康社会，一个民族都不能少”的庄严承诺；营造全方位“共学”的氛围，通过相互学习，实现共同进步；建立民族团结进步“共建”平台，群众积极性空前高涨；全力推进民生事业和社会发展成果“共享”，不断改善社会民生；创造各族群众“共事”的工作条件，有力促进交往交流交融；开展形式多样的“共乐”活动，在“共乐”中铸牢中华民族共同体意识；建设和完善“共同维护”国家安全的机制，积极构建民族团结、社会稳定、边疆安宁的平安家园。

■ 总结提升建议

第一，促进各民族交往交流交融，开展民族团结进步创建工作，是铸牢中华民族共同体意识的有效抓手。中华民族在各民族交往交流交融中铸就，中华民族伟大复兴也必将在各民族交往交流交融中实现。积极促进各民族交往交流交融既是对中华优秀传统文化的传承与弘扬，也是实现中华民族伟大复兴中国梦的坚实基础。有序推动各民族人口流动融居，构建互嵌式社会结构和社区环境，创造各族群众共居共学、共建共享、共事共乐的社会条件，使各族群众在交往交流中手足相亲、守望相助、自然交融。广西坚持“共”的导向，强化“嵌”的格局，突出“融”的理念，把推动各民族广泛交往交流交融贯穿于自治区改革发展的各方面和全过程，各族群众在分布上交错杂居，在文化上兼收并蓄，在经济上相互依存，在情感上相互亲近，多民族的朋友圈、社交圈、生活圈成为常态，真正形成了你中有我、我中有你、谁也离不开谁的共同体，织就了各族人民长期和睦相处、和衷共济、和谐发展的美丽“壮锦”。

第二，构筑中华民族共有精神家园，形成人心凝聚、团结奋进的强大精神纽带，是铸牢中华民族共同体意识的重要基石。文化是一个民族的魂魄。纵观中华民族从历史走向未来、从传统走向现代、从多元凝聚为一体的发展脉络，文化认同始终是民族团结的根脉。铸牢中华民族共同体意识，必须坚持文化认同是最深层的认同，是民族团结之根、民族和睦之魂。要深入挖掘和传承各民族优秀文化，展现其独特魅力，让各民族文化在交流互鉴中繁荣发展，让中华民族共同体意识深入人心。广西多措并举确保发展与民族文化保护“双赢”，以增强中华文化认同为引领，深入实施中华优秀传统文化传承发展工程，强化社会主义核心价值观引领作用，构建大宣教格局，全面推广普及国家通用语言文字，持续提升“壮族三月三”等特色文化品牌影响力，传承弘扬黄大年、黄文秀等先进模范精神，为构筑中华民族共有精神家园注入更多广西元素，持续推动各民族增强“五个认同”。

第三，推动各民族共同团结奋斗、共同繁荣发展，是铸牢中华民族共同体意识的物质基础。发展是解决我国一切问题的基础和关键。铸牢中华民族共同体意识，必须坚持把加快民族地区经济社会发展作为解决民族问题的根本途径。要聚焦经济建设这一中心工作和高质量发展这一首要任务，完整、准确、全面贯彻新发展理念，推动民族地区融入新发展格局、实现高质量发展，不断提高公共服务保障能力和水平，在持续增进民生福祉中凝聚人心。广西着力解决边境地区、自治县、较少人口民族地区、民族乡等区域“一个不能少”的问题，各民族携手共同发展，全区如期全面兑现“全面建成小康社会，一个民族都不能少”的庄严承诺。在全面建成小康社会的基础上，广西持续巩固拓展脱贫攻坚成果同乡村振兴有效衔接，把改善民生、凝聚人心作为经济社会发展的出发点和落脚点，推动各族群众共建美好生活、共享发展成果、共促民族团结，中华民族共同体意识深入人心、融入血脉、坚如磐石。

第四，坚持党对民族工作的全面领导是铸牢中华民族共同体意识的根本政治保证。党的领导为铸牢中华民族共同体意识提供了正确的方向指引和强大的组织保障。党的领导能够协调各方力量，统筹民族工作全局，确保民族政策得到有效贯彻实施。同时，党的领导能够凝聚各民族人心，增强民族团结的向心力和凝聚力，推动各民族在共同奋斗中实现繁荣发展。只有坚持党的领导，才能确保中华民族共同体意识不断得到巩固和发展，为实现中华民族伟大复兴的中国梦奠定坚实基础。广西牢牢把握习近平总书记关于加强和改进民族工作的重要思想，坚持把加强党的领导贯穿全区民族工作的各领域全过程，不断完善民族工作体制机制，强化各级党委主体责任，在全国率先制定实施新时代民族关系促进指导守则，厚植民族团结融合沃土，持续加强基层组织和基层政权建设，推动各项工作往实里抓、往细里做，成功打造了一条具有广西特色的铸牢中华民族共同体意识示范区的建设之路。

■ 启示意义

正确处理好中华文化和各民族文化的关系，是铸牢中华民族共同体意识的题中应有之义。中华文化作为各民族共同的精神家园，蕴含着深厚的历史底蕴与广泛的民族认同，而各民族文化各具特色、各领风骚，共同绘制了中华文化的多彩画卷。中华文化是主干，各民族文化是枝叶，根深干壮才能枝繁叶茂。在尊重与保护各民族文化独特性的同时，积极促进文化间的交流与融合，有助于推动各民族文化的相互了解与学习，使中华文化的内涵更加丰富多元，也有助于增进各民族之间的情感认同与团结互助，为铸牢中华民族共同体意识提供坚实的文化支撑。广西深入实施中华优秀传统文化传承发展工程，加强传播推广各民族共有共享的中华文化符号和形象，持续打造“壮族三月三”等特色文化品牌，既促进了各民族文化的繁荣发展，又丰富了中华文化的时代内涵，为构筑中华民族共有精神家园、铸牢中华民族共同体意识注入了新的活力。

案例 19

法治浙江：法治中国建设的生动样本

核心阅读

法治是治国理政的基本方式，一个现代化国家必然是法治国家。2006 年，在时任浙江省委书记的习近平的提议下，浙江省委作出了建设法治浙江的重大战略部署，开启了法治中国在省域层面的探索新篇章。浙江一以贯之、忠实践行“八八战略”，锚定法治中国示范区建设，在 2002 年至 2023 年间，共制定修订省级地方性法规 213 件，修改 261 件，批准报批法规 496 件。其中 20 多部法规在全国具有首创性、辨识度，建成省级以上民主法治示范村 4 844 个，3 个市县和 2 个项目成功创建全国首批法治政府建设示范地区和项目。浙江成为审批事项少、办事效率高、营商环境好、群众和企业获得感强的省份之一。在全面建设社会主义现代化国家的新征程上，一个红色大党乘风破浪，一扇中国现代化法治之门徐徐打开，一张宏伟蓝图引领的经济先发法治先行道路越走越宽广。

党的二十大报告提出“在法治轨道上全面建设社会主义现代化国家”，对全面依法治国作出了新部署；党的二十届三中全会旗帜鲜明地提出“法治是中国式现代化的重要保障”，吹响了法治中国建设的新号角。

作为习近平法治思想的重要萌发地和实践地，浙江始终加强党对法治建设的领导，始终重视立法的引领作用，不断提升依法行政水平，深化推进司法体制改革，始终坚持和发展新时代“枫桥经验”，全面构建社会大普法格局，法治中国试验田结出硕果。透过法治浙江这扇窗，法治中国的美好画卷跃然眼前。

以上率下，一张蓝图绘到底

2003 年 7 月，浙江省委作出“八八战略”重大决策，将“法治建设”确立为优化浙江发展软环境的重中之重。2006 年 4 月，习近平指出，“省委提出并推进‘法治浙江’建设，是根据中央的决策部署，对浙江现代化建设总体布局的进一步完善”，法治建设被提升到前所未有的战略高度。

法治的推进体系更加健全——省委成立建设法治浙江工作领导小组，定期研究解决法治建设中的重大问题和突出问题，党委牵头抓总、“一把手”负总责、各有关方面齐抓共管，把法治建设纳入党委工作的重要议事日程，把法治建设成效纳入领导干部的政绩考核。

法治的工作机制更加坚实——历届省委、省政府主要领导对法治建设进行部署、过问、协调、督办，连续10多年开展法治县（市、区）工作先进单位（示范单位）创建，每年组织法治浙江（法治政府）建设考核评价，层层传导抓落实的压力。

改革引领，激发法治新动力

改革与法治，如鸟之两翼、车之两轮。如果将法治浙江建设绘成历史发展的曲线，不难发现，法治思维和法治方式在浙江改革中随处可见，为全面深化改革提供坚实保障。

2014年，浙江成为首个在网上完整晒出省市县三级政府部门“权力清单”的省份。这场政府的“自我革命”，换来的是营商环境的又一次跃迁。

2019年6月，浙江省市县三级司法局全部亮出“行政复议局”的牌子，统一办理本级政府及部门的行政复议案件。一级政府行政复议工作以“一个口子”对外，成为浙江省在体制机制改革领域又一项创新探索。

2021年初，桐庐县政府行政执法指挥中心组建成立。按照“利民为本、法治为基、整体智治、高效协同”的理念，围绕“大综合一体化”的执法体系建设，以实现县域行政执法的统一指挥。这是浙江省在“大综合一体化”行政执法改革领域的又一全新探索，也是推进“县乡一体、条抓块统”改革过程中，充分运用法治思维的生动实践。

在嘉兴，一部《嘉兴市南湖保护条例》，一支南湖景区专职执法队伍，以“柔性执法＋暖心服务”，成为守护红色根脉的重要法治力量。

在杭州，一个“城市大脑”把数字化改革融入法治政府建设的全领域、全过程，让群众实现一机在手、一网通办，真切触摸城市脉搏、感受城市温度、享受城市服务。

在衢州，“大综合一体化”行政执法改革组建全市域无人机巡检网，开发“综合飞一次”应用场景，可识别垃圾乱堆放、违法建筑等基层高频事项，有力推动市域社会治理现代化。

在绍兴，法院系统积极打造“枫桥式共享法庭”，让更多法治要素进乡村、进社区、进网格，推动纠纷就地源头化解，让群众更直观感受到法治就在身边，绘就社会治理新“枫”景。

法治为民，群众更有获得感

92.25分是2020年的法治浙江建设综合满意度分数。这个分数还在逐年上升。它的背后，是法治浙江建设“以人为本、保障人民根本权益”的出发点和落脚点。

与用工方产生赔偿纠纷，在桐乡市乌镇镇虹桥村打工的老李，通过放置在村委会办公楼的可视化智能终端，视频连线桐乡市法律援助中心的值班律师，没花一分钱就得到了专业解答和帮助。

获法院支持后承租人依然不搬，临海的小陈不再“状告无门”。经过充分研究讨论，临海市公证处公证员和执法人员一起登记清点物品，再由专业人员将承租人的物品搬离至指定存放地点。

海外侨胞杨先生回国探亲，因没有身份证无法购买火车票，于是向丽水“警侨驿站”

平台求助，工作人员通过远程视频确认相关信息无误后，立即为其出具临时身份证明并传真给他。

以“群众获得感”为工作方向和基本遵循，浙江不仅在立法、执法、司法、普法的各环节体现尊重和保障人民群众的合法权益，还不断深化法治浙江建设的“源头活水”：积极打造党委统一领导，人大、政府、政协各负其责，部门协同推进，人民群众广泛参与的法治建设工作格局。到 2023 年底，浙江省共有人民调解组织 2.8 万个，人民调解员 12.2 万名。

锚定目标，当好中国“示范生”

建设法治浙江，开创了省域层面经济先发地区法治先行的道路。

浙江在全国率先探索了地方创制性立法、行政复议体制改革、“三治融合”、互联网司法等一系列法治建设实践，绘就了法治浙江建设的美丽画卷，丰富发展了社会主义法治的内涵，为法治中国提供了“浙江样本”。从“枫桥经验”到“浦江经验”，从“余村经验”到“后陈经验”，从“三治融合”到“村民说事”，一个个治村之计，被推广至全国。

浙江省湖州市安吉县天荒坪镇余村发展为全国民主法治示范村的过程，就是法治浙江在基层实践的一个生动佐证。多年来，余村坚持不懈地开展法治教育，引导村民树立法治意识，运用法治思维和法治手段解决村庄发展和治理中遇到的问题。早在 2001 年，余村就聘请了自己的法律顾问。经过多年发展，余村逐渐实现了法治队伍专业化：截至 2023 年底，余村有 1 名驻村法律顾问、5 名专职调解员、7 名调解志愿者、6 名“两山”巡回法庭驻村法官、3 名公安干警担任“家园卫士”，还有 15 名具有法律知识背景的党员、村民代表以及居住在村的法官、检察官、警官、律师等“法律明白人”，他们组成的队伍努力让群众办事、矛盾调解、法律服务、信息咨询、致富求助“五不出村”……在专业队伍的带领下，法治意识不断走进村民心中，法治思维更加深入基层。

回首过往，从法治浙江的生动画卷到法治中国的宏伟蓝图，法治在浙江的历史上留下光辉印记。

再看今朝，党的领导、权力运行、营商环境、社会治理等法治化程度持续提升，群众的民主法治意识不断增强，法治闪耀出更加灿烂的光芒，凝聚起忠实践行“八八战略”、奋力打造“重要窗口”、争创社会主义现代化先行省的澎湃动力。

展望未来，浙江将坚定不移沿着中国特色社会主义法治道路砥砺前行，探索法治中国建设新路径，充分发挥法治中国先行地的示范引领作用。

思考讨论

1. 案例介绍了法治浙江建设的发展进程和丰硕成果，这也让浙江成为展示法治中国建设的“重要窗口”。结合案例，你认为在新时代为什么必须加快法治中国建设？

2. 法治中国建设是一项宏大的法治工程，涉及立法、执法、司法、普法等多个层面。结合实际，你认为应怎样建设更高水平的法治中国？

3. 党的二十届三中全会明确将坚持全面依法治国确立为进一步全面深化改革的原则

之一，强调在法治轨道上深化改革、推进中国式现代化。在以中国式现代化全面推进中华民族伟大复兴的历史征程上，应如何认识和处理改革与法治的关系？

教学建议

本案例主要适用于第九章第三节“加快建设法治中国”部分的辅助教学。案例介绍了浙江省自2006年以来在法治建设领域所进行的重要探索和取得的丰硕成就，从加强法治建设的战略谋划到以改革创新引领法治实践，从坚持法治为民的价值理念到积极发挥法治建设的示范作用，法治浙江建设既生动展现了法治中国建设的成功实践，也有效探索了法治中国建设的理念路径，更是彰显了新时代加快建设高水平法治中国的重要意义，为绘就全面依法治国的总蓝图提供了重要参照。

■ 组织教学建议

第一，本案例适用于教学导入环节。教师在对“加快建设法治中国”这一教学内容进行讲解前，可以先引入本案例，通过案例讲解引导学生了解本部分的教学重点，并着重思考以下几个问题：在以中国式现代化全面推进中华民族伟大复兴的历史征程上，我们为什么必须要建设法治中国？我们应该怎样加快建设法治中国？在建设法治中国时，我们应怎样认识并正确处理改革与法治的关系？通过上述思考讨论，学生可以全面认识法治中国建设的重要意义和思路举措。

第二，教学中可以组织学生围绕案例进行针对性讨论。进入新时代以来，在“四个全面”战略布局的引领下，法治中国建设取得了历史性成就，党对全面依法治国的集中统一领导显著加强，形成了习近平法治思想，中国特色社会主义法治体系不断完善，我们也开展了很多卓有成效的法治实践。据此，可以在课上引导学生结合社会现实和自身实际进行讨论，补充介绍其所了解的法治中国建设的重要成就和典型事例，从而深化其对案例内容和主题的理解。

第三，教学中要对案例内容进行补充拓展。“推进法治中国建设”的目标是党的十八届三中全会正式提出来的，但法治中国建设的理念和实践却伴随中国特色社会主义法治建设的始终。教学中可以对中国特色社会主义法治建设的历程、标志性成就和里程碑式典型事例进行一定的补充，尤其是要将案例介绍的法治浙江建设纳入全面依法治国的整体框架中予以解读，只有这样才能准确认识法治浙江建设的创新和示范意义，才能从宏观层面形成对中国法治建设的整体性认识。案例中还涉及法治浙江建设的一些重要战略规划，如“八八战略”，即2003年时任浙江省委书记的习近平作出的“发挥八个方面的优势”“推进八个方面的举措”的重大决策部署，是省域发展的全面规划和顶层设计。20多年来，历届浙江省委坚定不移沿着习近平指引的道路奋勇前进，把“八八战略”深入贯彻到浙江工作、落实到浙江发展的各方面全过程。补充介绍这些内容，能够让学生更加全面地了解法治浙江和法治中国建设的历程及取得的成就。

第四，教学中可以运用相关文献资料来深化教学主题。为推动法治中国建设，党和国家制定出台了系列文件，既对新时代法治中国建设提出了新的要求，也明确了法治中国建设的方向。如 2014 年党的十八届四中全会通过的《中共中央关于全面推进依法治国若干重大问题的决定》，第一次以执政党最高政治文件和最高政治决策的形式，制定了全面推进依法治国的顶层设计、路线图、施工图。再如中共中央印发的《法治中国建设规划（2020—2025 年）》和《法治社会建设实施纲要（2020—2025 年）》，确定了统筹推进法治中国建设各项工作的原则思路，提出了法治社会建设的要求和内容；中共中央、国务院在 2021 年印发的《法治政府建设实施纲要（2021—2025 年）》，明确了法治政府建设是全面依法治国的重点任务和主体工程，是推进国家治理体系和治理能力现代化的重要支撑。组织学生在课下学习这些政策文件，并结合案例内容在课上进行交流讨论，有助于深化学生对法治中国建设这一教学主题的认识。

总结提升建议

第一，加快建设法治中国，是全面建设社会主义现代化国家的重要组成部分。法治是我们党矢志不渝的追求，是治国理政不可或缺的重要手段，要以中国式现代化全面推进中华民族伟大复兴，就必须全面推进依法治国，在法治轨道上全面建设社会主义现代化国家。正如习近平深刻指出的那样：“‘立善法于天下，则天下治；立善法于一国，则一国治。’推进国家治理体系和治理能力现代化，当然要高度重视法治问题，采取有力措施全面推进依法治国，建设社会主义法治国家，建设法治中国。在这点上，我们不会动摇。”这就要求我们立足于“五位一体”总体布局和“四个全面”战略布局，把全面推进依法治国、建设法治中国提高到落实党和国家整体发展战略总抓手的新高度来把握。案例中介绍的法治浙江建设，就是浙江省委立足于浙江经济社会发展阶段和任务要求所作出的重大战略决策，为浙江省全面建成小康社会、实现经济社会高质量发展、完善治理体系和提升治理能力提供了有力的法治保障，也在全国范围内率先开启了探索经济先发地区法治先行的系统战略布局，生动诠释了“良法善治”之道，以法治实践切实助力社会主义现代化强国建设。

第二，加快建设法治中国，必须坚持和加强党对全面依法治国的集中统一领导。2018 年 8 月 24 日，习近平主持召开了中央全面依法治国委员会第一次会议并发表重要讲话，指出坚持和发展中国特色社会主义更加需要依靠法治，更加需要加强党对全面依法治国的领导。党中央决定成立中央全面依法治国委员会，是贯彻落实党的十九大精神、加强党对全面依法治国集中统一领导的需要。在法治中国建设中，党中央要主动谋划和确定中国特色社会主义法治体系建设的总体思路、重点任务，做好全面依法治国重大问题的运筹谋划、科学决策，实现集中领导、高效决策、统一部署，统筹整合各方面资源和力量推进全面依法治国。以此为遵循，要健全党领导全面依法治国的制度和工作机制，继续推进党的领导制度化、法治化，把党的领导贯彻到全面依法治国全过程和各方面，为全面建成小康社会、全面深化改革、全面从严治党提供长期稳定的法治保障。案例中法治浙江建设之所以能够取得显著成效，就是因为始终坚持党对法治工作的领导，历届浙江省委坚持高起点谋划、高站位推进、高效率落实，一以贯之落实好党的领导，不断推动经济、政治、文化、社会、生态文明和党的建设各项事业在法治轨道上蓬勃发展。

第三，加快建设法治中国，必须坚持统筹兼顾、把握重点、整体谋划。全面依法治国重在“全面”，涉及国家经济、政治、文化、社会、生态文明建设各个领域，关系改革发展稳定、内政外交国防、治党治国治军各个方面，必须更加注重系统性、整体性、协同性。尤其要把握好以下三个方面：坚持依法治国、依法执政、依法行政共同推进，坚持法治国家、法治政府、法治社会一体建设，坚持统筹推进国内法治和涉外法治。浙江省在开展法治建设的过程中始终坚持系统思维，既在“大综合一体化”行政执法改革上率先突破，探索行政复议体制改革的“浙江模式”，全面建设法治政府，也在基层社会治理法治化上率先突破，加快建设法治社会，探索形成了以党委领导、服务大局、法治为民、数字赋能、整体智治为特色的“浙江经验”，推动政府有为、市场有效、企业有感、群众有利，为法治中国建设贡献了浙江智慧。

第四，加快建设法治中国，必须全面推进科学立法、严格执法、公正司法、全民守法。科学立法方面主要是要完善以宪法为核心的中国特色社会主义法律体系，严格执法方面要扎实推进依法行政，构建职责明确、依法行政的政府治理体系，公正司法方面要深化司法体系综合配套改革，加快建设公正高效权威的社会主义司法制度，全民守法方面要加快建设法治社会，形成守法光荣、违法可耻的社会氛围，营造良好的法治环境。新时代的法治建设必须利用好数字技术，通过智能化的法治建设来适应全面建设社会主义现代化国家的新要求，牢牢把握经济社会发展和人民群众对法治建设的需要。浙江省在加强数字化法治建设方面做了很多成功探索，把政法数字化协同工程作为“一把手”工程，推动政法工作由信息化向智能化跃升，“雪亮工程”“云上公安、智能防控”“智慧法院”“智慧检务”“智慧司法”等一批创新项目深入实施，其创建了全国首家互联网法院，移动微法院、政法一体化办案、共享法庭等引领数字司法新潮流，努力让人民群众在每一个司法案件中感受到公平正义。总之，建设法治中国，应当实现法律规范科学完备统一，执法司法公正高效权威，权力运行受到有效制约监督，人民合法权益得到充分尊重保障，法治信仰普遍确立。

第五，在推进中国式现代化的过程中，必须坚持在法治下推进改革、在改革中完善法治。改革和法治相伴而生、目标一致、相辅相成，改革开放以来特别是新时代全面深化改革的实践证明，只有做到改革和法治相统一，才能积极发挥法治引导、推动、规范、保障改革的作用，增强改革的穿透力。新时代以来，改革进入攻坚期和深水区，我们党把全面深化改革、全面依法治国作为“四个全面”战略布局的重要方面，把对改革和法治关系的认识提升到新的高度，把握好科学立法这个重要环节，让改革成为法治发展的动力来源，让法治成为改革深化的制度保障，助力新时代全面深化改革取得历史性伟大成就。浙江省在推动法治建设的过程中注重妥善处理改革和法治的关系，坚持以法治思维和法治方式来推进政府职能转变，深化行政执法和司法体制改革，统筹推进科学立法、民主立法、依法立法，坚持与时代同步、与改革同频，加强重点领域立法。在2002年至2023年间，其共制定修改省级地方性法规213件，其中20多部法规在全国具有首创性、辨识度，为全面深化改革提供了坚实保障。

■ 启示意义

法治兴则国兴，法治强则国强。全面依法治国既是全面深化改革、推进中国式现代化的重要内容，同时又是全面深化改革、推进中国式现代化的重要保障，为实现中华民族伟大复兴中国梦提供了有力的法治保障。法治浙江建设的成功实践既诠释了法治中国的丰富内涵，全面展示了中国特色社会主义法治的优越性，也为建设更高水平的法治中国提供了浙江样本。

党的二十届三中全会从进一步全面深化改革、推进中国式现代化的全局高度对全面依法治国的历史定位和重大现实意义进行阐释，深刻揭示了国家治理体系和治理能力现代化的法治逻辑，为更高水平的法治中国建设指明了方向。以此为遵循，我们应坚持以习近平法治思想为指导，全面推进依法治国，坚持在法治轨道上推进国家治理体系和治理能力现代化，向世界展示具有中国特色的法治文明，推动世界法治文明在交流中进步、在互鉴中升华。

案例 20

保护好中华民族精神生生不息的根脉

核心阅读

文化兴国运兴，文化强民族强。进入新时代，在以习近平同志为核心的党中央领导下，我国文化遗产保护传承工作取得历史性成就，文化遗产蕴含的创新创造基因被不断激活。为加强历史文化遗产保护，习近平发表了一系列重要论述，作出了一系列重要指示批示，为历史文化遗产保护工作引航指路：从河北正定古城的修复到福州三坊七巷的保护修缮，从浙江良渚古城遗址申遗到大运河文化带建设，从指出“丰富的历史文化遗产是一张金名片”到强调“一个博物馆就是一所大学校”……一幅古今辉映、气势恢宏的新时代文化长卷正在徐徐展开。新时代新征程，我们的文化绵延不绝，我们的创造生生不息，中华文脉绵延赓续、文明薪火代代相传，必将为实现中华民族伟大复兴的中国梦凝聚起强大的精神力量！

党的十八大以来，习近平总书记多次在地方考察调研时走进古城老宅、传统街区，就文物保护和活化利用作出重要指示。在古都北京，总书记强调“要像爱惜自己的生命一样保护好城市历史文化遗产”。重回福州三坊七巷，总书记指出“对待古建筑、老宅子、老街区要有珍爱之心、尊崇之心”……立足全面建成小康社会、守住民族之魂的战略高度，习近平关心和推动历史文化遗产的保护传承工作，留下了一段段动人的故事。

河北正定：做好文脉传承 建设魅力古城

自石家庄市主城区出发北行，越过碧波荡漾的滹沱河，便可望见雄伟的正定古城墙和高耸的南城门城楼。城门上镶嵌的“三关雄镇”“九省通衢”匾额，彰显古城昔日辉煌；城门内外，店铺林立，熙熙攘攘，尽显今日繁荣。登楼远眺，古街古楼、古寺古塔、古城古韵尽收眼底，古城中轴线、古建筑轮廓线、城市天际线一览无余。

正定古称常山、真定，有“燕南古郡、京师屏障”之称，曾与北京、保定并称为“北方三雄镇”，是我国北方著名的历史文化名城。正定的灵魂在古城，古城的核心在历史文化，历史文化的载体在文物。源远流长的历史，为正定留下了瑰丽灿烂、风格独特的文化古迹，现有 10 处全国重点文物保护单位、5 处省级文物保护单位，7 600 余件馆藏文物，文物数量与密集程度在全国县级行政区罕见。

2013 年 8 月，在一份关于河北正定古城情况的报告上，习近平总书记作出重要批示："充分肯定近年来正定古城保护工作。要继续做好这项工作，秉持正确的古城保护理念，即切实保护好其历史文化价值。"牢记总书记的嘱托，河北省坚持把保护放在第一位，秉持正确的古城保护理念，按照真实性、完整性、延续性的保护要求，全面保护好历史文化遗产，坚持合理利用，推动古城风貌恢复提升、文旅深度融合，走出一条传承创新之路。

正定城墙有着悠久的历史，为府级规制，规模宏大、布局讲究。现存古城墙始建于东晋十六国时期，明代时改建为 24 华里的砖城，设有四座城门和城门楼及四座角楼。四门均为三重结构，设有里城、瓮城和月城三道城垣，这种形制在全国范围内少见。按照"尊重历史、保持完整、延续文脉、凸显特色"的原则，当地政府启动实施古寺群落修缮、阳和楼复建、荣国府周边环境整治等 24 项古城风貌恢复提升工程，古城整体格局得以彰显。

把握"以现状整修和遗址保护展示为主，整体修复为辅"的工作总基调，正定不搞大拆大建，不盲目复建，不拆旧建新，重保护、轻包装，重整体、轻干预，同步加强古城内的物质文化遗产和非物质文化遗产保护利用。古城四个城门的恢复方式各有特色：对具有标志性的南城门，遵循"原真性、完整性"原则，历时两年进行遗址勘测、文献查阅、数据采集、制图，根据翔实数据进行月城、瓮城、东西马道等整体系统恢复。其他城门因残缺程度高，采用修建遗址公园方式。恢复措施虽异，但都是为了保护文物古迹的"本真"模样。

如今，行走在正定，登得上城楼，望得见古塔，记得住乡愁，历史文化可感可知，古城古韵越来越浓。这座再现"北方雄镇"风貌的千年古郡，正在焕发时代的生机。

福建福州：延续千年文脉 守护闽都之魂

什么是福州?

它是历史深处的"八闽雄都、神州名府"，是"三山鼎峙、一水长流"的青绿画卷，是"七溜八溜不离福州"的可爱家乡。习近平曾这样描述这座城市："福州派江吻海，山水相依，城中有山，山中有城，是一座天然环境优越、十分美丽的国家历史文化名城。"

置身福州这座有 2 200 多年建城史的历史文化名城，从闽江上游的新石器文化遗存——昙石山遗址，到沿江两岸的上下杭、烟台山等传统文化街区，再到下游的马尾船政旧址；从城市中心的三坊七巷等明清建筑群到城郊鼓岭中外文化交流地；从寿山石雕、脱胎漆器等传统工艺到闽剧、漆画等传统民间艺术……它们宛如一颗颗明珠，闪烁在闽都大地，虽历经岁月洗礼，但依然散发出独特光芒。

2021 年，习近平在福建考察时说："保护好传统街区，保护好古建筑，保护好文物，就是保存了城市的历史和文脉。"以此为指导，福州重建了屏山镇海楼，建设了冶山、新店两大古城遗址公园，修复了三坊七巷、上下杭等历史文化街区……以"三山两塔一条街"为标志的城市中轴线被擦亮，在城市更新中呵护着千年文脉。

位于福州市中心的三坊七巷，衍脉于晋唐，兴盛于明清，是国内现存规模较大、保护较为完整的历史文化街区，享有"中国城市里坊制度活化石"和"中国明清建筑博物馆"的美称，保存有 200 多座古建筑。2023 年 4 月，三坊七巷历史文化街区建设年代最为久远、历史文化价值最高的古厝之一沈葆桢故居启动修缮，在修缮过程中坚持政府主导、居民参与，遵循“最小干预原则”，尽量保存古厝的古香古色和原汁原味。三坊七巷已经成为闽都文化遗产保护的新标本，年接待游客量已连续多年突破1 000万人次。

“千层石树遥行路，一带山田放水声。”这是对位于福州三江口的梁厝特色历史文化街区的现实写照。为赓续城市历史文脉，保护城市特色风貌，福州在全市范围内启动了15个特色历史文化街区建设，梁厝便是其中之一。走进街区，这个“都市最美村落”已芳华初绽：梁厝河内，大鹅、鸭子正欢快戏水；省级文物保护单位永盛梁氏宗祠露出了修缮后的面貌。2020年1月，福州15个特色历史文化街区集中开街，为“文化福州”擦亮了魅力底色。

浙江杭州：千年古城留“古韵”展“新颜”

1936年，深秋——

杭州北郊一片水草丰茂的旷野上，年轻的考古人施昕更蹲在地上翻找着。几片黑色有光的陶片吸引了他。这是良渚文化在5 000多年后散射出的第一道光。

2003年，盛夏——

同样是这片旷野，其已历经半个多世纪的考古发掘。时任浙江省委书记的习近平来到这里，留下殷切嘱托。必须保护好良渚遗址！

2019年，依然是夏日——

里海之滨，阿塞拜疆首都巴库，第43届世界遗产大会上，木槌落下，良渚古城遗址被列入世界文化遗产名录。

不仅是良渚古城遗址申遗，还有西湖综合保护工程、跨湖桥遗址博物馆的保护、大运河综合保护利用……在浙江工作期间，习近平对保护文物古迹、守护文化根脉，多次作出重要指示。

“大运河是祖先留给我们的宝贵遗产，是流动的文化，要统筹保护好、传承好、利用好。”让古老大运河焕发出时代新风貌，习近平一直念兹在兹。2006年的一天，时任浙江省委书记的习近平登上杭州水上巴士“西湖”号。从拱宸桥到艮山门码头，行船途中，习近平仔细询问运河的保护和建设情况。结束水上巴士的考察时，他希望杭州能再接再厉，继续做好运河综合保护工作，使城市的经济和自然环境和谐发展。按照习近平的指示，当地精心保护、管理运河，不断挖掘、保护沿线遗址遗迹。2014年，浙东大运河与京杭大运河、隋唐大运河共同组成“中国大运河”入选世界文化遗产名录。

从正定到福州、杭州，从古城墙到三坊七巷、大运河，古老的文化焕发出新的生机，也见证了习近平对历史文化遗产保护、传统文化传承发展的关心和重视。立足于5 000多年中华文明，一个日新月异的中国，正向世界娓娓讲述着亘古亘今、推陈出新的中华优秀传统文化，展现着兼收并蓄、海纳百川的开放胸怀。

思考讨论

1. 习近平曾深刻指出：“历史文化遗产承载着中华民族的基因和血脉，不仅属于我们这一代人，也属于子孙万代。”结合案例，你认为我们为什么要保护好、传承好历史文化遗产？

2. 中华优秀传统文化是中华文明的智慧结晶和精华所在，是中华民族的根和魂。结合现实，谈谈在新时代应如何正确对待中华优秀传统文化。

3. “在新的起点上继续推动文化繁荣、建设文化强国、建设中华民族现代文明，是我们在新时代新的文化使命。”青年学生作为堪当民族复兴重任的时代新人，应该怎样承担这一文化使命？

教学建议

本案例主要适用于第十章第四节“铸就社会主义文化新辉煌”部分的辅助教学。案例主要展现了在习近平文化思想的科学指引下，在河北、福建和浙江等地所进行的多样文化保护传承和创新活动，既展现了新时代以来文化强国建设所取得的历史性成就，也为新征程上推动中华文化繁荣兴盛、建设社会主义文化强国提供了宝贵的经验借鉴。

■ 组织教学建议

第一，本案例主要适用于教学导入环节。教师在开始讲授“铸就社会主义文化新辉煌”这一知识点之前，可以先引入本案例。讲解介绍河北正定、福建福州、浙江杭州等多地对历史文化遗产进行保护传承创新的生动实践，可以让学生直观感受到中华优秀传统文化的丰富内涵和价值意蕴，进而认识到在新时代保护传承好历史文化遗产的重要意义，自觉以习近平文化思想为指引，不断增强承担文化使命、推动铸就社会主义文化新辉煌的责任感和使命感。

第二，教师在运用本案例开展教学时应从建设社会主义文化强国的战略高度出发，将铸就社会主义文化新辉煌的重要意义讲清讲透。推动中华文化繁荣兴盛、建设社会主义文化强国，是实现中华民族伟大复兴的必然要求，也是中国式现代化的重要内容，正如习近平指出的那样：“中国特色社会主义是物质文明和精神文明全面发展的社会主义。一个没有精神力量的民族难以自立自强，一项没有文化支撑的事业难以持续长久。”案例中介绍的多地对历史文化遗产的保护传承，就是传承历史文化、维系民族精神的重要举措，是推动铸就社会主义文化新辉煌的有效路径。

第三，教师在对本案例进行讲解分析时应对案例内容进行拓展补充，并组织学生进行交流讨论。新时代以来，以习近平同志为核心的党中央高度重视历史文化遗产的保护与传承，除了案例中介绍的典型事例外，习近平还围绕保护历史文化遗产、推动文化传承发展这一议题多次作出重要论述，如他在 2021 年对革命文物工作作出重要指示，要求“发挥好革命文物在党史学习教育、革命传统教育、爱国主义教育等方面的重要作用”。教学中，教师可以请学生介绍其所了解的习近平对新时代的历史文化传承保护工作所作出的系列战略部署，也可以介绍在政策实践层面其所了解的历史文化遗产传承保护的优秀事例，尤其是其家乡或者学校所在地的具体实践。这样的交流讨论不仅能够调动学生主动学习思考的积极性，而且有助于其将课上所学理论知识与具体的社会实践相结合，进而更加深刻地理解认识新时代新的文化使命。

第四，教学中可以围绕教学主题、结合案例内容组织学生进行拓展学习。为了让学生更全面了解习近平文化思想指引下新时代社会主义文化强国建设的重要意义和内涵，教师可以向学生推荐阅读有关习近平文化思想的代表性文献，如习近平于2023年6月2日在文化传承发展座谈会上的重要讲话，从党和国家事业发展全局战略高度对中华文化传承发展的一系列重大理论和现实问题作了全面系统深入阐述，具有很强的政治性、思想性、战略性、指导性。阅读学习这一经典文献，学生们能够系统深入地学习习近平文化思想，深刻把握中华文明发展规律。

■ 总结提升建议

第一，“在新的起点上继续推动文化繁荣、建设文化强国、建设中华民族现代文明”，是新时代新的文化使命。习近平在文化传承发展座谈会上对中华文化传承发展的一系列重大理论和现实问题作了全面系统深入阐述，强调“在新的起点上继续推动文化繁荣、建设文化强国、建设中华民族现代文明，是我们在新时代新的文化使命”，我们应“担当使命、奋发有为，共同努力创造属于我们这个时代的新文化，建设中华民族现代文明”。这些重要论述，对我们繁荣发展中国特色社会主义文化提出了新的要求，为建设社会主义文化强国提供了根本遵循。案例中介绍的正定、福州和杭州等地坚持在利用中保护、在保护中利用的理念原则，全面加强对历史文化遗产的保护传承，又结合现实发展要求对其进行时代创新，赋予历史文化遗产时代意蕴，推动传统历史文化在新时代焕发出新的生机，为“推动文化繁荣、建设文化强国、建设中华民族现代文明”注入新的动力。

第二，新征程上，应坚持以习近平文化思想为引领，建设新时代文化强国。在2023年10月举行的全国宣传思想文化工作会议上，习近平文化思想的首次提出和系统阐述，为新时代文化强国建设提供了强大思想武器和科学行动指南。习近平文化思想深刻回答了新时代我国文化建设举什么旗、走什么路、坚持什么原则、实现什么目标等根本问题，是新时代党领导文化建设实践经验的理论总结，丰富和发展了马克思主义文化理论，构成了习近平新时代中国特色社会主义思想的文化篇，标志着我们党对中国特色社会主义文化建设规律的认识达到了新高度。正是在习近平文化思想的指引下，正定、福州和杭州等古城深入开展历史文化遗产保护利用工作，让古老的城墙、楼宇、古城遗址、大运河都得到了保护和开发，让收藏在博物馆里的文物、陈列在广阔大地上的遗产、书写在古籍里的文字都鲜活起来，让历史文化和现代生活融为一体，让古老城市焕发出新的活力，也让人们记得住历史、记得住乡愁，坚定文化自信，增强家国情怀。未来中国特色的历史文化遗产保护之路必将越走越宽广，文化遗产的保护传承必将在传承历史文化、维系民族精神、坚定文化自信中发挥更大作用，必将为实现中华民族伟大复兴的中国梦凝聚起强大的精神力量。

第三，要坚持把马克思主义基本原理同中华优秀传统文化相结合，推动中华优秀传统文化创造性转化、创新性发展。中华优秀传统文化是5 000多年中华文明的智慧结晶和根基所在，是流淌在中华民族血脉里的文化原动力和软实力，是我国发展壮大的独特优势和宝贵财富。在新的时代条件下，如何进一步挖掘中华优秀传统文化的价值内涵，激发其生机活力进而实现创造性转化、创新性发展，是值得关注与深思的问题。习近平文化思想是坚持把马克思主义基本原理同中国具体实际相结合的光辉典范，也是坚持把马克思主义基本原理同中华优秀传统文化相结合的光辉典范，既推动了马克思主义的中国化时代化，也推动了中华优秀传统文化的创造性转化、创新性发展，既实现了对马克思主义文化理论的时代化发展，也深化了对新时代文化建设一般规律的科学认识，为社会主义文化强国建设指明了方向。近年来，以正定、福州、杭州的历史文化遗产保护利用为例，地方政府和相关机构、组织本着对历史负责、对人民负责的精神，传承历史文脉，正确处理了城市改造开发和历史文化遗产保护利用的关系，辩证把握了传统与现代、继承与发展的关系，真正做到了在保护中发展、在发展中保护，把历史文化遗产保护放在第一位，同时合理利用，使其在提供公共文化服务、满足人民精神文化生活需求方面充分发挥作用，走出了一条符合国情的文物保护利用之路，这就是将马克思主义基本原理同中华优秀传统文化相结合的重要结晶。

第四，青年学生应自觉肩负起文化强国建设的使命，为推进文化强国建设贡献青春力量。当代中国青年是实现中华民族伟大复兴中国梦的建设者和亲历者，同时也肩负着推动文化繁荣、建设文化强国的时代使命。为此，广大青年应坚守中华文化立场，传承发展中华优秀传统文化，助力繁荣发展文化事业和文化产业，不断提升国家文化软实力和中华文化影响力。现实生活中，广大青年既要提升自己的文化素养，学习了解优秀传统文化、革命文化和社会主义先进文化，正确认识中华文明所具有的突出的连续性、创新性、统一性、包容性以及和平性，同时也要以实际行动开展文化实践，积极参与各类文化活动，如案例中介绍的福建三坊七巷修缮工作以及杭州大运河改造工作等都有很多年轻人参与其中。此外，青年也是文化消费与文化创新的主力军，在推动科技融入文化、创新文化新业态新形态等方面具有显著优势，越来越多的年轻人参与文化“双创”事业，为发展文化事业和文化产业、增强人民精神力量、促进人的全面发展作出重要贡献。

启示意义

文化关乎国本、国运。在历史的长河中，中华民族创造了源远流长、博大精深的中华文化，从正定古城墙到福州镇海楼，从良渚古城遗址到千年运河文脉，只有立足波澜壮阔的中华 5 000 多年文明史，才能真正理解中国道路的历史必然、文化内涵与独特优势。中国共产党坚持把马克思主义基本原理同中国具体实际相结合、同中华优秀传统文化相结合，既引领践行中国先进文化，又传承弘扬中华优秀传统文化，创造了人类文明新形态，铸就了社会主义文化新辉煌。当代中国共产党人和中国人民应该而且一定能够担负起新的文化使命，在实践创造中进行文化创造，在历史进步中实现文化进步！

案例 21

总书记的“山海情”

核心阅读

2021 年开年，一部脱贫攻坚剧《山海情》火遍大江南北，跨越山海的扶贫协作震撼人心。宁夏百姓永远不会忘记习近平总书记对西海固的那份特殊牵挂。无论在地方工作还是在中央工作，习近平始终惦念着西海固人民。1997 年、2008 年、2016 年、2020 年，他先后四次踏访西海固，为西海固的脱贫和发展倾注了大量心血。闽宁协作成为东西部扶贫协作的典范。2020 年 11 月，西吉县正式退出贫困县序列，标志着曾经有着“苦瘠甲天下”之称的“西海固”从此不再是贫困的代名词。西海固地区既是中国共产党领导中国人民决战决胜脱贫攻坚的重要战场，又是以习近平同志为核心的党中央心系百姓疾苦的历史见证，更是习近平开展东西部协作、促进全体人民共同富裕的探索地、实践地之一。

西海固是宁夏中南部 9 个贫困县区的概称，这里因水资源的极度匮乏和气候条件的极端恶劣而被称为“苦瘠甲天下”。这里是国家确定的 14 个集中连片特困地区之一——六盘山区的一部分，也是宁夏脱贫攻坚的主战场和核心区。在习近平的谋划、推动下，依江面海的福建与山大沟深的宁夏西海固紧紧相连，闽宁协作开辟了东西部协作的新机制，走出了变“输血”为“造血”的扶贫路，创造了具有中国特色反贫困治理的成功范例。

携手战贫，“山海情”跨越时空

西海固曾在 1972 年被联合国粮食开发署确定为“最不适宜人类生存的地区之一”。直到 20 世纪八九十年代，“三日不举火，十年不制衣”还是当地百姓生活的常态。

1996 年，在党中央作出东西部结对帮扶的战略部署下，福建和宁夏建立起对口协作关系。1997 年 4 月，时任福建省委副书记的习近平，在担任福建省对口帮扶宁夏领导小组组长不久，便赴西海固进行扶贫考察。在梁家河插队 7 年的习近平对贫穷早就有切身体会。然而当他踏上西海固这片黄土地，走进冯秀花家徒四壁的窑洞时，还是被深深震撼了。他后来回忆说：“改革开放好多年了，仍有那么穷、那么苦的地方，我心里受到了很大冲击。”

习近平下定决心推动福建和宁夏开展对口帮扶。在听了隆德县县长的汇报后，习近平强调要因地制宜解决干旱地区缺水的问题。西海固贫困的根子，被习近平一语道破。很快，井窖工程就成为福建帮扶宁夏的一项重要内容。村民们把这些机井水窖形象地称为“活命井”。

如何解决“一方水土养活不了一方人”，习近平始终念兹在兹。在银川郊区考察时，习近平对东西部协作共建移民村的做法很感兴趣，决定实施一项重大工程“吊庄移民”：让生活在土地贫瘠的西海固群众，搬迁到贺兰山脚下的黄河灌区。他将移民村命名为“闽宁村”。当时，习近平就极具前瞻性地提出“让移民迁得出、稳得住、致得富”。

在福建工作期间，习近平先后五次出席闽宁对口扶贫协作联席会议，精心调研、科学谋划、全力推动。他提出的“优势互补、互利互惠、长期协作、共同发展”指导原则以及“联席推进、结对帮扶、产业带动、互学互助、社会参与”的合作机制，为闽宁协作搭建了四梁八柱。

2008 年 4 月 8 日，时任国家副主席的习近平在宁夏考察时，来到固原市原州区深沟村调研，鼓励当地要有发展的思路和意识，带动村民富起来。

2016 年 7 月 18 日至 20 日，习近平再次来到宁夏，赴闽宁镇考察。看到闽宁镇的可喜变化，习近平总书记倍感欣慰。

2020 年 6 月 8 日至 10 日，习近平第四次来到宁夏，为宁夏谋划如何走好乡村振兴新征程。他来到黄河边的稻渔空间乡村生态观光园，了解农业合作社带动农民增收致富情况。

“不能把农民土地拿走了，干得红红火火的，却跟农民没关系。要共同致富。”习近平的话语暖到了农民的心窝子里。随后，在贺兰山下的一片葡萄园，习近平指出：“宁夏要把发展葡萄酒产业同加强黄河滩区治理、加强生态恢复结合起来，提高技术水平，增加文化内涵，加强宣传推介，打造自己的知名品牌，提高附加值和综合效益。”

在习近平开创的闽宁经验示范下，来自东部发达地区的资金、技术、人才、理念源源不断输入西部，促进贫困地区提升“造血”能力，实现互利共赢、共同发展。

几十年过去，8 000 多人的闽宁村已经成长为 6 万多人的闽宁镇。宁夏相继“孵化”出 160 多个闽宁示范村，建设了闽宁镇、惠安村等一批生态移民示范村镇。几十年来，宁夏累计有 120 多万贫困群众实现易地搬迁。

宁夏干部群众说起“山海情”，无不感激习近平提出的开创性、务实性、精准性的闽宁帮扶举措——每年召开对口扶贫协作联席会议，建立“点对点”“一对一”的市县结对帮扶机制，闽宁互派干部挂职锻炼……

优势互补，“山海情”鼓舞人心

电视剧《山海情》中帮助金滩村村民发展双孢菇种植产业的“热血”教授凌一农给观众留下深刻印象。而在闽宁协作的现实中，凌一农的原型——福建农林大学菌草专家林占熺，则被习近平点将，远赴西海固传播菌草技术以帮助当地脱贫。

1997 年 4 月，在银川召开的闽宁对口扶贫协作第二次联席会议上，菌草技术被列为闽宁对口扶贫协作项目。林占熺被习近平点将，带着团队和六箱菌草种从福建直奔西海固的彭阳县，指导村民建半地下室菇棚、利用废弃的窑洞栽培食用菌。半年后，用作物秸秆栽培香菇、平菇、双孢蘑菇等食用菌取得成功，参加食用菌生产的示范农户当年收入翻了一番多。

2000年7月5日，时任福建省省长的习近平出席了在省政府举办的、专门为林占熺授奖的颁奖会。

截至2021年底，宁夏全区食用菌总产值1.93亿元，菇农户均每年增收2万多元。菌草种植产业成为当地百姓脱贫的重要产业之一。

早在20世纪80年代，习近平在厦门工作期间就曾探索闽宁产业合作。当时厦门同安县经济落后，但水资源很好，当地想办啤酒厂增加产值。习近平得知后，明确提出将宁夏的啤酒花引入同安。啤酒厂于1988年投产后，年产2 000吨。

从脱贫攻坚到乡村振兴，习近平不断推动东西部协作转型升级。到2022年，已有6 700多家福建企业入驻宁夏，吸引安置当地就业超过10万人，每年有5万多宁夏人在福建务工，深度互嵌的闽宁产业协作成为宁夏高质量发展的硬核支撑。

闽宁协作，不仅在产业层面，还有思路和精神的互学互助。

“闽宁协作就是一所没有围墙的大学。”这是福建、宁夏干部群众的共同感受。几十年来，福建派出数千名干部、专业人才倾情帮扶，宁夏数百名干部到福建挂职取经，15万福建人在宁夏工作和生活。“黄土高原的粗犷锤炼了我们，西海固人民的坚韧教育了我们，在宁夏深刻感悟‘不到长城非好汉’的革命精神是我们一生的宝贵财富。”福建省第五批援宁工作队领队周秀光说。

接续奋斗，“山海情”点亮明天

截至2020年底，福建省、福建对口帮扶市县（区）及社会各界累计投入帮扶资金33.69亿元，其中60%以上用于宁夏深度贫困地区，援建项目4 000多个。2020年11月，宁夏最后一个贫困县——西吉县如期脱贫。2021年2月25日，在全国脱贫攻坚总结表彰大会上，时任闽宁镇党委书记的张文接过闽宁镇获得的“全国脱贫攻坚楷模”荣誉奖牌时，习近平以8个字深情勉励：“一以贯之，刮目相看！”

2021年4月8日，全国东西部协作和中央单位定点帮扶工作推进会在宁夏银川召开。会上传达学习了习近平总书记对深化东西部协作和定点帮扶工作的重要指示，“要完善东西部结对帮扶关系，拓展帮扶领域，健全帮扶机制，优化帮扶方式，加强产业合作、资源互补、劳务对接、人才交流，动员全社会参与，形成区域协调发展、协同发展、共同发展的良好局面”。

在2021年5月召开的闽宁协作第25次联席会议上，福建省、宁夏回族自治区签署了《“十四五”东西部协作框架协议》。推动闽宁协作由福建单方援助向双方协作互动、由主要聚焦脱贫向全面协作展开、由政府主导推动向各方协作共促转变。

宁夏与福建的经贸合作正在悄然发生变化。2021年底，国家发改委核准批复哈纳斯莆田液化天然气接收站项目，这是宁夏在福建投资建设的首个重大能源项目。

2022年以来，闽宁两省区合力建设“闽宁云”算力中心，促进数字经济产业链、价值链、创新链相互融通，打造“数字中国闽宁协作方案”。

2024年5月，闽宁产业园首家开工企业——宁夏捷能通数字科技有限公司一期项目正式启动投产，可以解决 1 000 余人次就业，实现年产值 4 000 万元。

站在新的历史起点上，闽宁协作被赋予了更光荣的使命：服务国家区域发展总体战略，进一步缩小东西部发展差距；聚焦高质量发展，深化科技创新、劳务协作、乡村振兴等领域交流合作；向“闽宁合作”转变，共同开创高质量发展的新局面。

“闽宁情，始于扶贫，不终于脱贫。”山海缘未了，山海情更深。

思考讨论

1. 党的十八大以来，习近平总书记倾注心力最多的是扶贫工作。你如何理解和评价总书记的“山海情”?

2. 几十年来，一批又一批福建援宁队伍和宁夏人民携手并肩、接续奋斗，用智慧和汗水创造了东西部对口扶贫协作帮扶的“闽宁模式”。在“闽宁模式”的带动下，曾经“苦瘠甲天下”的地区实现了山乡巨变。你如何理解“闽宁模式”? 西海固脱贫留下了哪些宝贵的实践经验?

3. 千百年来难以破解的贫困难题，在中国共产党领导下彻底得到解决。脱贫攻坚取得举世瞩目成就的原因是什么?

教学建议

本案例主要适用于第十一章第一节“让人民生活幸福是‘国之大者’”部分的辅助教学。案例主要介绍了习近平谋划、推动福建与宁夏西海固密切协作，开辟东西部协作的新机制，创造具有中国特色反贫困治理的成功范例，展示了以习近平同志为核心的党中央心系百姓疾苦，高度重视民生问题，注重加强普惠性、基础性、兜底性民生建设，坚决打赢脱贫攻坚战，践行全心全意为人民服务的根本宗旨的人民情怀和扶贫情怀。

■ 组织教学建议

第一，在使用本案例之前，可以让学生课前收集一些习近平到西海固地区调研的照片和视频类新闻报道，也可以让学生观看微视频《习近平情系西海固》，使学生了解习近平四次踏访西海固，谋划、推动福建与宁夏西海固密切协作，为西海固的脱贫和发展倾注大量心血的扶贫情结和浓浓的“山海情”。在习近平的部署推进下，闽宁协作结出累累硕果，“苦瘠甲天下”的西海固“挪穷窝”“换穷业”“拔穷根”，开拓出一方新天地。习近平当年推动的易地搬迁、闽宁互派干部挂职锻炼、因地制宜发展产业等扶贫措施，改变了无数西海固贫困家庭的命运。

第二，引导学生结合案例分析东西部对口扶贫协作帮扶的“闽宁模式”的内涵与成功经验。西海固是一片浓缩了人类与绝对贫困抗争史的土地。1996 年，根据中国政府东西扶贫协作的决策部署，位于东海之滨的福建省与地处西北之塬的宁夏回族自治区建立起对口协作关系，东西部对口扶贫协作帮扶的“闽宁模式”由此打开。几十年来，闽宁两省区协作扶贫见真章、见实效，强化顶层设计是前提，开展产业扶贫是关键，激发内生动力是根本。“闽宁模式”最基本的经验在于强化顶层设计。把中央推动东西部协作战略部署与闽宁两省区在扶贫开发中积累的经验和智慧结合起来，建立起持续带动、持续突破的长效机制，这是“闽宁模式”成功实践的战略前提。将输血式扶贫变为造血式扶贫，激励和鞭策贫困群众发展产业，激发出蕴藏在当地群众之中的内生动力，是“闽宁模式”成功实践的根本要求。面对新时代、新契机，闽宁两省区勇立潮头协作共赢，再启新征程，进入全面发力、全方位协作的新阶段，协作理念从单向援助向合作共赢演化，协作目的从贫困治理走向共同富裕。站在新的历史起点上，以福建先发优势带动宁夏后发追赶，闽宁将再造东西部协作新样板。“闽宁模式”，注定永远载入中国的扶贫史册。

第三，引导学生结合案例深刻分析东西部扶贫协作和对口支援的重大意义。“脱贫攻坚，全国一盘棋；全面小康，决胜在合力”。中国东西部结对牵手、协作扶贫，是最具中国特色的“扶贫故事”，这是加强区域合作、优化产业布局、拓展对内对外开放新空间的大战略和大布局；是实现先富帮后富、最终实现共同富裕目标的大举措。党的十八大以来，以习近平同志为核心的党中央高度重视东西部扶贫协作工作，中共中央办公厅、国务院办公厅印发了《关于进一步加强东西部扶贫协作工作的指导意见》，国务院扶贫开发领导小组制定了东西部扶贫协作考核办法。习近平多次深刻论述东西部扶贫协作和对口支援工作的重要意义，并就做好这项工作提出很多具体要求，为全面打赢脱贫攻坚战提供了重要遵循。闽宁协作数十载，两省区迈向全方位深度合作，帮扶形式不断丰富，协作领域不断扩大，合作平台持续拓展，为东西部协作注入新内涵、新动能。在“闽宁模式”的示范下，我国形成多层次、多形式、全方位的扶贫协作和对口支援格局。西部地区特别是民族地区、边疆地区、革命老区、集中连片特困地区贫困程度深、扶贫成本高、脱贫难度大，是脱贫攻坚的短板。东西携手，让政府、社会、市场协同推进的大扶贫格局更加完善，跨地区、跨部门、跨单位、全社会共同参与的多元主体的社会扶贫体系更加完善，对如期完成脱贫攻坚任务发挥了重要作用。如今，在推进全面脱贫与乡村振兴有效衔接中，闽宁合作这场跨越时空的山海情缘正不断续写新篇章。

■ 总结提升建议

第一，总书记的“山海情”彰显了坚持以人民为中心的发展思想和为人民谋幸福的一以贯之的价值追求。坚持在发展中保障和改善民生，如期打赢脱贫攻坚战，体现了中国共产党全心全意为人民服务的根本宗旨和人民立场。带领人民创造美好生活，是我们党始终不渝的奋斗目标。以人民为中心是我们党的根本执政理念，习近平总书记指出，让人民生活幸福是“国之大者”。总书记跨越 2 000 多公里的“山海情”隽永绵延。几十年中，习近平四次到西海固考察，五次出席闽宁对口扶贫协作联席会议，精心调研、科学谋划、全力推动，倾注了大量智慧和心血，成就了东西部对口扶贫协作帮扶的“闽宁模式”，推动“闽宁协作”形成了“联席推进、结对帮扶、产业带动、互学互助、社会参与”五项援助协作机制，实现从单向扶贫到全领域、多层次、广覆盖的深度协作。总书记的“山海情”展现的是“我将无我，不负人民”的浓浓为民情怀。从向全党全国发出脱贫攻坚动员令到精准扶贫理念的提出，从“小康不小康，关键看老乡”的深刻认识到实现脱贫攻坚、消除绝对贫困、全面建成小康社会，系统呈现了中国共产党人对社会主义共同富裕本质的不懈追求，深入刻画了中国共产党人最真切的人民情怀。

第二，打赢脱贫攻坚战，消除绝对贫困，是全面建成小康社会的底线任务，是必须抓紧抓好的第一民生工程。消除贫困、实现共同富裕是社会主义的本质要求，是党的根本宗旨的重要体现，是党和政府的重大责任和重要使命。脱贫攻坚是党的十九大提出的重大政治任务，也是切实保障和改善民生的关键所在。完成脱贫攻坚、全面建成小康社会的历史任务，实现第一个百年奋斗目标，是新时代我们经历的对党和人民事业具有重大现实意义和深远历史意义的大事之一。解决发展问题、改善民生是党的第一要务。坚持在发展中保障和改善民生，是新时代坚持和发展中国特色社会主义的基本方略之一。因为苦到极致，“西海固”成为中国贫困的一种标志和象征。西海固能否如期脱贫、与全国一道迈入全面小康社会，举世瞩目。在中国共产党的坚强领导下，在习近平的殷殷关怀下，在“闽宁模式”的带动下，曾经“苦瘠甲天下”、被联合国粮食开发署确定为“最不适宜人类生存的地区之一”的西海固打赢了脱贫攻坚战，挥手告别昔日的“世界级贫困”，跳出了生态危机与生存危机的恶性循环，跳进了期盼已久的全面小康社会，人民的获得感、幸福感、安全感不断增强。实现脱胎换骨“蝶变”的西海固，走上产业兴旺、生态宜居、乡风文明、治理有效、生活富裕的乡村振兴之路，见证了“全面小康路上一个也不能少”郑重承诺的如期兑现。

第三，西海固脱贫的实践成就充分证明中国特色社会主义制度优势是打赢脱贫攻坚战的根本保障。中国特色社会主义制度“优”在党的集中统一领导，“优”在能够集中力量办大事，“优”在坚持人民至上的价值取向和以人民为中心的发展理念。“中国贫困之冠”的西海固如期脱贫，得益于闽宁两地干部群众的通力协作，得益于脱贫攻坚战不获全胜不收兵的“啃硬骨头”劲头，更得益于以习近平同志为核心的党中央的领航掌舵。西海固战贫史，是中国特色社会主义制度优势与威力的综合体现。清光绪年间，陕甘总督左宗棠在给皇帝的奏折中悲鸣：“臣辖境苦瘠甲天下，要求各省协济，不然，无所尺寸仰仗。”但积贫积弱的清政府却无能为力！事实证明，各省协济，只有中国共产党领导的新中国才能真正实现。东西部协作和对口支援是我国贫困治理的一项特有制度安排，是在中央政府的要求下，地方政府间形成的一种制度性集体行动。早在 1982 年，国家就启动了“三西”（甘肃定西、河西，宁夏西海固）专项扶贫计划。这是中央直接规划、组织的首个区域性扶贫项目，拉开了我国有计划、有组织、大规模扶贫开发的帷幕。西海固开发扶贫堪称中国特色扶贫开发道路的重要起点。东西部协作和对口支援制度实质是中国共产党领导的区域协调发展、协同发展、共同发展政策。东西合作，优势互补，举国同心，合力攻坚，尽显我国国家制度和国家治理体系坚持全国一盘棋、集中力量办大事的显著优势，汇聚起上下同心、攻坚克难的磅礴伟力，以苦干实干创造出彪炳史册的人间奇迹。从最初的资金帮扶、劳务输出、产业合作，逐步到发展模式的借鉴，闽宁牵手几十年，为西海固脱贫和经济社会发展提供了源源不竭动力，成为彰显中国强大制度优势的一个绝佳范例。

第四，西海固脱贫的实践成就充分证明中国特色反贫困理论是指导打赢脱贫攻坚战的制胜法宝。反贫困始终是古今中外治国安邦的一件大事。中国为什么能创造人类减贫史上的伟大奇迹？在2021年2月25日召开的全国脱贫攻坚总结表彰大会上，习近平发表重要讲话，首次提出“中国特色反贫困理论”，揭秘了中国脱贫攻坚战的制胜法宝。习近平以“五个靠”“七个坚持”高度概括阐释脱贫攻坚取得举世瞩目成就的原因。“五个靠”，即“靠的是党的坚强领导，靠的是中华民族自力更生、艰苦奋斗的精神品质，靠的是新中国成立以来特别是改革开放以来积累的坚实物质基础，靠的是一任接着一任干的坚守执着，靠的是全党全国各族人民的团结奋斗”。“七个坚持”，即坚持党的领导，为脱贫攻坚提供坚强政治和组织保证；坚持以人民为中心的发展思想，坚定不移走共同富裕道路；坚持发挥我国社会主义制度能够集中力量办大事的政治优势，形成脱贫攻坚的共同意志、共同行动；坚持精准扶贫方略，用发展的办法消除贫困根源；坚持调动广大贫困群众积极性、主动性、创造性，激发脱贫内生动力；坚持弘扬和衷共济、团结互助美德，营造全社会扶危济困的浓厚氛围；坚持求真务实、较真碰硬，做到真扶贫、扶真贫、脱真贫。理论源于实践。西海固脱贫攻坚战的胜利，让我们读懂了中国脱贫攻坚密码。在习近平的指导下，在中央的直接关心、福建的对口支援和宁夏各级党委政府的领导下，西海固人民鼓起勇气向一切致贫魔咒宣战，探索了中国式扶贫、促进共同富裕的有效途径，不断摸索出可复制可推广的经验。“帮扶为基、共赢为本”。闽宁两省区持续了数十载的“山海情”未了，总书记的“山海情”更深！

■ 启示意义

第一，中国的政治优势和制度优势，可以把一个个“不可能”变为“可能”，可以不断创造中国奇迹。研究中国问题的世界观察家们有种较为普遍的感觉：中国共产党是一个愈挫愈奋的政治组织，具有不断创造出传奇业绩的神奇力量。中国奇迹的创造源于中国共产党领导，而根植人民是中国共产党力量的源泉。西海固战贫史，是中国共产党坚定不移为了人民、依靠人民、服务人民的历史。几十年来，扶贫开发不断深入，扶贫形式不断丰富，扶贫手段不断更新。而尽最大努力，让百姓摆脱贫困威胁的意志坚如磐石，从未改变；上自中央下至百姓的接续奋斗，从未止息。2016年7月，习近平总书记在东西部扶贫协作座谈会上强调：“东西部扶贫协作和对口支援必须长期坚持下去。”“这在世界上只有我们党和国家能够做到，充分彰显了我们的政治优势和制度优势。”回望西海固脱贫之路，再次印证了习近平总书记所说的：“只要我们坚持党的领导、坚定走中国特色社会主义道路，就一定能够办成更多像脱贫攻坚这样的大事难事，不断从胜利走向新的胜利！”新时代中国青年应该自觉坚定“四个自信”，为实现中华民族伟大复兴的中国梦而奋斗。

第二，伟大事业孕育伟大精神，伟大精神成就伟大事业。摆脱贫困是一个同自然抗争、跟人自身斗争的过程。贫困之冰，非一日之寒；破冰之功，非一春之暖。西海固地区的扶贫脱贫工作，发扬了钉钉子精神，锲而不舍，常抓不懈，绵绵用力，久久为功。西海固自20世纪80年代拉开扶贫历史大幕以来，历经数十年扶贫实践特别是党的十八大以来的奋力攻坚，在党的领导下，通过国家各项政策扶持，通过数百万干群倾力奉献，通过闽宁对口扶贫协作，彻底甩掉了贫困的帽子，从贫困走向富裕，从苍凉走向美丽，焕发新生，交出一份中国“脱贫奇迹”的西海固答卷，体现了“上下同心、尽锐出战、精准务实、开拓创新、攻坚克难、不负人民”的脱贫攻坚精神。当代大学生要赓续脱贫攻坚精神，团结奋斗，为把我国建成社会主义现代化强国奉献青春和力量。

案例 22

看“浙”如何做好“数”治答卷

核心阅读

数字化转型是一场刀刃向内的治理革命。从“最多跑一次”到数字化改革，“数字浙江”犹如江南烟雨般，浸润浙江千家万户的日常生活和社会治理的方方面面。特别是在新冠疫情这场大考中，浙江切实扛起了“三地一窗口”的使命担当，充分发挥数字政府、数字经济、数字场景的先发优势，构建了一套“精智化”现代治理体系，为全国提供了数字化治理与经济发展的创新经验。在国家网信办发布的《数字中国发展报告（2022 年）》中，浙江数字化综合发展水平位居全国第一，成为全国数字化治理的先行示范区。领先起步的“数字浙江”，在精彩的 2023 年杭州亚运会上向世界展示着，数字化不仅是一场广泛的技术革命，也是一场深刻的治理变革，是赢得发展和未来的关键之招。

“浙”，是中国革命红船的起航地；

“浙”，是中国改革开放的先行地；

“浙”，是习近平新时代中国特色社会主义思想的重要萌发地；

“浙”，是新时代全面展示中国特色社会主义制度优越性的重要窗口。

在国家所需、群众所盼、未来所向中，浙江扛起“三地一窗口”的使命担当，用数字前沿技术为社会治理赋能。特别是新冠疫情期间，浙江依托数字经济先发优势，因势而变，凭“智”出招，以数字赋能医疗、交通运输、公共服务等社会治理各领域，打造系统性的数字治理生态，为社会治理现代化贡献了浙江智慧和浙江力量。

数字化转型蓄力“先发优势”

从“数字浙江”到“最多跑一次”，浙江的政府治理数字化水平一直走在全国前列。预判趋势、抓住趋势，嗅觉灵敏的浙江从来都是“赶早集”。早在 2003 年，浙江就前瞻性地提出“数字浙江”建设理念，时任浙江省委书记的习近平作出了“八八战略”重大决策部署，提出：“数字浙江”是全面推进浙江省国民经济和社会信息化、以信息化带动工业化的基础性工程。

浙江省以“最多跑一次”改革撬动“互联网＋政务服务”，加速推进数据共享，以

“数据多跑路，百姓少跑腿”为目标，不断深化改革创新实践。2017年底，浙江全省“最多跑一次”实现率达到87.9%，群众办事满意率达到94.7%。2018年，“最多跑一次”改革被写入《政府工作报告》，向全国复制推广。

作为“新时代全面展示中国特色社会主义制度优越性的重要窗口”，浙江实现刀刃向内的“系统性、整体性、协同性”数字化转型，充分发挥数字政府、数字经济、数字场景的先发优势，集成“城市大脑”。杭州是讲述“数字浙江”建设绕不开的城市。2003年4月在杭州调研时，习近平赋予“天堂”杭州新的内涵：过去是“风景天堂”“西湖天堂”，下一步是“硅谷天堂”“高科技天堂”。领先起步的“数字浙江”，在2023年杭州亚运会上得到了精彩验证。

2022年，国家网信办发布的《数字中国发展报告（2022年）》显示，浙江数字化综合发展水平位居全国第一。拥有数字化改革和数字经济先发优势，浙江通过数字技术实现百姓美好生活：截至2023年11月，浙里民生“关键小事”智能速办应用，涵盖了出生、入学、就业、生活、救助和养老等个人全生命周期6个阶段50件“关键小事”；“浙里基本公共服务”应用，汇聚2.3亿条多维人口数据，14.66万个公共服务设施的布局、规模、服务能力，服务超1 000万人次。

数字赋能“智”斗疫情

在新冠疫情大考中，浙江依托数字化治理积累的经验和优势，先发制“疫”，因势而变，凭“智”出招。

2020年2月11日，“杭州健康码”上线，“健康码”经验也在一周内迅速向全国200多个城市推广。2月14日，浙江省健康码启用。2月18日，浙江率先与全国一体化政务服务平台对接，并在全国率先完成支付宝“健康码”全覆盖。3月14日，健康码“国际版”上线，对境外入浙人员实行精准管控。在2020年疫情防控初期，浙江省健康码系统累计调用5.24亿次，峰值并发量达到每秒6 203次，响应时长不超过400毫秒。精准赋码、秒速亮码，展现出浙江数字技术和数字化治理的深厚实力。

健康码的背后，离不开浙江精密智控数字治理体系的顶层设计。浙江运用大数据、人工智能等数字技术，首创以“一图一码一指数”为核心的精密智控体系。“一图”即浙江首创的“五色疫情图”，对各县（市、区）疫情进行风险评估，分区分级制定差异化防控策略；“一码”即浙江首创的健康码，用于精准识别风险人群；“一图一码”的应用实效体现为“一指数”，即管控指数与畅通指数，呈现经济社会领域的复苏程度，为统筹推进疫情防控和复工复产提供了准确识变、科学应变、主动求变的决策依据。

在疫情防控的三年时间里，浙江以精密智控的数字治理体系为抓手，不断运用大数据技术，推动数字防疫场景应用：金华市深度融合健康码与留学生管理App，实现外籍留学生全程在线管控；衢州市打通健康码与“农技110平台”，推出“健康码·春耕礼包”，春种物资直达农民家门口，春耕、防疫两不误；温州市“金融大脑”汇集56个政府部门、33万家企业以及相关金融机构的数据，提供实时预警风险，在疫情防控期间共排查处置360余条风险线索。

得益于精准高效的数字化治理和底蕴深厚的产业基础，浙江既有效防控了疫情又加快了复工复产的步伐。疫情发生后，浙江成为全国第一个规模以上工业企业复工率超过90%的省份，数字经济百家重点企业快速实现复工复产。

数字化治理全方位延伸

在全面推进社会治理现代化改革的进程中，浙江逐渐将数字化治理向经济社会各领域渗透，逐步推动数字化治理全方位融入经济社会全过程。

在医疗救助方面，浙江加大互联网、大数据、人工智能等数字技术的运用力度，通过线上医疗为群众就医提供便利的就诊服务，有效扩大了诊疗的覆盖面。早在2022年，浙江全省可提供互联网医疗服务的医疗机构就将近400家，高峰期在线医务人员达4万人。依托互联网医院平台，浙江省搭建线上医疗体系，并将在线诊疗纳入医保，引导普通患者进行线上咨询问诊。浙江企业也积极开发线上医疗服务。阿里健康在支付宝、淘宝App推出了“在线义诊”服务，刚推出24小时内页面累计访问用户数就将近40万，每小时平均有近3 000人发起在线咨询。

在远程办公方面，浙江省企业积极推进数字化转型，开发e签宝App，为企业远程推进业务和管理员工提供了解决方案。在企业人才流动的高峰期，运用电子签名，企业可以与新员工远程签署劳动合同，让人事管理更高效。2022年，央视二套《正点财经》栏目报道了浙江数字化技术提升了企业办公效率，重点关注了e签宝为全国中小企业提供免费的电子合同签署服务，助力企业远程办公。

在民生服务方面，浙江加速构建智慧便捷、公平普惠的数字化服务体系。如今，浙江网民有事先打开“浙里办”。这款App已成为展现政府形象的金字招牌。2024年7月，全国首个省、市、县一体化在线政务服务平台“浙里办”迎来10周岁。10年来，超过1.2亿用户实名注册，每天300万以上人次登录办理业务；集纳政务服务3 600余项，汇聚便民惠企服务2 000余条；甚至有人在它上面找对象、查论文数据，让它频频登上各大平台热搜榜……“浙里办”的改革探索，为各地创新政务服务提供了借鉴。

“浙里办”以“关键小事”推进政府职能转变，务实理念值得推广。“千头万绪的事，说到底是千家万户的事”，为人民做好每一件小事，政务服务就没有难事。从出生户籍到教育就业，从生活服务到衣食住行，日常生活可能遇到的大麻烦、小事情，都可以在这个平台找到答案。这背后是转变政府职能的理念创新，是“放管服”改革的模式创新，更是打造24小时“不打烊”网上政府的孜孜努力。

思考讨论

1. 浙江的社会治理数字化水平一直走在全国前列。浙江如何把在数字化转型方面取得的先发优势转化为强大的治理效能？

2. 为什么说数字化转型是城市治理体系和治理能力现代化的必由之路？

3. 浙江在数字化改革中一系列的先行实践为省域治理体系和治理能力现代化走出了新路，这对其他省份数字化治理有哪些启示意义？

教学建议

本案例主要适用于第十一章第三节“在共建共治共享中推进社会治理现代化”部分的辅助教学。案例主要展示的是浙江以数字化治理推进社会治理的改革与创新，以数字赋能疫情防控、公共服务等经济社会发展各领域，从而提升社会治理效能，推动社会治理现代化的创新性实践。

组织教学建议

第一，在开展案例教学前，引导学生把握“社会治理现代化”的基本内涵。现代国家治理体系包括政府治理体系、市场治理体系和社会治理体系，三者是一个统一的整体，相互协调，密不可分，共同支撑着整个国家现代化的大厦。社会治理现代化是整个国家治理现代化的重要方面，没有社会治理的现代化，就没有国家治理的现代化。社会治理现代化必须坚持以习近平新时代中国特色社会主义思想为指导，推进社会治理理念现代化、社会治理工作布局现代化、社会治理体制现代化、社会治理方式现代化、社会治理能力现代化，使社会治理体系基本健全、社会治理能力明显提升、社会风险有效化解、社会生态得到优化，确保平安中国建设不断取得重大进展，切实增强人民群众的获得感、幸福感、安全感。

第二，引导学生通过阅读案例文本了解浙江数字化建设的主要举措。从习近平提出的“数字浙江”战略，到“最多跑一次”的政务服务改革，再到杭州集成“城市大脑”，可结合央视新闻联播专题报道《浙江：数字赋能城市治理 让城市更智慧》引导学生了解浙江深厚的数字技术和数字化治理经验。浙江率先推出健康码并推广全国，首创“一图一码一指数”精密智控体系，以数字化赋能疫情监测和复工复产，数字化治理在医疗、交通运输、公共服务等各领域发挥了积极作用，成为社会治理现代化的助推器。

第三，引导学生认识和把握社会治理现代化的重要意义。社会治理是社会建设的重要组成部分，推进社会治理现代化是实现国家治理现代化的关键一环。社会治理是多元社会主体共同参与的活动，旨在规范和维持社会秩序、预防和化解社会矛盾、维护社会稳定、保障国家和社会安全、促进社会公平正义、协调社会关系、增进社会和谐、激发社会活力、推动社会进步。社会治理有效，才能使社会有序运转、国家大治安宁、人民安居乐业，为经济、政治、文化、社会、生态文明等各方面发展创造良好的环境。社会治理既是国家整个现代化建设的重要内容，也为其他方面现代化建设提供保障和基础。

第四，引导学生总结浙江数字化防疫给社会治理现代化带来的经验。一是政府必须尽早实现数字化改革。只有不断积累数字化技术和数字化治理经验，才能在面对应急突发事件时发挥先发优势，充分激发治理效能。二是推进社会治理现代化，离不开数字治理体系的顶层设计。借助于大数据、人工智能等信息技术完善社会治理现代化体系，浙江的精密智控体系机制为科学精准打赢疫情防控阻击战和经济社会发展总体战提供了可靠的决策依据。三是社会治理现代化需要多方协同发力，根据自身特点和优势不断进行探索和创新。

例如浙江各市县就充分把精密智控体系运用到农业、金融等各领域，实现数字化改革创新。

■ 总结提升建议

第一，社会治理现代化是国家治理体系和治理能力现代化的题中之义，而数字化治理是推进社会治理现代化的重要抓手。政府治理体系、市场治理体系和社会治理体系共同支撑着整个国家现代化的大厦。没有社会治理的现代化，就没有国家治理的现代化，社会治理体系和治理能力是国家治理的一个重要方面。在大数据时代，数字技术成为助力城市发展、提升社会治理水平的重要现代化工具，数字治理成为社会治理现代化的有效手段。习近平在考察浙江时指出“让城市更聪明一些、更智慧一些，是推动城市治理体系和治理能力现代化的必由之路”，表明社会治理现代化需要发挥数字技术的优势来提升治理效能。从“数字浙江”到“最多跑一次”再到“城市大脑”，浙江的治理数字化水平位居全国前列。面对疫情防控遭遇战、阻击战，浙江发挥数字化治理的先发优势，通过数字赋能与精密智控提高社会治理效能，为社会治理现代化提供了示范与参考。

第二，推动顶层设计和基层探索良性互动、有机结合，是提升社会治理现代化水平的重要途径。一方面，构建数字治理体系，政府部门的宏观规划和政策推动发挥了至关重要的作用。顶层设计指明了数字治理的发展方向，通过在政府层面制定和发布数字改革规划，提出社会治理建设的实现目标。另一方面，加强数字治理体系建设需要各地方协同发力，结合自身的优势与特点对数字治理进行创新与实践。在数字化治理过程中，浙江省创新推出以“一图一码一指数”为核心的精密智控体系，为疫情防控和经济社会发展提供了决策依据。浙江各市县根据自身优势不断运用大数据等新技术，推动数字场景应用。金华、衢州、温州等地结合自身实际需求，在人员管理、农耕生产、金融服务等领域深度融合精密智控体系，协同互动，有力促进了疫情监测防控和社会各行业复工复产。

第三，传递“民生温度”，持续提高人民群众的获得感、幸福感、安全感，是社会治理现代化的出发点和落脚点。社会治理现代化的根本目标是满足人民日益增长的美好生活需要。习近平明确指出，“要贯彻好党的群众路线，坚持社会治理为了人民”。疫情防控既是检验我国当前治理体系和治理能力的一次大考，也是推进国家治理体系和治理能力现代化的一堂大课。推进国家治理体系和治理能力现代化，既需要牢牢把握好政府负责这个前提，也需要把握好以人民为中心的发展思想，不断满足人民对美好生活的向往。浙江省在全面推进数字化治理的过程中，始终把人民群众的生命安全和身体健康放在第一位，凭借数字化治理的深厚底蕴，不断提高群众和企业对数字化的理解程度，科学精准地打赢一场疫情防控的人民战争。此外，浙江基于城市数字化治理，全面实现社会服务创新发展，通过线上医疗、快编转运管理系统、e签宝电子签名等为人民群众和中小企业切实解决了疫情期间医疗、交通运输、公共服务等领域的难题，不断满足人民的需求。

第四，建设公平规范的数字治理生态是实现社会治理现代化的重要保障。数字治理生态是以系统思维理解人类社会的数字化转型，强调治理体系的系统化。传统治理体系具有“规定性、确定性、稳定性”特征，但并不能满足数字时代的治理需求。因此，如何构建

“系统性、整体性、协同性”的治理框架，是以数字化改革推动治理能力现代化的关键。党的二十大报告提出完善信息化支撑的基层治理平台。浙江的数字化改革催生了发展新动能，激发了社会活力。一方面，以数字技术赋能政府内部，实现刀刃向内的“系统性、整体性、协同性”数字化转型；另一方面，多类治理资源和多元治理主体共同构成的数字治理生态逐渐成形，推动数字化改革不断深化。浙江以数字治理为纽带，推进医疗、交通运输、公共服务等方面实现应用场景数字化转型，织就了一张全方位、多领域的数字智网。浙江打造数字治理生态，是适应信息化时代的理性抉择，也是推进社会治理现代化的必由之路。

■ 启示意义

第一，系统观念是走向国家治理现代化及中国式现代化必须始终坚持的方法。国家治理现代化是一项战略性、系统性工程，不仅包含党和国家事业发展中的全局性和根本性问题，还包含经济、政治等多个治理领域，需要各领域各方面统筹谋划，处理好各要素间的关系，才能充分发挥国家治理功能，有力地推动全面建设社会主义现代化事业的发展。作为一个有机整体，中国式现代化需要各个领域的协调配合，形成合力、协同推进。国家治理的系统性决定了坚持系统观念的必然性。浙江的数字化治理能够走在全国前列，归根到底是形成了完整的数字治理的系统，通过系统观念环环相扣、层层推进社会治理现代化。

第二，以数字化治理推进社会治理现代化要紧贴实际、确保实用和务求实效。将数字技术与社会治理现代化相融合，持续提高社会治理效能，已成为新时代社会治理发展的重要方向。但不同地区在经济发展水平、资源禀赋、治理基础以及干部群众数字素养等方面都存在较大差异，因此制定相关策略，需要充分考虑地方实际，确保数字化赋能社会治理现代化取得实效。浙江数字化治理成功的秘诀，就在于它充分考虑到了本地实际，坚持问题导向，增强问题意识，聚焦具体实践中遇到的新问题、改革发展稳定中的深层次问题以及人民群众急难愁盼的问题等进行改革创新，让社会治理成效惠及广大人民群众。同时它还坚持协同衔接，力求“实效”，建立起完善有效的跨层级、跨区域、跨部门工作机制，打通各种“数字壁垒”和“数字梗阻”，推动了整体治理与数字治理的有机融合。

案例
23

"和邻友约"治理法，"绣"出海曙好"枫景"

核心阅读

在坚持和发展新时代"枫桥经验"的道路上踏浪前行，宁波市海曙区走出了一条"和邻友约"的特色治理之路。"和邻友约"治理法，以"五最党建"为引领、"五社联动"为依托、"四治融合"为路径、"四方赋能"为支撑，擘画出党政主导、社会参与、协同发力的治理图景，形成共绘"和"谐底色、共推睦"邻"自治、共享"友"好服务、共守良法公"约"的良好治理氛围。2023 年，海曙区约 70%的矛盾纠纷得以在村和社区层面闭环解决，接报有效警情数同比下降超 8%。海曙区获评"中国城市治理创新奖""全国市域社会治理创新优秀案例"，为"枫桥经验"在新时代的基层社区贯彻落实提供了海曙样本。

一道和谐、友善、睦邻、守约的"枫景"在浙江省宁波市海曙区徐徐铺开。

停车位怎么设置、微景观如何改造、垃圾点建哪里、楼上住户漏水怎么办……小区里这些司空见惯的难题，有没有大家共同认可的"解法""流程"，是否有人断得了这些"家务事"，是最为居民们关心的问题。

作为长三角地区的中心城区，海曙区在社区治理方面面对的最大难题就是居民参与积极性不高。为达到优质化的治理诉求、精准化的治理要求，宁波市海曙区 2020 年起推出以"和"谐底色、睦"邻"自治、"友"好服务、良法公"约"为主要内容的"和邻友约"治理法，推进城市社区治理协同化，创新城市社区治理体系。"和邻友约"治理法为强化城市造血功能、满足群众多样需求、精准对接服务工作、有效推进多元参与提供了海曙样本。

"和邻友约"以"5544"工作法为支撑，这四个数字诠释了何谓"和邻友约"。

第一个"5"即是把党的领导贯穿基层治理全过程，在最薄弱、最复杂、最困难、最细微、最前沿处抓党建的"五最党建"。在红色旗帜引领之下，"枫桥经验"才能彰显强大的生命力。唯有增强基层党组织的政治功能和组织功能，才能推动基层组织体系与基层治理体系深度融合。

第二个"5"代表着以城乡社区为平台、社会组织为载体、社会工作者为支撑、社区志愿者为辅助、社区公益慈善资源为补充的“五社联动”模式，以此构建友好型现代邻里关系。

推进基层自治、德治、法治、智治深度融合，这便是第一个“4”——“四治融合”。其中，无论是浙江省“141”基层治理体系、“大综合执法一体化”，还是各类群防群治品牌等，都为打造中国式基层治理现代化的海曙样板添力。

第二个“4”是以变革赋能、文化赋能、人才赋能、数字赋能增强基层社会治理驱动力的“四方赋能”。怎么赋能？改革优势可以转化为治理效能，文化能够成为社会治理的工具和路径，卓越人才支撑卓越治理，数字化改革推动基层治理水平跃升。

以“和”为底色 打造社区治理联盟

“万物各得其和以生”中的“和”，有一起之义，海曙区以“和”为底色，打造社区治理联盟。海曙区通过构建党建联建工作图谱，制作“组织全域融合、资源全景亮显、需求即时感知、问题靶向破解”的“活地图”，为全面整合治理资源、有效回应群众需求、精准破解治理难题与民生小事提供指南。海曙区打破传统条块分割、封闭运行的壁垒，以 1 个镇街村社党组织为中心，加上“X”个机关、企事业单位，将辖区内关系互不隶属、层级高低不同、领域多元多样的成员单位组建为“1+X”党建联建体系，社区党委组织来自物业、业委会、社会组织等骨干力量。

2023 年，海曙区带动 3 320 家机关、企事业单位深度参与村社治理，解决了跨部门协作难、融合性差等治理难点。海曙区已有 2.2 万余名党员认领了 9 000 余个岗位，带动 10 万余名群众深度参与基层治理，“党建引领、党员示范、人人参与”蔚然成风，“有困难找组织”深入人心。如通过组建高山巡回医疗队，为全区 18 个高山村、7 300 余名群众提供医疗问诊等服务，年均解决服务需求 1.6 万项。

截至 2023 年，海曙区组建了 105 个社区治理联盟，登记备案的社会组织已经有6 621 家，其中 2/3 以上由党员领衔，探索推出共富基金、校地共建、党建统领分区共创等模式。全区每万名户籍人口拥有 102 个社会组织，无论是总量还是人均拥有量、参与率都远超全国平均水平。

以“邻”为本色 推进治理单元下沉

“邻”引申为邻里，有接近之义，古有五家为“邻”之称，海曙区以“邻”为本色，改变传统治理模式，缩小治理单元。海曙区通过社会治理和服务重心下移、资源下沉，打造“邻舍家”自治平台，推出了“邻舍家·小区居民自治服务站”自治模式，首创“零星房屋管理难题”破解模式，创新“信托制”“半物业半自治”治理方式，有效化解小区基础薄弱、历史欠账多、治安隐患多、物管障碍多等难题。“邻舍家”自治理事会是小区“7 类事”治理小组，采用“7+X”（7 名常任理事和 X 名热心群众）组织模式，发挥小区“邻里小纠纷、民生小问题、政策小知识、信息小平台、工作小建议、监督小职能”的自治功能，疏通了社区治理的“末梢微循环”流动系统。

海曙区依托 200 多个“邻舍家”自治理事会，通过“日值班-周走访-月活动-季分析-年亮晒”的运作机制，配合社区专职社工以秘书长身份参与小区公共事务，以解决邻里烦心事为重点，推动“群众的事群众商量着办、群众的事群众参与着办”。2023 年累计协商解决问题近6 000个。依托“邻舍家”自治阵地，“和邻友约”治理法有机串联起政府、党员群众、社会组织等多元治理主体，形成“以城带乡、共建共享”的基层治理新格局。

以“友”为成色 推动治理精准分类

“凡气类合同者皆曰友”，“友”具有相同类别之特质，是分类治理的前提，海曙区以“友”为成色，共享“友好服务”，推动治理精准分类。

海曙区城乡共生、村社并存。2023年，海曙区融合全区30个部门、17个镇（乡）街道的社会治理工作经验，根据农村基层民主自治实际，打造出全新善治单元“和邻小院”。“和邻小院”不是封闭的院子，而是按照微网格划分，从村里美丽庭院创建示范户中挑出民情联络员6户，以他们家里的院子为基础打造而成，向全村村民开放。村民们闲暇时可坐下聊聊，如果有问题和矛盾，就在这里让民情联络员协调。不仅如此，小院里还定期召开网格议事会，村民对村里的建设和发展如果有意见建议，民情联络员就会及时向专职网格员反馈。截至2023年，海曙区网格员共走访巡查1 208万次，上报各类事件76万余起。

此外，海曙区还推动分类治理，理顺政务和居务清单，减轻社工和网格员政务服务的负担，实现“友好服务”。截至2023年，海曙区已建立区域公共服务中心15个，社工政务工作量较2022年平均减少40%，社工入户走访与服务小区的时间增加了一倍。在理顺社区和街道治权的基础上，全面梳理社区49个工作平台、157个办事事项，将30个平台、50个事项上浮至区域公共服务中心集中办理，实现了精准分类的目标。段塘街道通过分类整合的3个区域公共服务中心，实行了“一门受理、综合服务、区域通办”的全岗通模式，承担了原社区政务80%的工作量。

以“约”为特色 激活多元治理力量

“约，缠束也”，含共同议定之义，多元治理力量源于共同商议，海曙区以“约”为特色，推出地方共商治理模式。海曙区秉承“和谐友善·睦邻守约”内涵，注重构建服务、互助、友爱的邻里关系，树立立约、传约、守约的治理新风，在“枫桥经验”中合力搭起属于海曙的那座“桥”。

为促进多元主体联动应对社区治理难题，海曙区打造以社区、社会组织、社会工作者、社区志愿者、社区公益慈善资源为一体的“五社”新型治理机制。唤醒村规民约、居民公约，创新“开放空间”民主协商议事模式，明确议事规则与议事原则，让“公约”苏醒。

为扩大议事空间，海曙区打造“邻里会”线上版，通过线上征集诉求反馈、线上参与公务协商、线上监督评价公开事项，让多元主体有效参与基层治理。不局限于自治，海曙区也创建法定协商衔接机制，使自治结果得到法定程序的认可。2023年，江厦街道一小区为应对屋顶漏水问题，通过“开放空间”民主协商议事模式，申请到政府专项债1 900万元，解决了39幢房屋的修缮问题，实现了居民有效参与基层社会治理。

海曙区“和邻友约”治理法，使新时代“枫桥经验”在基层社区得到成功体现。2022年全区共调处矛盾纠纷14 361起，成功率达99.8%。2023年，海曙区约70%的矛盾纠纷得以在村和社区层面闭环解决，全区接报有效警情数同比下降超8%。海曙区获评首届“中国城市治理创新奖”，荣获“全国市域社会治理创新优秀案例”。

思考讨论

1. “和邻友约”治理法旨在解决什么治理问题？如何诠释“和邻友约”的内涵？

2. 党的二十大报告提出“完善社会治理体系。健全共建共治共享的社会治理制度，提升社会治理效能”。请结合案例谈一谈，为什么要吸纳多元治理力量，健全共建共治共享的社会治理制度？

3. 海曙区的基层治理实践给其他城市和地区带来哪些可资借鉴的经验？

教学建议

本案例主要适用于第十一章第三节“在共建共治共享中推进社会治理现代化”部分的辅助教学。案例主要展示的是宁波市海曙区为完善基层治理体系，推出“和邻友约”治理法，党政主导、社会参与、协同发力推动共建共治共享的治理实践。

组织教学建议

第一，在讲授案例时可扩展关于宁波市海曙区社会治理“统分沉”的改革背景。2020年8月，海曙区以拥有2.89万居住人口、6个社区的“袖珍”型街道——月湖街道为试点，推进“统分沉”改革。由于街道面积小、人口少，海曙区将街道公共服务中心直接升级为区域公共服务中心，在13个小区建立居民自治服务站。社区治理“统分沉”改革就是功能资源统合、政务居务分类、治理重心下沉。“统”即加强党建统领，建立区域公共服务中心，上浮和整合原有分散式、碎片化的社区便民服务功能；“分”即让社区工作政务和居务分类，腾出更多人力资源投入网格治理工作和引导居民自治服务中，通过改革让基层社工政务工作量平均减少40%，入户走访时间增加一倍以上；“沉”即建立“邻舍家”小区居民自治服务站，搭建更加贴近实际的居民自治服务平台，打通服务居民的“最后一公里”。

第二，在讲到“5544”工作法时，可对其中内容予以适当展开。例如在提到“四治融合”时，要引导学生把握“四治融合”是推进基层治理现代化的重要途径，构建自治、德治、法治、智治相结合的基层治理体系，是推进国家治理体系和治理能力现代化的重要场域。要讲清楚“四治融合”推进基层治理现代化的核心在于激活基层治理活力，激发群众主动参与治理，这是基层治理的灵魂。再比如引导学生了解浙江省“141”基层治理体系建设的背景。“141”体系是浙江省在平安建设和社会治理领域打造的特色品牌，由“一中心四平台一网格”组成，即一个县（区）级社会治理中心、四个乡镇（街道）基层治理平台和一个村社网格。该体系旨在通过加强基层治理，提升社会治理精细化水平。

第三，在讲到案例中海曙区治理重心下移、资源下沉服务群众时，要引导学生认识与把握治理重心下移、资源下沉这一政策的发展历程。基层治理是社会治理的“最后一公里”，如果治理力量薄弱、服务供给不足，基层治理往往就会面临低效失效的挑战，直接影响群众的获得感、幸福感、安全感。推动治理重心下移，是基层治理现代化的现实需求。2017年，党的十九大报告明确提出“推动社会治理重心向基层下移”。党的十九大之后，多份重要文件陆续出台，全面回答了治理重心如何下移、下移什么的关键问题。2018年，《中共中央 国务院关于实施乡村振兴战略的意见》指出，“推动乡村治理重心下移，尽可能把资源、服务、管理下放到基层”；2019年，中共中央印发的《中国共产党农村基层组织工作条例》提出“构建权责相称、简约高效的基层管理体制”；2021年，《中共中央 国务院关于加强基层治理体系和治理能力现代化建设的意见》从操作层面对治理重心下移作出了更细化的布局安排。

第四，要引导学生了解“枫桥经验”的内涵。可让学生课下自行观看央视网专题片《坚持发展“枫桥经验”》来深入理解教学主题。教师需要讲清楚“枫桥经验”的三个发展阶段：20世纪60年代初，在毛泽东思想的指引下，枫桥创造了“发动和依靠群众，坚持矛盾不上交，就地解决，实现捕人少，治安好”的经验，即“枫桥经验”；改革开放以后，“枫桥经验”发展为“小事不出村、大事不出镇、矛盾不上交”，成为社会治安综合治理的典范、维护社会稳定的重要经验；新时代以来，基层社会治理工作形成了以“矛盾不上交、平安不出事、服务不缺位”为基本内涵的新时代“枫桥经验”。坚持和发展新时代“枫桥经验”，被写入《中共中央关于党的百年奋斗重大成就和历史经验的决议》之中。党的二十大报告提出，“在社会基层坚持和发展新时代‘枫桥经验’，完善正确处理新形势下人民内部矛盾机制”。给学生讲解“枫桥经验”的内涵，让学生把握新时代“枫桥经验”是推进中国式现代化的重要经验。

■ 总结提升建议

第一，不断完善基层治理体系，必须发挥党建引领制度优势，确保党的领导坚强有力、社会力量高效协同、群众全面参与。党的基层组织是社区治理的核心组织力量，基层党组织的领导能力能够确保国家治理和社会治理的制度优势转化为社区治理优势。城市社区治理应注重发挥党建引领的政治优势和组织优势，坚持正确的社会治理方向，在统筹协调、平台搭建等工作中体现党建引领的“高度、温度、精度”，确保社区党组织建设坚强有力。以基层党建引领城市社区治理现代化，建设上下贯通、执行有力的组织体系是关键。宁波市海曙区通过“和邻友约”治理法把党的领导贯穿基层治理全过程，在最薄弱、最复杂、最困难、最细微、最前沿处抓党建，并以1个镇街村社党组织为中心，加上“X”个机关、企事业单位，将辖区内关系互不隶属、层级高低不同、领域多元多样的成员单位组建为“1+X”党建联建体系，发挥了党建引领的制度优势。在红色旗帜引领之下，“枫桥经验”彰显了强大的生命力。

第二，尊重居民主体地位，发展全过程人民民主是完善基层治理体系的必然要求。提升基层治理能力与实现全过程人民民主有着内在一致性。全过程人民民主尊重人民的主体地位，强调治理参与主体、渠道、方式、内容的全面性。同样，城市基层治理体系的每一个环节都必须尊重社区居民的意志和主体地位。社区治理面临治理规模过大和治理资源稀缺的矛盾，不可避免地存在着基层服务不到位的情况。对此，需要重申基层自治组织属性，将社会力量吸纳进来，下沉基层社会治理单元，共同促进基层社会建设工作良好有序开展。海曙区依托 200 多个“邻舍家”自治理事会，以解决邻里烦心事为重点，推动“群众的事群众商量着办、群众的事群众参与着办”。“和邻小院”通过定期召开网格议事会，让村民对村里的建设和发展提出意见建议，民情联络员会及时向专职网格员反馈。“邻舍家”“和邻小院”充分尊重居民的主体地位，全面拓宽人民参与社会治理的渠道及方式。

第三，吸纳多元治理力量，健全共建共治共享的社会治理制度，是完善基层治理体系的应有之义。在城市基层治理中，随着治理重心下移和治理精细化，形成了以社区为单元的基层治理模式。社区是由多个独立空间小区组成的，不同小区居民之间缺乏共同的生活经验、情感联系和利益关联。因此，需要根据治理情境合理吸纳多元治理力量参与城市基层治理。党的二十大报告提出，“完善社会治理体系。健全共建共治共享的社会治理制度”。完善基层治理体系，应积极吸纳多元主体共同参与，畅通和规范群众诉求表达、利益协调、权益保障通道，建设人人有责、人人尽责、人人享有的社会治理共同体。推动治理从政府的“独角戏”向共奏“大合唱”转变。为促进多元主体联动应对社区治理难题，海曙区打造以社区、社会组织、社会工作者、社区志愿者、社区公益慈善资源为一体的“五社”新型治理机制。海曙区通过“邻里会”线上征集诉求反馈、线上参与公务协商、线上监督评价公开事项，让多元主体有效参与基层治理，构建人人有责、人人尽责、人人享有的社会治理共同体。“和邻友约”治理法有机串联起政府、党员群众、社会组织等多元治理主体，形成“以城带乡、共建共享”的基层治理新格局。

第四，推动治理重心下移、资源下沉是完善基层治理体系、实现社会治理现代化的重要途径。基层治理是社会治理的“最后一公里”，如果治理力量薄弱、服务供给不足，基层治理往往就会面临低效失效的挑战，直接影响群众的获得感、幸福感、安全感。推动治理重心下移、资源下沉是社会治理的必经阶段和必要手段。一方面，治理重心下移、权力下放，有利于提升基层办事效能。下放一定的权力，给基层松绑，激发基层办事的决心和动力，才能更好提升基层的办事效能。另一方面，资源下沉有利于提升群众的满意度。基层往往限于资源，没办法直接解决群众急难愁盼的问题，只有下放资源，才能让基层更好地服务群众，解决群众困难，让群众更为满意。海曙区推动分类治理，理顺政务和居务清单，减轻社工和网格员政务服务的负担，实现“友好服务”。海曙区通过建立区域公共服务中心，使社工政务工作量大幅度减少，与此同时，社工入户走访与服务小区的时间增加了一倍。在理顺社区和街道治权的基础上，海曙区全面梳理了社区工作平台与办事事项，将其放置于区域公共服务中心集中办理，实现了精准分类的目标。海曙区的做法给基层松绑，腾出更多人力资源投入网格治理工作和引导居民自治服务中，提升了基层的办事效能，也通过下放资源更好地服务群众。

■ 启示意义

基层治理不是“自上而下”的管控，也不是“单打独斗”的零敲碎打，而是共建共治共享的系统工程。只有党政主导、社会参与、协同发力，才能从更大程度上满足居民群众的需求。海曙区通过多年的实践探索，推出“和邻友约”治理法，以“五最党建”为引领、“五社联动”为依托、“四治融合”为路径、“四方赋能”为支撑的“5544”工作法，打通不同区域、部门之间的壁垒；加强党建统领，建立区域公共服务中心，上浮和整合原有分散式、碎片化的社区便民服务功能；让社区工作政务和居务分类，腾出更多人力资源投入网格治理工作和引导居民自治服务中；建立“邻舍家”小区居民自治服务站及线上服务平台，打通服务居民的“最后一公里”。

案例 24

“西城小哥”出圈，治理“末梢”变“前哨”

核心阅读

快递小哥，身如游移的哨兵，他们不是简单的物流配送者，而是城市治理中不可或缺的一环。北京市西城区激励引导快递员、骑手等新就业群体成为城市基层治理的参与者与贡献者。2019 年，习近平在慰问北京西城区的一个快递服务点时，对“快递小哥”给予“勤劳的小蜜蜂”的高度评价。西城区积极探索新业态新就业群体融入基层社会治理的新路径，锻造一支践行“红墙意识”、全心服务群众的“西城小哥”队伍。截至 2024 年，“西城小哥”中涌现出“全国优秀农民工”刘阔等杰出代表，同名广播剧在“学习强国”、央视网等平台播放量达 120 万人次。在走街串巷、送餐送货中，“西城小哥”主动化身为“警报器”“探照头”，逐渐发展成社区共建共治共享新格局的“鲜亮名片”。

在红墙之外的北京西长安街街道上，穿梭着一群“蓝卫士”：他们是来自美团和饿了么等的“骑手小哥”，穿梭在大街小巷，串联起百业千态，成为居民生活中“最熟悉的陌生人”。

“‘快递小哥’工作很辛苦，起早贪黑、风雨无阻，越是节假日越忙碌，像勤劳的小蜜蜂，是最辛勤的劳动者，为大家生活带来了便利。”2019 年 2 月 1 日，习近平来到北京市西城区大栅栏街道石头胡同的快递服务点，看望工作中的“快递小哥”。

西城区牢记总书记嘱托，积极探索新业态新就业群体融入基层社会治理的新路径。西城区以党建引领，强化关爱凝聚，不断创新基层治理方式方法，在离红墙最近的地方，逐步锻造了一支践行“红墙意识”、全心服务群众的“西城小哥”队伍，带动“小哥”共建美好家园，共享美好生活，推动构建人人有责、人人尽责、人人享有的社会治理共同体。

党支部建在“小哥”队伍中

奔跑在路上、工作在“云”上，这是“西城小哥”的常态，其中包括许多流动党员。如何及时有效地把党建工作嵌入新兴领域发展的全链条、各环节，让新就业群体融入基层治理，实现双向发展赋能？西城区的答案是“新就业群体党员在哪里，党组织就建在哪里”。

随着“西城小哥”队伍不断壮大，党组织在新兴领域的凝聚力、号召力、影响力也不断增强。在西城区委“两新”工委指导下，什刹海、新街口、陶然亭、月坛等街道纷纷成立了新就业群体党支部，以党建引导诚信自律、规范有序经营，保障“小哥”“冷可取暖、热可纳凉、渴能饮水、累可歇脚、伤可急救”。

2021年6月，新街口街道快递分拣中心党支部正式成立。新街口街道工委坚持党建引领，充分发挥快递分拣中心党支部“红色战斗堡垒”作用和党员“先锋骑手”的模范作用，为“小哥”提供工作生活学习便利的同时，引导他们踊跃参与志愿服务。什刹海街道鼓励快递从业人员到社区报到参与疫情防控工作；金融街街道成立美团黄、顺丰红、中通蓝三支志愿服务队，助力文明城区创建服务活动；大栅栏、广安门外街道快递员参与核酸检测志愿服务……

在陶然亭街道2.14平方公里的地域内，有顺丰速运、京东物流、中通快递、丹鸟物流等的快递站点，快递员多为“90后”“00后”青年。为了增强这一群体的归属感，街道成立快递行业临时党支部，鼓励流动党员主动亮明身份。“党组织和‘小哥’双向奔赴，不仅志愿服务深得人心，业绩也上升了。”陶然亭街道快递行业临时党支部书记每天都会利用晨会提醒大家帮助居民解决力所能及的小事。2023年，顺丰速运陶然亭分部营业收入明显提升，营业额由2021年的不足1亿元增至2.5亿元，“快递小哥”由160名增至近千名，服务满意率达98%。

截至2024年7月，“西城小哥”共有2 700余人，属地、行业、企业三方携手，以快递分拣中心、外卖站点为抓手，成立多个新就业群体党支部，选优配强党支部书记，充分发挥党员先锋作用，让党组织“扎根”、党员“归队”，带动企业网点融入属地党建工作。

党群组织传温暖

“骑手小哥”风里来雨里去，时常错过饭点，没处落脚休息，西城区从关心关怀入手，拓展服务阵地，以党群服务中心为枢纽，建立“暖心驿站”“小哥加油站”“小哥驿站”80余个，提供临时休息、手机充电、热餐、应急药品等服务，还为“西城小哥”量身打造用餐折扣券，提供10元午餐、5元咖啡、免费体检、免费理发等生活服务，解决“小哥”的实际问题。

在位于中国职工之家的“月坛小哥”服务驿站，每到饭点，就会有不少身穿蓝色、黄色工作服的快递员、外卖配送员进进出出，短暂歇脚后又穿进大街小巷。许多“小哥”因这里“饿了有热乎饭，累了能歇歇脚”，成为驿站的常客。

为了进一步搭建新就业群体交流平台，创新开展的“两新”（新业态新就业群体）组织体育嘉年华会邀请全区来自快递、外卖、物业、中介等各个行业的人员同场竞技，以赛会友。“西城小哥”服务月则汇集各职能部门和街道资源力量，为其提供暑期亲子营、单身青年联谊、美食大集、健康服务大集等活动项目。

此外，西城区依托“北京西城·高校发展联盟”，在“西城小哥”家属来京团圆之际，组织开展清华大学等高校专场亲子游学活动，为其子女立下百年清华凌云志。同时，西城区携手美团党委持续办好“袋鼠宝贝之家”，为“小哥”子女提供大病帮扶和课后托管支持，切实消除其后顾之忧，进一步增强“西城小哥”的城市融入感。

党群组织的温暖，点燃了“西城小哥”共同维护平安温馨家园的积极性，实现了党组织与“西城小哥”的双向奔赴。多问一句、多看一眼已成为“西城小哥”的一种习惯：在陶然亭街道，有的“小哥”遇到老人接收货到付款的高价快递时，便会多问几句，提醒老人小心诈骗；快递车上常会配备微型灭火器，便于发现火情时可以随时参与救援……“西城小哥”队伍成立之初，属地派出所对他们进行反诈、灭火、排查安全隐患等培训，“小哥们”“技能加身”，越来越专业。

“西城小哥”变身社会治理力量

随着“西城小哥”主动融入基层治理，如何固化联动机制、加强保障，真正实现城市治理“未诉先办”，成为西城区各街道需要解决的实际问题。

2021 年 12 月，月坛街道工委召集 100 多名“小哥志愿者”建立“月坛小哥”微信群，鼓励“小哥”在跑单送餐路上将发现的城市治理问题以“照片＋定位”的形式发到群里，形成“小哥发现问题—街道快速响应—部门处理问题—反馈办理结果”的闭环机制，通过开展“随手拍”活动积极引导“小哥”融入基层治理工作。

“机动车道防护栏倾倒”“小区消防通道被占用”“发现一处飞线充电”……越来越多的“小哥”参与到“随手拍”活动中。他们通过这一活动不仅能挣得积分，兑换生活用品，还让社区越来越好，得到居民们的“点赞”。“小哥们反馈的问题图片清晰、定位准确，极大地提高了解决问题的效率。”街道党群服务中心有关负责人表示。一条条信息，很快化为一条条指令，相关部门闻令而动，大多数问题都能在第一时间解决。

西城区聚焦党组织“起作用”这个关键，让“随手拍”活动在党建引领下，更好地反映城市治理问题，助力“未诉先办”模式在各个街道逐步推广，从而形成了新就业群体参与基层社会治理的生动实践。截至 2024 年 7 月，600 余名“小哥”参与“随手拍”活动，累计反映险情隐患问题 8 000 余条；750 名“小哥”发挥“流动宣传员”作用，助力第五次全国经济普查，累计有效摸排单位 300 余家。“西城小哥”中涌现出“全国优秀农民工”刘阔等杰出代表，同名广播剧《西城小哥》在“学习强国”、央视网等平台播放量达 120 万人次。

西城区还将新就业群体党组织纳入地区党建协调委员会成员单位，鼓励其为地区建设发展建言献策，发挥“小哥”党员直接联系服务群众的优势，带动广大群众参与“未诉先办”、平安建设、民生保供、为老服务等基层治理工作。在走街串巷、送餐送货中，“西城小哥”主动化身为“警报器”“探照灯”，逐渐发展成社区共建共治共享新格局的“鲜亮名片”。

思考讨论

1. 北京市西城区如何实现党组织与“西城小哥”的双向奔赴？

2. 党的二十大报告提出，“加强灵活就业和新就业形态劳动者权益保障”，“加强新经济组织、新社会组织、新就业群体党的建设”。请结合本案例，谈一谈加强新就业群体党建工作在社会治理中发挥着怎样的作用。

3.“西城小哥”的“出圈”为新业态新就业群体深度参与基层治理提供了哪些可以借鉴的经验？

教学建议

本案例适用于第十一章第三节“在共建共治共享中推进社会治理现代化”部分的辅助教学。案例主要展示了北京市西城区为提升城市基层治理水平，通过党建引领，强化关爱凝聚，引导新就业群体参与社会治理各个方面，构建党建引领多方参与、共同治理、充满活力的社区治理体系。

组织教学建议

第一，在讲授案例前，引导学生自行观看广播剧《西城小哥》。《西城小哥》共3集，每集30分钟，由北京广播电视台、中共北京市西城区委宣传部和西城区总工会共同出品。该剧立足推动新业态新就业群体融入首都超大城市治理新格局，紧扣快递、外卖等新就业群体助力党建引领基层治理这条主线，以“西城小哥”品牌故事为原型，通过对真实事迹的艺术加工，生动再现了区内某快递网点陶朗、孟章、晓宇等快递员与梁大爷、鲍珊、王阿姨等居民由收发快递引发的一系列动人故事，用情感力量打通基层民众生活，让当下青年学生产生情感共鸣。其中，北京市西城区快递员、“全国优秀农民工”刘阔真实人物的出演，是本剧的创新之处和特色亮点。刘阔用自己的亲身经历和真实感受为角色注入了更多的真实感，用实际行动诠释着“勤劳的小蜜蜂”精神。通过观看广播剧《西城小哥》，学生能更加深入地了解快递员这一新就业群体的辛劳和付出，从而更好地把握共建共治共享的社会治理理念。

第二，引导学生了解“西城小哥”的内涵及发展。2019年2月1日，习近平前往北京市西城区大栅栏街道石头胡同的快递服务点进行慰问，并对“快递小哥”给予“勤劳的小蜜蜂”的高度评价。这一事件成为“西城小哥”项目的重要背景与契机。此后，西城区通过属地、行业、企业三方携手，以快递分拣中心、外卖站点为抓手，逐步探索建立了多个新就业群体党支部。从最初的“陶然小哥”“月坛小哥”，发展为践行“红墙意识”的“西城小哥”；由以快递员、外卖配送员为主，拓展到涵盖中介、物业、餐饮、美发、家政、健身等行业的从业人员。“西城小哥”在党组织的带领下，在一件件微不足道的小事当中，不断凝聚听党话、跟党走的正能量，实现了党组织与“西城小哥”的双向奔赴。

第三，引导学生了解“西城小哥”主要代表人物及事迹。例如，刘阔是西城区顺丰速运的一名快递员。在疫情期间，他坚守工作岗位，主动冲在防疫第一线，为社区居民提供必要的快递服务，保障了居民的生活需求；他积极参与各类公益活动，用自己的实际行动践行社会责任，传递正能量；在北京冬奥会开幕式上，他作为护旗手传递五星红旗，展现了“西城小哥”的风采和担当。他因在工作中的突出表现获得了“全国优秀农民工”等荣誉称号。再如，顺丰速运快递员齐南南积极参与社区活动，获得北京“最美快递员”等荣誉称号。2019年2月1日，齐南南受到习近平的亲切慰问，并作为快递员代表于国庆节参加了庆祝中华人民共和国成立 70 周年群众游行。又如，京东物流营业点负责人胡建军在疫情期间宣传带动“快递小哥”注册“西城家园”志愿者，引导他们在配送过程中主动上报安全隐患，共同守护辖区安全，被评为物流优秀讲师、优秀站长等。

第四，引导学生把握新业态新就业群体党建工作在社会治理中的作用。“西城小哥”这一基层治理的创新，透露着“1＋1＞2”的巧思。一方面，“骑手小哥”走街串巷，工作半径与居民网格高度重合，堪比一个个“移动探头”。从无人收拾的垃圾到多天未拉开的窗帘，“小哥”可能比社区工作人员更早发现种种问题的迹象和情况。随手一拍，随时报告，大大缩短了相关部门解决问题的时间。另一方面，“骑手小哥”每天风里来雨里去，工作十分辛苦，相关部门依托分拣中心、快递点等场地建立服务驿站，保障大家“饿了有热乎饭，累了能歇歇脚”，有效提高了灵活就业群体的组织感和归属感。自从“西城小哥”加入，陶然亭派出所辖区治安环境明显改善，成为发案少、秩序好、群众满意的优秀社区。不少“小哥”自信心更强，萌生了积极向党组织靠拢的意愿。截至 2023 年 7 月，仅月坛街道已有 8 人递交了入党申请书，12 人向党组织提出入党申请意愿。

■ 总结提升建议

第一，坚持党建引领，充分发挥基层党组织的协调作用是实现社会治理现代化的根本保证。社区基层党组织是党的肌体的“神经末梢”，是贯彻落实党中央精神、贯彻执行上级党组织要求的战斗堡垒，在城乡基层治理体系中居于领导核心地位，能够统筹各方资源，协调各方力量，形成强大的治理合力。坚持党建引领，不仅要坚持党的领导不动摇，还要注重发挥党组织统筹社会各方力量的协调作用，积极引导社会各方面参与城乡社区治理，形成人人参与、人人尽责的良好局面。对待新业态新就业群体，北京市西城区坚持党建引领，强化关心关爱，充分发挥快递分拣中心党支部“红色战斗堡垒”作用和党员“先锋骑手”的模范作用，为“小哥”提供工作生活学习便利的同时，引导他们踊跃参与志愿服务，使他们在劳动中体现价值、收获认同、融入城市，争当“红墙先锋骑手”，实现了党组织与“小哥”的双向奔赴，逐渐形成新兴领域参与首都核心区基层治理的新格局。

第二，坚持以人民为中心，不断提高人民群众的获得感、幸福感、安全感，是社会治理现代化的出发点和落脚点。社会治理现代化的根本目标是满足人民日益增长的美好生活需要。推进国家治理体系和治理能力现代化，既要发挥政府的主导作用，确保政策制定与执行的高效和公正；也要树牢群众观点，深入基层、贴近群众，倾听他们的心声与诉求，确保各项措施能够精准对接人民群众的实际需要，使人民获得感、幸福感、安全感更加充实、更有保障、更可持续。西城区从关心关怀入手，以党群服务中心为枢纽，汇聚各方资源建立“暖心驿站”“小哥加油站”“小哥驿站”，为“小哥”提供临时休息、手机充电、热餐、应急药品等服务，还发挥区、街道、社区三级党建协调委员会的作用，开展体育嘉年华、“西城小哥”服务月、高校专场亲子游学等活动，不断满足新就业群体的美好生活需要，进一步增强“西城小哥”的获得感、幸福感、安全感，实现了党组织与“西城小哥”的双向奔赴。

第三，坚持共建共治共享，保障全体人民参与社会建设、社会治理的权利，维护全体人民享有社会治理成果的权益，是完善社会治理必须始终遵循的重要理念。共建是共同参与社会建设，要求突出制度和体系建设的基础性、战略性地位，是社会治理的基础；共治是共同参与社会治理，要求树立大社会观、大治理观，构建全民参与的开放治理体系，是社会治理的关键；共享是共同享有社会治理成果，要求社会治理的成效更多更公平惠及全体人民，是社会治理的目标。完善社会治理体系，推进社会治理现代化，必须坚持共建共治共享的社会治理理念。西城区通过党建引领，统筹政府、企业、社会组织及居民多方力量，共同为“小哥”提供政策支持、服务保障和互动平台，形成了强大的共建合力；“西城小哥”利用其独特的工作优势，积极参与社区治理，通过“随手拍”等方式及时上报社区问题，成为社区治理的“前哨兵”；西城区为“西城小哥”提供了“小哥驿站”等多种服务保障，确保“小哥”在参与社会治理的同时享受到应有的权益和关怀，使社区治理的成果更多惠及广大居民。

第四，创新基层治理方式方法是破解基层治理难题、构建社会治理新格局的重要抓手。方式方法是完善社会治理体系的重要内容，我们必须不断创新社会治理方式、途径和手段。基层治理作为社会治理的基石，其治理方式的创新对于推动社会治理现代化具有重要意义。随着社会的快速发展和变革，基层治理面临着诸多新挑战和新问题，因此，积极探索和实践符合时代特征、贴近群众需求的基层治理新模式、新方法，成为推动社会治理现代化的必由之路。西城区开展“随手拍”“捎带手”活动，发动“小哥”在跑单送餐路上将发现的城市治理问题及时上报，形成“小哥发现问题—街道快速响应—部门处理问题—反馈办理结果”的闭环机制，探索群众需求“未诉先办”模式。通过与街道、社区建立良好的合作关系，“西城小哥”能够充分利用在工作中的独特优势，帮助社区发现和解决问题。他们在为居民提供外卖和快递服务的同时，关注社区内的各种情况，及时上报治安、环境卫生等方面的问题。

第五，新业态新就业群体党建融入基层治理，是提升社会治理现代化水平的重要动力。新业态新就业群体党建是党建的新领域，是党的基层组织建设系统工程的重要组成部分。新业态新就业群体党建融入基层治理，其逻辑在于将新业态新就业群体党建同基层治理有机结合起来，使党建在新兴领域做到全方位的“有形覆盖”和“有效覆盖”，使服务对象变成治理力量，致力于形成共建共治共享的社会治理格局。北京西城区聚焦党组织“起作用”这个关键，通过开展“随手拍”活动积极引导“小哥”融入基层治理工作，更好地反映社区治理问题，助力“未诉先办”模式在各个街道逐步推广，从而形成了新就业群体参与基层社会治理的生动实践。在走街串巷、送餐送货中，“西城小哥”主动化身为“警报器”“探照灯”，逐渐发展成社区共建共治共享新格局的“鲜亮名片”。

■ 启示意义

党建引领新就业群体，推动“管理变量”转化为“治理增量”，是创新社会治理的重要途径。新就业群体作为社会新兴力量，其规模庞大、分布广泛，既是社会经济发展的重要参与者，也是社会治理中不可忽视的一环。党建引领能够确保这一群体在发展中保持正确的政治方向，同时，党组织的服务和协调能够增强新就业群体的归属感、责任感和使命感，使他们从被动的治理对象转变为积极的治理参与者。“西城小哥”这一新业态新就业群体参与社区治理的模式，正是在党的领导下，广大基层组织深入挖掘社会资源、精细化社会治理的一个成功案例，是社会力量参与社区治理的一个典型代表，展现了基层党组织引领社会力量的有效途径，为推进基层组织设置和活动方式的创新、深化组织建设和群众工作的融合发展提供了丰富实践经验。

案例 25

数字时代网络安全隐患何时休

核心阅读

近年来，网络安全问题不断凸显，涉及事例从网络黑客贩卖个人信息导致准大学生遭遇电信诈骗致死，到席卷全球的WannaCry勒索软件的肆意攻击；从滴滴公司因存在危害国家数据安全、侵犯个人隐私等违法行为被罚80.26亿元，到网络安全审查办公室对中国知网启动网络安全审查，再到中国西北工业大学遭美国国家安全局（NSA）网络攻击。网络黑客、电信网络诈骗、侵犯公民个人隐私、危害国家信息安全等问题给社会带来极大的危害，网络安全隐患成为不可忽视的社会风险。在数字时代，网络安全不仅是互联网行业的安全问题，也不仅是某个人、某个企业的安全问题，更关乎国家安全。习近平反复强调："没有网络安全就没有国家安全，就没有经济社会稳定运行，广大人民群众利益也难以得到保障。"必须以总体国家安全观为指引，树立正确的网络安全观。

2025年1月17日，中国互联网络信息中心（CNNIC）发布第55次《中国互联网络发展状况统计报告》。该报告显示，截至2024年12月，中国网民规模达11.08亿人，互联网普及率升至78.6%。伴随着《国家安全法》《网络安全法》《个人信息保护法》《数据安全法》《网络安全审查办法》《关键信息基础设施安全保护条例》《互联网跟帖评论服务管理规定》等法律法规的颁布和实施，网络安全形势持续好转，遭遇安全问题的用户比例进一步下降。但网络安全隐患依然不容忽视。

一名花季少女的凋谢

2016年8月19日下午4点30分，刚刚被南京邮电大学录取的女孩徐某接到陌生电话，对方称自己是教育局的人，有一笔助学金要发放给她。

徐某并没有想到，这通电话是从江西九江一间出租屋里打出的，然而，可怕的骗局由此开始，她更是为此付出了生命的代价——在她将9 900元学费打入骗子提供的账号后几分钟，钱就被迅速取走。悲愤交加中，她在报案回家的路上晕倒，经抢救无效死亡。

时隔一年后，19岁的杜某端坐在山东省临沂市罗庄区人民法院的被告席上。他因贩卖包括徐某在内的山东省高考学生的个人信息而被认定为徐某电信诈骗致死案的始作俑者。根据《最高人民法院、最高人民检察院关于办理侵犯公民个人信息刑事案件适用法律若干问题的解释》，“非法获取、出售或者提供行踪轨迹信息、通信内容、征信信息、财产信息五十条以上”，即属《刑法》规定的“情节严重”，可入刑。

在法庭的公开审判中，这位身材消瘦的年轻黑客讲述了自己以网站漏洞攻击为乐趣，通过贩卖“黑”到的公民个人信息赚零花钱的整个经过。2016 年夏天，他通过贩卖 10 万余条山东省高考考生信息，获利 14 000 余元，其中正包含徐某的信息。

席卷全球的“永恒之蓝”

2017 年 5 月 12 日，全球大量网民反馈电脑屏幕上弹出了一个奇怪的页面。页面显示“您的文件已经被加密”，并且警告：“不要浪费时间寻求恢复您的文件，因为除了攻击者没有人能够做到。”页面右下角提供了“解密”按钮，可以让受害者免费恢复一些文件，以验证其可信度。但是，如果要恢复全部文件，受害者就必须将价值 300 美元的比特币支付到黑客指定的账号。攻击者还规定了付款期限：如果 3 天内不支付的话，赎金将会加倍到 600 美元；如果 7 天内不支付的话，文档就会永久消失。攻击者还提供了某些“人性化”的选项，例如对于异常贫穷的用户，他们可以特事特办免费解锁，他们还提供了包括全球所有主要语言在内的 27 种语言，进行全面的本地化服务。

这款席卷全球的 WannaCry 恶意软件是一款典型的勒索软件，其运作机理是：攻击者利用 Microsoft Windows 低版本操作系统存在的 SME 漏洞，开发了自动化攻击工具“Eternal Blue”（永恒之蓝）进行传播攻击，获取存在漏洞的操作系统的权限，并运用高强度的 RSA＋AES 加密算法对用户数据进行加密，使用户失去对系统和数据的控制权，进而要求受害用户以支付比特币的方式来赎回数据，达到勒索受害用户钱财的目的。该勒索软件短短数天就席卷全球，感染了 150 多个国家的 20 多万台电脑。紧接着，医院瘫痪、铁路停运、加油站无法加油、ATM 机无法取款等事件层出不穷。

滴滴公司被罚 80.26 亿元

滴滴公司成立于 2013 年 1 月，相关境内业务线主要包括网约车、顺风车、两轮车、造车等，相关产品包括滴滴出行 App、滴滴车主 App、滴滴顺风车 App、滴滴企业版 App 等 41 款 App。

2021 年 7 月，为防范国家数据安全风险，维护国家安全，保障公共利益，国家互联网信息办公室依法对滴滴公司涉嫌违法行为进行立案调查，并随之进行了调查询问、技术取证等。经查明，该公司共存在 16 项违法事实，归纳起来主要是 8 个方面：一是违法收集用户手机相册中的截图信息 1 196.39 万条；二是过度收集用户剪切板信息、应用列表信息 83.23 亿条；三是过度收集乘客人脸识别信息 1.07 亿条、年龄段信息 5 350.92 万条、职业信息 1 633.56 万条、亲情关系信息 138.29 万条、“家”和“公司”打车地址信息 1.53 亿条；四是过度收集乘客评价代驾服务时、App 后台运行时、手机连接桔视记录仪设备时的精准位置（经纬度）信息 1.67 亿条；五是过度收集司机学历信息 14.29 万条，以明文形式存储司机身份证号信息 5 780.26 万条；六是在未明确告知乘客情况下分析乘客出行意图信息 539.76 亿条、常驻城市信息 15.38 亿条、异地商务/异地旅游信息 3.04 亿条；七是在乘客使用顺风车服务时频繁索取无关的“电话权限”；八是未准确、清晰说明用户设备信息等19项个人信息处理目的。这些违法违规行为事实清楚、证据确凿、情节严重、性质恶劣。

7月21日，办公室依据相关法律法规，对滴滴全球股份有限公司处人民币80.26亿元罚款，对滴滴全球股份有限公司董事长、总裁各处人民币100万元罚款。

中国知网，被立案审查

2022年6月23日，为防范国家数据安全风险，维护国家安全，保障公共利益，依据《国家安全法》《网络安全法》《数据安全法》，按照《网络安全审查办法》，网络安全审查办公室约谈同方知网（北京）技术有限公司负责人，宣布对中国知网启动网络安全审查。这并非国家层面第一次出手对中国知网进行整治。2022年5月13日，国家市场监督管理总局就曾依法对知网涉嫌实施垄断行为进行立案调查。2023年9月6日，国家互联网信息办公室就知网存在违反必要原则收集个人信息、未经同意收集个人信息等多项违法行为，责令其停止违法处理个人信息行为，并处人民币5 000万元罚款。

中国知网建立于1999年，多年来通过与各大高校建立紧密的合作关系，已建成国内最大的学术资源库与中文数据库。它掌握着大量个人信息和涉及国防、工业、电信、交通运输、自然资源、卫生健康、金融等重点行业领域的重要数据，以及我国重大项目、重要科技成果及关键技术动态等敏感信息，极易成为境外黑客组织的重点攻击目标。

中国西北工业大学遭受美国国家安全局网络攻击

2022年6月，西北工业大学发布《公开声明》称，该校遭受境外网络攻击。陕西省西安市公安局碑林分局随即发布警情通报证实，在西北工业大学的信息网络中发现了多款源于境外的木马程序样本，西安警方已对此正式立案调查。随后，国家计算机病毒应急处理中心和360公司第一时间成立技术团队，全程参与了此案的技术分析工作。

9月5日，国家计算机病毒应急处理中心和360公司分别发布了关于西北工业大学遭受境外网络攻击的调查报告。调查发现，美国国家安全局下属的特定入侵行动办公室（TAO）使用了40余种不同的专属网络攻击武器，持续对西北工业大学开展攻击窃密行动，窃取该校关键网络设备配置、网管数据、运维数据等核心技术数据。在此次调查中，技术团队经过分析发现，TAO对中国国内的网络目标实施了上万次的恶意网络攻击，控制了相关网络设备（网络服务器、上网终端、网络交换机、电话交换机、路由器、防火墙等），疑似窃取了140GB的高价值数据。另外，TAO对西北工业大学的网络攻击行动先后使用了49台跳板机，这些跳板机都经过精心挑选，所有IP均归属于非“五眼联盟”国家，而且大部分选择了中国周边国家（如日本、韩国等）的IP，约占70%。这些跳板机仅使用了中转指令，将上一级的跳板指令转发到目标系统，从而掩盖美国国家安全局发起网络攻击时的真实IP。

美国之所以会将中国西北工业大学作为网络攻击的目标，是因为西北工业大学是我国航空、航天、航海工程、教育和科学研究领域的重点大学，为我国“三航”事业培养了大批尖端人才，拥有大量国家顶级科研团队，承担国家多个重点科研项目，“地位十分特殊”。

9月27日，国家计算机病毒应急处理中心发布《西北工业大学遭美国NSA网络攻击事件调查报告（之二）》，进一步揭露了美国对西北工业大学组织网络攻击的目的：渗透控制中国基础设施核心设备，窃取中国用户隐私数据，入侵过程中还查询了一批中国境内敏感人员身份信息，并将用户信息打包加密后经多个跳板机回传至美国国家安全局总部。

思考讨论

1. 国家互联网信息办公室为何对滴滴公司进行调查并处罚？网络安全审查办公室为何对中国知网启动网络安全审查？这些做法的意义是什么？

2. 中国西北工业大学为何会遭到美国国家安全局的网络攻击？采取哪些措施能避免类似事件的发生？

3. 面对复杂严峻的网络安全形势，当代大学生应当树立怎样的网络安全观？

教学建议

本案例主要适用于第十三章第二节“构建统筹各领域安全的新安全格局”部分的辅助教学。本案例是一个复合案例，从多个视角展示了数字时代网络安全问题及其应对措施，揭示了维护作为国家安全重要领域的网络安全的必要性和重要性。

■ 组织教学建议

第一，在导入环节，可以让学生们以自己的亲身经历谈谈对网络安全问题的认识，进而使其迅速进入案例情境和教学主题。教师可通过对话的方式引导学生思考和分析网络病毒攻击、隐私泄露、侵犯知识产权等问题产生的原因和造成的危害，通过深入交流使其充分认识到维护网络安全的重要性。

第二，注意引导学生把握网络安全与国家安全的内在联系，启发其思考为何网络安全会成为国家安全的重要领域。要使学生从多个层面认识网络安全对国家安全的重要性，使其了解网络安全是构建新安全格局不可或缺的一环。开展深入讨论，使学生充分意识到树立网络安全观的重要意义，以及总结从以上事件中所吸取的教训和获得的启示。在分析网络安全责任时，要特别强调当代大学生增强网络安全意识、维护网络安全的必要性和重要性。

第三，在使用本案例时，可对教学内容进行一定的拓展，辅以相关视频，使案例本身更加饱满、更具有说服力。建议安排学生课前观看网络安全大型电视专题片《第五空间》（大数据时代，网络空间成为继陆地、海洋、天空、外空之外的“第五空间”）。这是国内第一部聚焦网络安全的电视新闻专题片，全方位展示了当今世界的网络安全现状，以清晰而直观的方式说明构建网络空间命运共同体的必要性、正当性和迫切性。

第四，引导学生立足于数字技术、智能技术背景理解网络安全的重要性。在信息化、智能化、数字化高度发展的今天，万物互联的世界图景更加明显，要使学生明白，网络安全对很多领域都是牵一发而动全身的。在这个意义上，必须树立正确的网络安全观，加快构建关键信息基础设施安全保障体系，全天候全方位感知网络安全态势，增强网络安全防御能力和威慑力。

总结提升建议

第一，网络安全是国家安全战略的重要组成部分，没有网络安全就没有国家安全，就没有经济社会的稳定运行。在数字时代，数字经济、互联网金融、人工智能、大数据、云计算等新技术新应用快速发展，催生了一系列新业态新模式，但相关法律制度还存在时间差、空白区。网络犯罪成为危害国家政治安全、网络安全、社会安全、经济安全等的重要风险之一。互联网已渗透至社会经济政治生活的方方面面，网络安全和信息化对很多领域都是牵一发而动全身的，安全威胁也已经从个人层面上升到国家层面。如果不能切实维护好网络安全，那么社会经济的稳定发展、人民群众的利益将无法得到有效保障。因此，守护网络安全是一个关乎国家兴盛和人民福祉的重大问题，是新时代创新治国理政的坚固基石和国家安全战略的重要组成部分。在本案例中，无论是徐某遭网络诈骗后不幸死亡，还是 WannaCry 勒索软件在短短数天内席卷全球并感染了 20 多万台电脑，都造成了难以挽回的生命和财产损失。美国国家安全局对我国西北工业大学有目的的网络攻击更是直接关涉我国国家安全，疑似窃取了中国 140GB 的高价值数据。西北工业大学是我国航空、航天、航海工程、教育和科学研究领域的重点大学，承担国家多个重点科研项目，美国选择对这样一所“地位十分特殊”的大学展开网络攻击，其“司马昭之心”不言而喻。随着大数据、人工智能等高新技术不断渗透于社会生活各个领域，网络安全威胁和风险日益突出，它不但冲击人们的日常生活，而且还不断向经济、政治、文化、社会、国防等领域传导渗透，必须采取有效措施，积极应对。

第二，以总体国家安全观为指引，筑牢国家网络安全屏障，全面加强网络安全保障体系和能力建设。网络安全是整体的而非割裂的，网络安全对国家安全牵一发而动全身，同许多其他方面的安全都密切相关。随着网络信息技术的迅猛发展和广泛应用，互联网已渗透于社会生产、生活的方方面面，国家政治安全、军事安全、经济安全、文化安全、社会安全、科技安全等都在不同程度上加深了同网络安全、信息安全的关联性。面对复杂严峻的网络安全形势，必须树立正确的网络安全观。在本案例中，国家互联网信息办公室之所以依法对滴滴公司涉嫌违法行为进行调查并处罚，正是基于防范国家数据安全风险、维护国家安全、保障公共利益的目的，滴滴公司存在的 16 项违法事实主要集中在对个人信息的过度收集及其造成的社会风险上；而网络安全审查办公室对中国知网的网络安全审查、国家市场监督管理总局依法对知网涉嫌实施垄断行为的立案调查之所以十分必要，是因为知网掌握着大量个人信息和涉及国防、工业、电信、交通运输、自然资源、卫生健康、金融等重点行业领域的重要数据，以及我国重大项目、重要科技成果及关键技术动态等敏感信息，极易成为境外黑客组织的重点攻击目标，进而给国家和人民造成难以挽回的损失。在网络安全问题日益严峻的今天，不仅需要树立正确的网络安全观，而且必须警钟长鸣。

第三，网络安全治理必须坚持以人民为中心，让亿万网民共享互联网发展成果，提升广大人民群众在网络空间的获得感、幸福感、安全感。坚持网络安全为人民，网络安全靠人民，保障个人信息安全，才能切实维护公民在网络空间的合法权益。网络安全，不仅需要国家层面的顶层设计，更需要全体人民共同来维护，“为人民”和“靠人民”是网络安全的两条轴线，相辅相成，相生相融，共同组成了网络安全工作的出发点和落脚点。因此，要坚持促进发展和依法管理相统一，既大力培育人工智能、物联网、下一代通信网络等新技术新应用，又积极利用法律法规和标准规范引导新技术应用。要坚持安全可控和开放创新并重，立足于开放环境维护网络安全，加强国际交流合作，提升广大人民群众在网络空间的获得感、幸福感、安全感。在本案例中，无论是国家互联网信息办公室对滴滴公司的调查和处罚，还是网络安全审查办公室对中国知网的网络安全审查，都体现了国家对个人信息安全和知识产权的保护。《国家安全法》《网络安全法》《数据安全法》等法律法规的颁布和实施，对危害网络安全的违法行为的严厉打击和大力整治，正是以习近平同志为核心的党中央切实维护人民安全利益、践行以人民为中心的网络安全治理的生动实践。

第四，维护网络安全是全社会的共同责任，需要政府、企业、社会组织、广大网民共同参与，共筑网络安全防线。维护网络安全，需要全社会共同携手筑起抵御风险的屏障，严守网络安全的防线。一方面，需加强信息基础设施网络安全防护，加强网络安全信息统筹机制、手段、平台建设，加强网络安全事件应急指挥能力建设，积极发展网络安全产业，做到关口前移，防患于未然；另一方面，必须落实关键信息基础设施防护责任，行业、企业作为关键信息基础设施运营者承担主体防护责任，主管部门履行好监管责任。在本案例中，西北工业大学敏锐地发现了学校遭受境外网络攻击，并及时发布《公开声明》，而西安警方的反应也是迅速的，在确认西北工业大学信息网络中存在多款源于境外的木马程序样本后，当即立案调查。随后，国家计算机病毒应急处理中心和 360 公司第一时间成立技术团队，全程参与了此案的技术分析工作。当代大学生也要时刻警惕网络风险，既保持自身警醒以防徐某的悲剧再度发生，又应当积极参与到维护网络安全、净化网络空间的实践中去，同政府、企业和社会组织一道筑起网络安全固墙。

第五，网络空间是人类的共同家园，必须深化拓展网络空间的国际交流合作，携手构建网络空间命运共同体，推动全球互联网治理朝着更加公正合理的方向发展。新时代的网络安全问题，没有哪一个企业或者政府可以独自应对。世界范围内侵害个人隐私、侵犯知识产权、网络犯罪等时有发生，网络监听、网络攻击、网络恐怖主义活动等成为全球公害。面对这些问题和挑战，国际社会应该在相互尊重、相互信任的基础上，加强对话合作，推动全球互联网治理体系变革，共同构建和平、安全、开放、合作的网络空间，建立多边、民主、透明的全球互联网治理体系。全球视野下的互联网已进入了“大安全”时代、万物互联的时代，网络安全已绝非某一国家、企业或行业的一亩三分地，而是需要各方开放协作，共同守护、共筑防线，提升整体防御能力。就国内而言，需要政府、企业、社会组织、广大网民等多方主体共同参与，共筑网络安全防线；就国际而言，维护网络安全是国际社会的共同责任。在本案例中，WannaCry 勒索软件所侵害的不仅仅是一国或几国网民的利益，而是在短短几天席卷全球，感染了 150 多个国家的 20 多万台电脑。接踵而至的是，全球各地都不同程度地出现了医院瘫痪、铁路停运、加油站无法加油、ATM 机无法取款等的情况，给多国人民造成严重的损失。此次勒索病毒的爆发，反映了为打击网络犯罪而开展国际合作的必要性和紧迫性。新时代，各国应该加强沟通、扩大共识、深化合作，共同构建网络空间命运共同体。2022年11月7日，国务院新闻办公室发布的《携手构建网络空间命运共同体》白皮书指出，作为全球最大的发展中国家和网民数量最多的国家，中国顺应信息时代发展趋势，坚持以人民为中心的发展思想，秉持共商共建共享的全球治理观，推动构建网络空间命运共同体。

■ 启示意义

第一，“备豫不虞，为国常道”，必须防患于未然，筑牢网络和信息安全的防护墙。大数据、人工智能等新兴技术的发展和广泛应用在大幅度提高生产力的同时也给社会带来极大的风险和不确定性，其中之一便是日益凸显的网络安全问题。对此，每个网民、行业、企业都应在正确网络安全观的引导下积极践行维护网络安全、净化网络空间的责任。国家相关部门要依法严厉打击网络黑客攻击、电信网络诈骗、侵犯公民个人隐私等违法犯罪行为，切断网络犯罪利益链条，持续形成高压态势，维护人民群众合法权益，未雨绸缪，及时消除隐患，不断提升应对重大风险的能力。频发的网络安全问题一再证明，黑客攻击、网络诈骗、信息窃取等网络犯罪事件可能在任何时间、任何领域发生，其造成的损失和伤害不可预估。网络犯罪已成为危害国家政治安全、网络安全、社会安全、经济安全等的重要风险之一。因此，对于网络安全，必须保持忧患意识，警钟长鸣。

第二，必须健全完善政策法规，加快推进网络安全顶层设计。网络法治化是保护网民合法权益和促进网络经济发展的应有之义，也是维护国家网络主权和国防安全的必要条件。2017年《网络安全法》正式施行，这部我国网络安全领域的基础性法律，对保护个人信息、治理网络诈骗等方面作出明确规定，成为我国网络空间法治化建设的重要里程碑。在《网络安全法》实施之后，我国颁布了《数据安全法》《个人信息保护法》《关键信息基础设施安全保护条例》等法律法规，出台了《网络安全审查办法》《云计算服务安全评估办法》等政策文件，建立了网络安全审查、云计算服务安全评估、数据安全管理、个人信息保护等一批重要制度，制定了“十四五”相关规划等文件，完善各领域、多层级协调机制，统筹推进网信领域重要任务、重大项目、重点工程。但是，这还远远不够，特别是当别人用一个国家的力量来攻击我国的企业、高校、科研院所和关键基础设施时，中国必须在数字化安全应对上强化顶层设计，确立一套完整的解决问题的框架。

案例 26

把中国人的饭碗牢牢端在自己手中

核心阅读

粮食安全是“国之大者”。党的十八大以来，以习近平同志为核心的党中央把粮食安全作为治国理政的头等大事，牢牢把住粮食安全主动权，提出实施“以我为主、立足国内、确保产能、适度进口、科技支撑”的国家粮食安全战略，并先后实施了一系列“长牙齿”的硬措施，守住了耕地红线，粮食产量连续 9 年稳定在 1.3 万亿斤以上，实现“二十连丰”。2023 年，我国粮食产量达到 13 908 亿斤，比 1949 年增长 5.1 倍，人均粮食占有量 493 公斤；全国农产品质量安全监测总体合格率达到 97.8%，农作物良种覆盖率超过 96%。“悠悠万事，吃饭为大”“在吃饭问题上不能得健忘症”“什么时候都不能轻言粮食过关了”“对粮食安全还是始终要有危机意识”“手中有粮、心中不慌在任何时候都是真理”……句句箴言，字字深重，饱含习近平总书记对“端牢中国饭碗”的殷殷期盼。2024 年，《新一轮千亿斤粮食产能提升行动方案（2024—2030 年）》印发，明确了从 2024 年到 2030 年新一轮千亿斤粮食产能提升行动的任务书和路线图，全方位夯实国家粮食安全根基。

不谋万世者，不足谋一时。习近平总书记牵挂的是粮食安全这一“国之大者”，思谋的是一个重大战略性问题：“中国人的饭碗任何时候都要牢牢端在自己手中，饭碗主要装中国粮”。

党的十八大以来，以习近平同志为核心的党中央先后实施了一系列“长牙齿”的硬措施，守住了耕地红线，粮食产量连续 9 年稳定在 1.3 万亿斤以上，实现“二十连丰”，全国各地牢牢筑起了粮食安全的“压舱石”。

党的二十大报告强调“全方位夯实粮食安全根基”，“牢牢守住十八亿亩耕地红线”等，充分体现了党中央对这一重大问题的持续深度关切。

“始终绷紧粮食安全这根弦”

“务农重本，国之大纲。”中华民族历来重视农业农村。党的十八大以来，习近平多次出席中央农村工作会议并发表重要讲话，对“三农”工作和粮食生产、粮食安全作出一系列重要指示。2013年12月10日，习近平在中央经济工作会议上指出：“‘洪范八政，食为政首。’我国是人口众多的大国，解决好吃饭问题，始终是治国理政的头等大事。”2018年9月25日，第一个中国农民丰收节刚过，习近平就来到黑龙江省佳木斯市的七星农场考察，他双手捧起一碗大米，意味深长地说：“中国粮食！中国饭碗！”

2020年12月，面对新冠疫情带来的严峻挑战，习近平在中央农村工作会议上指出：“我反复强调，粮食多一点少一点是战术问题，粮食安全是战略问题。今年应对新冠肺炎疫情，粮食和重要农副产品供给充裕功不可没，充分印证了这一点。”2022年3月，面对国际粮食市场价格波动，习近平再次强调，在粮食安全这个问题上不能有丝毫麻痹大意，不能认为进入工业化，吃饭问题就可有可无，也不要指望依靠国际市场来解决。要未雨绸缪，始终绷紧粮食安全这根弦，始终坚持以我为主、立足国内、确保产能、适度进口、科技支撑。

“确保十八亿亩耕地实至名归”

耕地红线是保障国家粮食安全的底线。习近平高度重视耕地保护，他深切叮咛，“要严防死守18亿亩耕地红线，采取长牙齿的硬措施，落实最严格的耕地保护制度”。

这些年来，我国耕地保护相关法律制度不断健全，牢牢筑起了粮食安全的底线——《土地管理法》《土地管理法实施条例》先后修改实施，《黑土地保护法》应运而生，严格耕地保护目标考核层层压实责任，“进出平衡”和“占补平衡”制度不断夯实打牢，“田长制”将每块田责任到人，18.65亿亩耕地和15.46亿亩永久基本农田保护目标任务明确要求保持到2035年不变。

一系列举措让耕地保护取得了明显成效：到2022年底，全国已累计建成10亿亩高标准农田，稳定保障1万亿斤以上粮食产能，耕地超过一半是高标准农田，农田平均耕地质量提升0.35个等级，农田有效灌溉面积超过54%。在东北，“耕地中的大熊猫”更绿更肥；在河南，高标准农田建设有序推进；在广西，田长制扎牢耕地保护网……

单单2022年，全国耕地面积较上年末就增加了约130万亩，连续两年实现耕地总量净增加，确保了18亿亩耕地实至名归。

2024年2月28日，自然资源部发布的《2023年中国自然资源公报》显示，全国耕地面积达到12 758万公顷，再次实现全国耕地总量净增长。

“用自己的手攥紧中国种子”

种子是农业的“芯片”。多产粮、产好粮，种子是关键；农业现代化，种子是基础。进入新时代以来，我国的种源自给率超过95%，从源头上保证粮食安全。

位于海南的国家南繁科研育种基地是我国最大的国家级育种基地，自20世纪50年代以来，已有超过60万人次到这里育种。进入新时代，习近平一直关注南繁科研育种，提出要科学谋划加快推进，建设成服务全国的南繁硅谷，强调“这件事有养育中华民族的战略意义”。2018年4月，习近平在南繁科研育种基地同袁隆平等农业技术专家一道，沿着田埂走进“超优千号”超级杂交水稻展示田，当听到超级杂交水稻品种屡创世界水稻单产最高纪录时，总书记十分高兴。4年后，2022年4月，习近平再次到海南考察，第一站就来到国家南繁科研育种基地的“大脑”——三亚市崖州湾种子实验室，再次强调种子是我国粮食安全的关键。

玉米育种专家程相文等老一辈育种家依然坚守在南繁，越来越多的年轻人也来到这里。“这身汗流得痛快！”一脸黝黑的博士研究生朱林憨笑道。依次播下玉米育种材料，他又“转战”另一片试验田，去记录作物性状表现。放弃北京的高薪工作来到三亚，教室、试验田、实验室、图书馆串起他忙碌的求学生活。他说：“在老一辈育种家的研究基础上，我想利用南繁优势抓紧研究，争取早日出成果。”袁隆平院士曾说过：“人就像种子，要做一粒好种子。”质朴的语言深深种在了无数年轻南繁人心中。2021 年 5 月，崖州湾种子实验室正式亮相，创新力量得以在此进一步汇聚。崖州湾种子实验室里，3 500 多台科研设备有序摆放。18 个院士团队正围绕育种科研前沿领域攻关：株高为野生型水稻 1/4 的“小薇”水稻，可在实验室大规模种植、筛选；基因编辑技术改良的生菜，维生素含量可媲美猕猴桃……更多良种走向沃野，也保证了中国粮主要用中国种。

“解决吃饭问题，根本出路在科技”

农业现代化，关键是农业科技现代化。2018 年，习近平在北大荒建三江国家农业科技园区考察时指出，要把发展农业科技放在更加突出的位置，大力推进农业机械化、智能化，给农业现代化插上科技的翅膀。

殷殷嘱托，犹在耳畔。七星农场聚焦农业前沿，大力发展科技农业、绿色农业、质量农业、品牌农业，奏响了“智慧农业”的奋进曲。七星农场的科技示范户张景会高兴地说：“种田还得靠科技，现在摆盘、育秧的这些技术标准，农技人员都网上教学，种地也都用上了无人设备，所以现在咱们老百姓不仅仅是‘会种地’，而且是真‘慧’种地。”2022 年，七星农场有 4 358.02 吨水稻芽种的浸种催芽生产任务，通过智能化的管控平台，使种子温度、喷淋速度、供水间隔时间都能实现电脑智能控制，确保催芽作业标准化、统一化。通过打造智慧农业试验区、示范区、推广区、辐射区，七星农场不断提升农业智能化水平：利用 80 亩农机科技园，开展水稻全程智能化科研课题研究；利用 1 000 亩无人农场示范区，开展智能装备应用示范；利用 15 000 亩耕地，推广应用智能叶龄诊断、智能控制灌溉、无人作业等新技术；推广应用卫星导航辅助直行插秧、割晒机械监测、卫星平地等实用性新技术面积达 40%以上；对现有 10 余套平台、系统进行整合，打造 1 个功能全面的水稻生产智能管控平台，确保实现农业管理平台化。这是新时代农业科技创新的生动缩影。

“要让种粮农民有钱挣、得实惠”

保障 14 亿多人的粮食安全，必须回答好谁来种地的问题。习近平在 2013 年中央农村工作会议上指出：“我到农村调研，在很多村子看到的多是老年人和小孩，年轻人不多，青壮年男性更是寥寥无几。”“农业后继乏人问题严重，这的确不是杞人忧天啊！”也是在这次会议上，习近平强调，“稳定发展粮食生产，一定要让农民种粮有利可图、让主产区抓粮有积极性。这方面，既要发挥市场机制作用，也要加强政府支持保护”。

“真没想到！总书记会给我一个普通农民回信！”2022 年 6 月 27 日，习近平给安徽省太和县种粮大户徐淙祥回信，让这位当地种粮大户很意外，也很感动。习近平在回信中说，这些年，党中央出台了一系列支持粮食生产的政策举措，就是要让中国人的饭碗牢牢端在自己手中，就是要让种粮农民有钱挣、得实惠，日子越过越好。一纸书信，展现了总书记对亿万农民的深切关怀和对粮食安全的高度重视。

以实际行动维护世界粮食安全

2022年以来，受多种因素交织影响，全球多地粮食供应短缺、粮价上涨。在世界粮食安全面临的挑战增多的背景下，中国一如既往地切实积极行动，为全球消除饥饿与贫困贡献重要力量，彰显负责任大国担当。2022年以来，中国已向有需要的发展中国家提供3万多吨紧急人道主义粮援，同140多个国家和地区开展农业合作，向广大发展中国家推广农业技术1 000多项，带动项目区农作物平均增产30%～60%，超过150万户小农从中受益，受到了国际社会的高度赞扬。

思考讨论

1. 我国已经摆脱困扰中国人民几千年的吃饭问题，粮食产量连续9年稳定在1.3万亿斤以上，实现“二十连丰”；以占世界9%的耕地、6%的淡水资源，养育了世界近1/5的人口；粮食供给总量充足、库存充裕，中国碗盛满中国粮……为什么还要反复强调粮食安全是“国之大者”和治国理政的头等大事？

2. 维护粮食安全是构建统筹各领域安全的新安全格局的重要组成部分，也是全面贯彻落实总体国家安全观的重要举措。结合当前的安全形势，你认为应如何构建新安全格局？

3. 我国如期打赢脱贫攻坚战后，“三农”工作的重心历史性地转移到全面推进乡村振兴上。从中华民族伟大复兴战略全局出发，全面推进乡村振兴有何重要意义？

教学建议

本案例主要适用于第十三章第二节“构建统筹各领域安全的新安全格局”部分的辅助教学。案例主要介绍了党的十八大以来以习近平同志为核心的党中央坚持总体国家安全观，为维护粮食安全所进行的战略部署，既体现了我们党对粮食安全问题的高度重视，也反映了当前我国在维护粮食安全方面所面临的严峻形势，以及我们为维护粮食安全、贯彻落实总体国家安全观、构建新安全格局所采取的重要举措和取得的显著成效。

组织教学建议

第一，本案例主要适用于教学导入环节。教师在讲解“构建统筹各领域安全的新安全格局”这一知识点时，可以先引入本案例，组织学生了解讨论党的十八大以来我国粮食安全情况，尤其是以习近平同志为核心的党中央对粮食安全的高度重视，并为保证粮食安全进行系列战略部署，采取了一系列举措来严格保护耕地、发展民族种业，从而为粮食安全提供了有力保障。在此基础上引导学生更加直观地了解“两个大局”下我国国家安全形势的复杂性和严峻性，以及在总体国家安全观指导下为构建新安全格局所采取的重要举措，进而强化国家安全意识。

第二，教师在分析讲解案例时应注意从“国之大者”这一战略高度来把握粮食安全的重要性。“国之大者”是以习近平同志为核心的党中央立足“两个大局”提出的重要时代命题，强调了事关党和国家前途命运的重大问题，蕴含了党在新时代治国理政的科学方法，彰显了中国共产党的初心使命，对“国之大者”心中有数是党中央提出的明确要求。谁来养活中国，是昨天的难题，也是今天和明天须臾不可松懈的重大课题。将粮食安全作为“国之大者”，将解决好吃饭问题作为治国理政的头等大事来抓，这深刻体现了党中央对粮食安全问题的高度重视。以此为指导，教学中应着力引导学生认识到维护粮食安全必须坚持战略思维、历史思维、辩证思维、创新思维、底线思维等科学的思维，守住耕地红线，端稳粮食饭碗。

第三，教师在运用本案例进行教学时应注意向学生介绍当前我国和世界范围内的粮食安全形势，激发学生维护粮食安全的危机感和使命感。我国耕地家底并不丰厚，要以占世界 9%的耕地养活世界近 20%的人口，人地关系紧张是基本国情。2020 年 12 月 28 日，习近平在中央农村工作会议上曾指出：“从世界百年未有之大变局看，稳住农业基本盘、守好‘三农’基础是应变局、开新局的‘压舱石’。对我们这样一个拥有 14 亿人口的大国来说，‘三农’向好，全局主动。”进入 2022 年以后，在新冠疫情、乌克兰危机、极端天气等不利因素相互交织的背景下，全球粮食安全形势更加严峻，国际粮价高位波动，农资价格大幅上涨，这就更加凸显了保障粮食安全的必要性，也要求学生立足于国内国际现实来认识粮食安全问题。

第四，由于授课同学的成长背景和专业知识存在差异，可能会有部分同学对粮食安全问题关注不多，或者认为在我们国家粮食连年丰收、已经全面建成小康社会的情况下，粮食安全问题并没有那么严重。面对这种情况，教师可以从学生熟悉和了解的农业科技专家入手，如：袁隆平院士投身杂交水稻研究半个世纪，耄耋之年依旧下田，以一块试验田带来中国农业的新天地，也把禾下乘凉的梦想化为中国大地上的千重稻菽；李保国教授在太行深处将科技兴农的梦想变为现实，矢志于太行山区生态治理和群众脱贫奔小康，35 年如一日扎根太行山，用科技之手点石成金，让 140 万亩荒山披绿，带领 10 万农民脱贫致富……借此引导学生了解当前我国农业发展和粮食生产的现状，形成对粮食安全的思考认识。此外，教师也可以将案例讲解与社会层面的粮食安全宣传教育活动结合起来，充分挖掘利用“大思政课”的丰富资源。如 10 月 16 日是世界粮食日，政府机构和社会各界都会举行相关的宣传教育活动，2022 年世界粮食日和全国粮食安全宣传周活动的主题是“保障粮食供给 端牢中国饭碗”，这与案例主题直接相关，有助于学生深化对案例的学习和思考。

第五，教师可以建议学生在课后进行一定的拓展阅读。2019 年 10 月，国务院新闻办公室发布了《中国的粮食安全》白皮书，全面介绍了中国粮食安全的成就。2024 年，国务院印发了《新一轮千亿斤粮食产能提升行动方案（2024—2030 年）》，明确了到 2030 年新增千亿斤粮食产能的指导思想、基本原则、主要目标、重点任务、重大工程和保障措施，是当前和今后一个时期指导抓好国内粮食生产的重要政策文件。阅读上述文献资料，学生可以更加全面地了解党的十八大以来我国粮食安全的道路理念、战略部署和政策举措，深化对粮食安全问题的认识，形成对总体国家安全观和新安全格局的整体认知。

总结提升建议

第一，粮食安全是“国之大者”，确保粮食安全是维护国家安全的重要体现。仓廪实，天下安，粮食事关国运民生，粮食安全是国家安全的重要基础。党的十八大以来，习近平从世情国情粮情出发，把粮食安全作为治国理政的头等大事，提出“确保谷物基本自给、口粮绝对安全”的新粮食安全观，指引我国粮食安全工作取得历史性成就、发生历史性变革，走出了一条中国特色粮食安全之路，强调“粮食问题不能只从经济上看，必须从政治上看，保障国家粮食安全是实现经济发展、社会稳定、国家安全的重要基础”。从国内层面看，粮食“压舱石”能否稳得住，直接关系经济基本盘和社会稳定与否，因此维护粮食安全也就成为有效应对各种国内外安全风险挑战的有效举措。从国际层面看，粮食安全也是世界和平与发展的重要保障，是构建人类命运共同体的重要基础，关系人类永续发展和前途命运。作为世界上最大的发展中国家和负责任大国，中国始终是维护世界粮食安全的积极力量，依靠自身力量端牢自己的饭碗，实现了由“吃不饱”到“吃得饱”，并且“吃得好”的历史性转变。这既是中国人民自己发展取得的伟大成就，也是为世界粮食安全作出的重大贡献。2023 年 12 月 29 日，第十四届全国人民代表大会常务委员会第七次会议审议通过了《粮食安全保障法》，为进一步保障粮食有效供给、确保国家粮食安全、提高防范和抵御粮食安全风险能力、维护经济社会稳定和国家安全提供了更加坚实的法治保障。

第二，维护粮食安全是在总体国家安全观指导下构建新安全格局的重要举措。总体国家安全观是以习近平同志为核心的党中央对国家安全理论和实践的重大创新，是习近平新时代中国特色社会主义思想的重要组成部分。作为我们党历史上第一个被确立为国家安全工作指导思想的重大战略思想，总体国家安全观是习近平新时代中国特色社会主义思想的“国家安全篇”，学习好、贯彻好总体国家安全观，是不断开拓党和国家事业发展新境界的必然要求。坚持总体国家安全观，办好发展和安全两件大事，以新安全格局保障新发展格局，彰显了我们党统筹发展和安全、实现高质量发展和高水平安全动态平衡的重大战略考量。深刻理解把握以新安全格局保障新发展格局重大战略部署，对于全面贯彻习近平新时代中国特色社会主义思想、深入贯彻总体国家安全观具有极其重要的时代意义和实践意义。基于当前复杂的国家安全态势，必须坚持党中央对国家安全工作的集中统一领导，统筹发展和安全，把维护政治安全放在首要位置，维护好重点领域的国家安全，大力推进国家安全体系和能力现代化，牢牢掌握我国发展和安全主动权。维护粮食安全是构建新安全格局的重要组成部分。虽然我国粮食连年丰收，但是这并不意味着可以高枕无忧。需要注意的是，2015 年粮食产量突破 1.3 万亿斤，并在之后连续 9 年稳定在 1.3 万亿斤以上。这表明，一方面，我国粮食产量连年丰收，粮食生产能力显著提高；另一方面，粮食生产能力也遇到了发展瓶颈，千亿斤以上的提升成为艰巨的任务。因此我们必须清醒认识到，随着国际形势中不确定因素的增加，国内粮食需求刚性增长与增产难度大并存，粮食供求紧平衡态势将长期存在。为此，中国将继续坚定不移地走中国特色粮食安全之路，全面贯彻新发展理念，全面实施国家粮食安全战略和乡村振兴战略，全面落实“藏粮于地、藏粮于技”战略，推动从粮食生产大国向粮食产业强国迈进，把饭碗牢牢端在自己手中，在确保国家粮食安全的同时，与世界其他各国携手应对全球饥饿问题，共同推进全球粮食事业健康发展。

第三，全面推进乡村振兴，是维护粮食安全、构建新安全格局的重要保障。从中华民族伟大复兴战略全局看，民族要复兴，乡村必振兴。在向第二个百年奋斗目标迈进的历史关口，在我国开启全面建设社会主义现代化国家新征程的重要历史节点，习近平在中央农村工作会议上发表重要讲话，要求“举全党全社会之力推动乡村振兴，促进农业高质高效、乡村宜居宜业、农民富裕富足”。解决好“三农”问题，对于我们这个党、这个国家、这个民族的重要性不言而喻。正是因为始终把解决好“三农”问题作为全党工作的重中之重，我们才能历史性地解决困扰中华民族几千年的绝对贫困问题，为全面建成小康社会作出了重大贡献，为开启全面建设社会主义现代化国家新征程奠定了坚实基础。要全面建设社会主义现代化国家、实现中华民族伟大复兴，最艰巨最繁重的任务依然在农村，最广泛最深厚的基础依然在农村，没有乡村的振兴，就没有中华民族伟大复兴。全面推进乡村振兴、加快农业农村现代化步伐，既是“开启新征程，扬帆再出发”的重大使命，也是“在危机中育先机、于变局中开新局”的迫切要求，同时能为维护粮食安全提供有力保障。正如案例中介绍的那样，推动实现农业科技化现代化发展，离不开乡村振兴战略的全面推进，只有乡村振兴的步伐稳健有力，粮食安全才能得到根本保障，新安全格局才能全面形成。

第四，大学生应自觉强化粮食安全意识，并以实际行动来维护粮食安全和国家安全。粮食安全和每个人都密切相关，大学生应着力从两个方面来维护粮食安全：一方面是学以致用，用自己所掌握的科技知识来推动提升农业现代化水平。2024 年，我国农业科技进步贡献率超过 63%，农作物耕种收综合机械化率超过 74%，这离不开无数农业科技工作者和新农人的共同努力。大学生应以袁隆平院士、李保国教授为榜样，以实际行动助力维护粮食安全。另一方面是倡导节粮减损。习近平一直高度重视节约粮食，围绕浪费粮食问题多次作出重要批示，多次强调要制止餐饮浪费行为，推动建设节约型社会，并以身作则，在全社会倡导“厉行节约、反对浪费”的新风尚。大学生应积极增强爱粮节粮意识，抑制不合理消费需求，减少“餐桌上的浪费”，形成科学、健康、文明消费的良好风尚。

■ 启示意义

全面贯彻落实总体国家安全观、构建新安全格局，必须全方位夯实粮食安全根基。习近平反复强调，确保中国人的饭碗牢牢端在自己手中。这是居安思危的深长考量，是对世情国情农情的深彻洞察，也是一个大党大国大局的深远谋划。新时代以来，中国饭碗端得牢、成色足，为克服各种风险挑战、稳定经济社会发展大局提供了有力支撑，为推动经济社会高质量发展、开启全面建设社会主义现代化国家新征程奠定了坚实基础。在当前国际形势复杂多变、经济不确定性凸显、极端天气和自然灾害频发以及国内粮食供求紧平衡的背景下，对粮食安全问题不能有丝毫麻痹大意，必须增强忧患意识，强化底线思维，保持战略定力，以国内稳产保供的确定性来应对外部环境的不确定性，统筹发展和安全。

案例 27

三份白皮书：走向国家统一的宣言

核心阅读

2022 年 8 月初，美国国会众议长佩洛西窜访台湾。8 月 10 日，国务院台湾事务办公室、国务院新闻办公室发表《台湾问题与新时代中国统一事业》白皮书，全面系统阐述党和政府在新时代推进实现祖国统一的立场、方针、政策。此次发布的白皮书，是继《台湾问题与中国的统一》《一个中国的原则与台湾问题》两份白皮书之后的第三份关于台湾问题的白皮书。回顾两岸关系发展，每份白皮书的发布，都有其特殊的历史背景，也是两岸关系发展到关键时刻，对两岸关系中存在的问题、未来的走向，以及大陆对台政策方针的系统性总结。白皮书的发布，充分展现了党和政府实现祖国完全统一的必胜信心、反对“台独”分裂和外来干涉的坚定决心、为两岸同胞谋福祉的不变初心，凝聚起支持和促进祖国统一的磅礴伟力。祖国必须统一，也必然统一，中华民族必将在实现祖国完全统一的进程中实现伟大复兴。

2022 年 8 月 10 日，国务院台湾事务办公室、国务院新闻办公室发表《台湾问题与新时代中国统一事业》白皮书。这是继 1993 年和 2000 年后，中国政府第三次就台湾问题发表白皮书，也是党的十八大以后发表的第一份涉台白皮书。回顾两岸关系发展，从 20 世纪 90 年代至今，大陆已经发表三份关于台湾问题的白皮书。

《台湾问题与中国的统一》白皮书

20 世纪 80 年代后期，台湾国民党执政当局允许老兵回大陆探亲，开启了两岸交流的新篇章。但是在李登辉执政地位日益稳固之后，他逐步背弃一个中国原则，宣扬所谓“海洋国家”意识，极力推行“两个中国”“一中一台”“一国两府”，严重损害了两岸和平统一的基础，危害了包括台湾同胞在内的整个中华民族的根本利益，也危害了亚洲太平洋地区的和平与稳定。1992 年，海协会和台湾海基会形成了“海峡两岸都坚持一个中国的原则，努力谋求国家统一”的共识，即“九二共识”。“九二共识”的形成，为两岸关系的发展奠定了政治基础。在这个背景下，中国政府于 1993 年 8 月发布了第一份关于台湾问题的白皮书，系统地论述了台湾是中国不可分割的一部分、台湾问题的由来、中国政府解决台湾问题的基本方针和有关政策。中国共产党和中国政府坚决反对任何制造“台湾独立”、“两个中国”或“一中一台”的分裂行径。

1995 年 6 月至 1996 年 3 月，中国政府和人民从政治、军事、外交等方面进行了声势浩大的反分裂和反“台独”斗争。

《一个中国的原则与台湾问题》白皮书

20 世纪 90 年代，两岸关系在曲折中发展，台湾李登辉执政当局逐渐背离一个中国原则，在国际社会公开兜售“台独”，图谋制造“两个中国”。1996 年，李登辉出台“戒急用忍”政策，限制两岸关系进一步发展。1997 年，台湾当局所谓的“行政院新闻局”发表《透视“一个中国”问题》说帖，称“一个中国”是“口头吞并”台湾，因此不能再讲“一个中国”，而只能讲“一个分治的中国”。李登辉还于同年推动通过“精省”方案，为行政区划的“台湾化”拉开了序幕。1999 年，李登辉先是出版《台湾的主张》一书，主张要将中国分成七块，7 月，他又通过德国媒体发表了一段令世界震惊的谈话，公开将两岸关系定位为“国家与国家的关系，至少是特殊的国家与国家的关系”。“两国论”的推出彻底暴露其分裂中国的图谋。在 2000 年的台湾地方选举中，李登辉又暗助宣扬“台独”的民进党上台执政，对两岸关系的发展和台湾的前景投下了阴影。为此，明确两岸关系发展的方向和底线也就成为当时的重中之重。

2000 年 2 月 21 日，国务院台湾事务办公室、国务院新闻办公室发表《一个中国的原则与台湾问题》白皮书，详细、系统、全面地向国际社会阐述了中国政府有关一个中国原则的基本立场和政策，阐述了在两岸关系、国际社会中坚持一个中国原则若干问题的态度主张。白皮书强调，一个中国原则是实现和平统一的基础和前提，包括一个中国原则是中国政府对台政策的基石，只有坚持一个中国原则才能实现和平统一。

《台湾问题与新时代中国统一事业》白皮书

21 世纪以来，两岸交往跌宕起伏，交流合作实现全方位深化发展，政治互动一度实现新层次和新高度，如 2015 年在新加坡，两岸领导人实现自 1949 年以来的首次会晤、直接对话沟通，这为两岸关系的发展翻开了新篇章。党的十八大之后，以习近平同志为核心的党中央，全面把握两岸关系的时代变化，丰富和发展国家统一理论和对台方针政策，推动两岸关系朝着正确方向发展，形成新时代中国共产党解决台湾问题的总体方略，推动大陆对台工作进入新的层面，大大增强了台湾民众的归属感。但是自 2016 年台湾民进党执政后，受台湾地区政党格局与大国竞争的影响，两岸关系面临新的情况、新的问题。民进党谋“独”的行径危害台海和平稳定。同时，外部势力纵容鼓动“台独”分裂势力滋事挑衅，加剧两岸对抗和台海形势紧张，也对祖国统一产生负面影响。尤其是美国等西方国家已经严重背离一个中国原则，以“遏”华为目的，大打所谓“台湾牌”，持续造成两岸关系紧张。2022 年 8 月 2 日，美国国会众议长佩洛西窜访台湾，对两岸关系产生了负面影响。为遏制“台独”势力、阻吓外国势力对中国统一事业的干扰和破坏，中国人民解放军在台岛周边进行了军事演训行动。这些行动可能会被有些人错误地解读成大陆对两岸实现统一的方式发生了改变。正是在这样的背景下，中国政府适时地发表了第三份白皮书。

《台湾问题与新时代中国统一事业》白皮书以大量历史和法理事实彰显台湾是中国的

一部分不容置疑也不容改变，全面总结了中国共产党坚定不移推进祖国完全统一的奋斗历程、重大成就和宝贵经验，深刻揭批了民进党当局加紧谋“独”挑衅和美国加大力度打“台湾牌”的行径与谬论，系统阐述了中国共产党和中国政府在新时代新征程上推进祖国统一的大政方针与政策主张，清晰阐明了按照“一国两制”方针实现和平统一后的光明前景，充分展现了中国共产党实现祖国完全统一的必胜信心、反对“台独”分裂和外来干涉的坚定决心、为两岸同胞谋福祉的不变初心。

思考讨论

1. 为什么中国政府就台湾问题多次发表白皮书？
2. 如何理解“新时代党解决台湾问题的总体方略”的深刻意涵？
3. 如何全面把握一个中国原则？

教学建议

本案例主要适用于第十五章第三节“推进祖国完全统一”部分的辅助教学。案例呈现了不同时期中国政府三份有关台湾问题的白皮书的出台背景和主要内容，展示了中国共产党坚持一个中国原则，维护国家主权和领土完整，坚决遏制“台独”和外部势力干涉台湾问题的坚定立场和不断谱写两岸关系发展新篇章的历史进程、未来实现国家统一的光明前景。

组织教学建议

第一，教师要引导学生准确认识和把握一个中国原则。三份白皮书都阐释了一个中国原则，这是贯穿三份白皮书的红线。台湾自古属于中国的历史经纬清晰、法理事实清楚。虽然在1949年后两岸分离，但是台湾作为中国的一部分的地位并没有被改变，两岸在一个中国原则问题上原本具有基本的共识，在1992年的海协会与台湾海基会的电报往来中，双方都表示坚持一个中国的原则，努力谋求国家统一。一个中国原则也是国际社会的普遍共识。1971年联合国大会第2758号决议从政治上、法律上和程序上彻底解决了包括台湾在内全中国在联合国的代表权问题，确认了中华人民共和国政府是代表全中国的唯一合法政府，体现了一个中国原则。2024年台湾地区选举后，180多个国家和国际组织以多种方式重申坚持一个中国原则，在国际社会又一次形成对“台独”分裂和外部干涉势力的压倒性声势。一个中国原则的基本内涵是：世界上只有一个中国，台湾是中国的一部分，中华人民共和国政府是代表全中国的唯一合法政府。其核心是维护中国的主权和领土完整。

第二，教师要引导学生把握本案例的展示思路。案例依据时间线梳理了《台湾问题与中国的统一》《一个中国的原则与台湾问题》《台湾问题与新时代中国统一事业》三份白皮书的出台背景和主要内容，展现了党和政府对台湾问题的基本立场和原则。阐述三份白皮书的出台背景和主要内容，引导学生体悟两岸关系在几十年发展中的变与不变，尤其是使其正确认识和把握新时代党解决台湾问题的总体方略，正确理解祖国统一与实现中华民族伟大复兴的关系。

第三，教师要引导学生深入理解不承诺放弃使用武力解决台湾问题的原因，辩证认识和平与武力的关系。和平统一是祖国实现统一的最有利方式，以和平方式实现祖国统一，最符合包括台湾同胞在内的中华民族整体利益，最有利于中国的长期稳定发展，是中国共产党和中国政府解决台湾问题的第一选择。和平统一的最佳制度安排是“一国两制”，这是中国特色社会主义的一个伟大创举，也是中国特色社会主义理论和实践的重要组成部分。“和平统一、一国两制”既充分考虑了台湾现实情况，又有利于统一后台湾的长治久安，是实现国家统一的最佳方式。和平统一与不承诺放弃使用武力并不矛盾。一段时间以来，“台独”分裂活动和外部势力相互勾结，他们拒不承认体现一个中国原则的“九二共识”，加紧推行“去中国化”“渐进台独”，对外挟洋自重，在分裂道路上越走越远。台湾问题事关中国主权与领土完整。世界上没有一个国家会容忍国家分裂。不承诺放弃使用武力，是一种战略考虑，是完成祖国统一大业的可靠保证。不承诺放弃使用武力，绝不是针对台湾同胞，而是针对台湾岛内一小撮分裂势力搞“台湾独立”的图谋，针对的是外部势力的干涉。不承诺放弃使用武力，归根结底是为了最大限度地争取和平统一，避免使用武力。

■ 总结提升建议

第一，台湾是中国的一部分不容置疑也不容改变。三份有关台湾问题的白皮书都详细回顾了两岸交往的历史、台湾的沿革发展，以大量的无可辩驳的历史事实和法理基础说明台湾是中国的一部分，它从来不是一个国家。台湾自古属于中国。中国人最早开发了台湾，最早对台湾实施了有效管制，台湾社会始终保持着中华文化的传统。1949 年以蒋介石为首的国民党势力从大陆全面溃退，撤到台湾，在美国反华势力的支持下，继续维持着一个所谓“代表全中国”的反共政治架构。台湾再次陷入与祖国大陆的分离状态之中，但是这种政治对立并不改变台湾和大陆同属一个中国的历史事实和法理基础。台湾是中国的一部分不容改变。截至 2024 年 10 月，全世界有超过 180 个国家与中华人民共和国建立了外交关系，它们都承认一个中国原则，并且承诺在一个中国的框架内处理与台湾的关系。任何歪曲事实、否定和挑战一个中国原则、制造“台湾独立”的行径都将以失败告终。

第二，坚决遏制和反对“台独”活动，反对国际势力介入台湾问题。自 20 世纪 90 年代以来，随着所谓台湾“政治民主化”的推进，大量在海外活动的“台独”分子回到岛内，民进党等一批具有“台独”倾向的政党先后建立，并积极通过选举抢夺台湾地区的执政权。进入 21 世纪后，两岸关系和平发展进入深水区，反独促统任务极为艰巨和紧迫。《台湾问题与新时代中国统一事业》白皮书共 36 次点出“台独”，4 次点名民进党，作为“台独”政党，其执政后拒不承认“九二共识”，谋“独”行径导致两岸关系日趋紧张，其谋“独”行径挤压和平统一空间，是“必须清除的障碍”。三份白皮书在谈到台湾问题悬而未决时，都提到与美国等外国势力干涉有着极大关系，外部势力关注台湾问题并不是为了台湾同胞的福祉，而是打着所谓的“台湾牌”“以台制华”，把台湾当作遏制中国发展进步、阻挠中华民族伟大复兴的棋子，牺牲的是台湾同胞的利益福祉和光明前途。外部势力与台湾岛内“台独”势力勾结，不断在两岸发展中挑起事端，加剧两岸对抗和台海局势紧张，严重破坏亚太地区和平稳定，违背国际社会期待和世界人民意愿。针对潜在的风险，祖国大陆必须做好应对外部势力干涉和“台独”重大事变的充分准备，只有准备得充分，战斗力提升，才能更好地维护祖国和平统一的前景，推进祖国和平统一的进程。习近平指出，“我们坚决维护国家主权和领土完整，绝不容忍国家分裂的历史悲剧重演”，“我们绝不允许任何人、任何组织、任何政党、在任何时候、以任何形式、把任何一块中国领土从中国分裂出去”。在党的二十大报告中，习近平庄严宣告：国家统一、民族复兴的历史车轮滚滚向前，祖国完全统一一定要实现，也一定能够实现！

第三，新时代党解决台湾问题的总体方略是推动实现祖国统一的行动指南。《中共中央关于党的百年奋斗重大成就和历史经验的决议》指出，党把握两岸关系时代变化，丰富和发展国家统一理论和对台方针政策，推动两岸关系朝着正确方向发展。习近平就对台工作提出一系列重要理念、重大政策主张，形成新时代党解决台湾问题的总体方略。这一方略是习近平站在党和国家事业发展全局和中华民族伟大复兴的战略高度，在敏锐洞察国内外形势和台海形势新变化、深刻总结中央对台工作大政方针及实践的基础上提出的，促进了新时代两岸关系的发展。党的二十大报告总结新时代十年伟大成就时也指出：“我们提出新时代解决台湾问题的总体方略，促进两岸交流合作，坚决反对‘台独’分裂行径，坚决反对外部势力干涉，牢牢把握两岸关系主导权和主动权。”新时代党解决台湾问题的总体方略，是习近平新时代中国特色社会主义思想的重要组成部分，是中国共产党人在解决台湾问题、推进祖国统一实践中形成的最新理论结晶，为新时代对台工作提供了根本遵循和行动指南。

第四，大陆要始终掌握实现祖国完全统一的时与势。解决台湾问题，实现祖国的完全统一是党矢志不渝的历史任务，是全体中华儿女的共同愿望，是实现中华民族伟大复兴的必然要求。台湾问题因民族弱乱而产生，必将随着民族复兴而解决。随着祖国大陆的蓬勃发展，统一的时与势越来越朝着对我们有利的方向发展。2024年，台湾省的GDP为25.47万亿新台币，换算成人民币为56 503.57亿元，台湾省的GDP占大陆的比重从20世纪90年代初的45%降到了4.19%，排在全国第九名，位于福建和上海之间。祖国大陆通过几十年的发展，已经具备了解决台湾问题的基本条件，也做好了反对“台独”分裂的充分准备。近些年，美国在台湾问题上制造紧张、民进党当局加紧与美国勾连，充分暴露了它们对中国统一的日益临近产生焦虑。两岸关系的主导权和主动权始终在大陆一方，两岸统一方式的最终决定权也在大陆一方。祖国完全统一的时与势始终在我们一边。随着中国的发展强大，祖国完全统一的目标一定能实现。有中国共产党的坚强领导，有台湾同胞的同心协力，祖国完全统一一定能够实现！

■ 启示意义

民族复兴、国家统一是大势所趋、大义所在、民心所向。台湾前途在于国家统一，台湾同胞福祉系于民族复兴。三份有关台湾问题的白皮书一步一步展现出祖国统一、民族复兴的光明前景。它昭示我们，虽然实现祖国统一的道路不可能一帆风顺，但沿着三份白皮书指明的方向，在新时代党解决台湾问题总体方略的指引下，两岸同胞和衷共济、共同奋斗，就一定能够共创中华民族伟大复兴美好未来，就一定能够完成祖国统一大业。

案例 28

中非合作：在逐梦现代化的道路上携手同行

核心阅读

相知无远近，万里尚为邻。2024 年中非合作论坛北京峰会是中非关系史上又一次历史性盛会，非洲 53 个同我建交国领导人悉数出席，38 位国家元首、9 位政府首脑、4 位副国家元首、2 位总统代表和非盟委员会主席齐聚北京，联合国秘书长作为特邀嘉宾、来自 30 多个国际和非洲地区组织的代表出席，近 6 000 名中外嘉宾共襄盛举，为新时代中非关系发展注入新动能，为人类现代化进程带来新启迪。从最初的“新型伙伴关系”“新型战略伙伴关系”到“全面战略合作伙伴关系”，从中非命运共同体，到共筑更加紧密的中非命运共同体，到构建高水平中非命运共同体，再到“新时代全天候中非命运共同体”……中非在合作共赢、共同发展的道路上结伴前行，蒙内铁路上的“幸福列车”就是中非合作的生动写照。站在新的历史起点，面对发展振兴和推进现代化的宏大命题，14 亿多中国人民和 14 亿多非洲人民，同声相应、同气相求，向着构建人类命运共同体的美好明天携手前行。

天高云淡，见证了中非之间跨越时空的深情厚谊。水波潋滟，映射着中非合作历久弥新的光彩。2024 年 9 月 4 日至 6 日，2024 年中非合作论坛峰会在北京举行。围绕“携手推进现代化，共筑高水平中非命运共同体”的主题，习近平同非洲朋友们举行了几十场双多边活动，树立起中非携手推进现代化历史进程中一座新的里程碑，标注下共筑人类命运共同体的“全球南方时刻”。

永远的朋友 真诚的伙伴

自就任国家主席以来，习近平多次出访非洲，多次出席中非合作论坛峰会等双方重要活动，同非洲领导人等各界人士保持密切交往，关心中非各领域的团结合作，以元首外交引领中非关系深入发展。

2013 年 3 月，习近平在首次出访中就访问了非洲三国并出席在南非德班举行的金砖国家领导人第五次会晤。从濒临印度洋的坦桑尼亚到“彩虹之国”南非，再到地处中非的刚果共和国，7 天时间里，习近平紧锣密鼓出席了 46 场活动，同非洲朋友一起共谋和平，同促发展。“中非从来都是命运共同体”“永远做可靠朋友和真诚伙伴”“推动实现持久和平、共同繁荣的世界梦”……习近平的非洲之行，传承友谊，宣示政策，深化合作，将实现中华民族伟大复兴的中国梦同联合自强、发展振兴的非洲梦紧紧相连，进一步向世界昭示了中国继续高举和平、发展、合作、共赢旗帜，坚定不移走和平发展道路的决心。如潮的掌声中，中国梦和非洲梦携手起航。

2015 年 12 月，中非合作论坛约翰内斯堡峰会在南非顺利召开。习近平在峰会开幕式上发表重要讲话，强调“中非历来是命运共同体”“中非永远是好朋友、好伙伴、好兄弟”，提议将中非新型战略伙伴关系提升为全面战略合作伙伴关系，号召做强和夯实政治、经济、文明、安全、国际事务领域的“五大支柱”，提出中非共同实施“十大合作计划”。中非 20 多亿人民的智慧和力量得以汇聚，共同开启了中非合作共赢、共同发展的时代。

2018 年 9 月，中非友好大家庭的新老朋友们相聚北京，共襄 2018 年中非合作论坛北京峰会盛举。习近平代表中国政府和人民提出中非全面战略合作伙伴关系发展大有可为，发出共筑更加紧密的中非命运共同体的新呼唤，谱写“一带一路”对接非洲发展的新乐章，制定中非合作朝着更高水平迈进的新路径，奏响中非人民心手相连亲如一家的新旋律。

春华秋实，岁物丰成。2024 年 9 月，论坛 53 个非方成员领导人、非洲地区组织和国际组织代表与中国领导人再次相聚北京，共叙友情，共商合作，共话未来。峰会开幕式主旨讲话中，习近平擘画新时代中非合作新蓝图，提议将中国同所有非洲建交国的双边关系提升到战略关系层面，将中非关系整体定位提升至新时代全天候中非命运共同体，为中非携手推进现代化、共筑高水平命运共同体指引方向。多位非方领导人发表完致辞后，专程走到习近平身旁，与其握手致意，表达同中方积极落实峰会成果的强烈愿望……从欢迎宴会、开幕式，四场高级别会议和第八届中非企业家大会等多边活动，到中非领导人之间频密的双边会晤，中非“峰会周”日程紧密，共计举行各类活动 160 余场。从中非关系整体定位提升，到与非洲建交国实现战略伙伴关系全覆盖；从面向国际社会展现中非坚定携手前行的《关于共筑新时代全天候中非命运共同体的北京宣言》，到详细描绘未来 3 年中非合作路线图的《中非合作论坛—北京行动计划（2025—2027）》……峰会成果丰硕，受到包括与会非洲国家在内世界各国的广泛关注与欢迎。

“幸福列车”奔跑在蒙内铁路上

朋友请听我讲，
铁路的故事长又长。
它凝结的是友谊，
它带来的是希望。
我的家乡，一天天更加美好；
我的同胞，一天天更加昂扬……

这是肯尼亚歌手苏迪演唱的一首歌曲《蒙内之歌——铁路修到了我家乡》。歌中所指的蒙内铁路，连接着东非第一大港口蒙巴萨港和肯尼亚首都内罗毕，全长约 480 公里，被外媒评价为“世界最值得体验的 13 条铁路旅行线路之一”，列入“赴肯尼亚最值得体验的事之一”。

作为肯尼亚独立以来建设的首条铁路，蒙内铁路是中国与肯尼亚共建“一带一路”的旗舰项目，由中国路桥承建，是一条采用中国标准、中国技术、中国装备建造的现代化铁路。从2017年5月31日正式通车起，肯尼亚蒙内铁路已安全运营8年，推动了肯尼亚经济社会发展，改善了肯尼亚人民的生活，促进了整个东非交通的快速发展，被称为“幸福之路”。

奔驰在这条“幸福之路”上的机车车辆，全部来自中国中车集团，包括客、货、调3种车型共计56台内燃机车，41辆客车车辆和5种共计1 220辆的铁路货车；同时，中国中车还提供维保服务，助力属地化建设，显示了“中国火车头”跑得更远、拉得更重、开行数量更多的巨大动力。车站矗立、火车呼啸、旅客穿梭，蒙内铁路每天都在讲述合作与发展的生动故事。

在肯尼亚，越来越多人的生活因蒙内铁路而改变。蒙内铁路运营后，内罗毕和蒙巴萨两城之间的旅行时间缩短至4个多小时，改变了肯尼亚民众的出行方式和出行体验。蒙内铁路旅客发送人数保持稳定增长，客运旺季和节假日还会增开客运列车，客运高峰时期，更是一票难求。单亲妈妈菲斯就是众多乘客中的一员。为了获得更好的薪酬，她在内罗毕找到一份工作，不得已把女儿留在家乡蒙巴萨生活。双城生活对于这个单亲妈妈来说曾是异常艰难的，500公里的旅程既漫长又危险，直到2017年蒙内铁路通车，这种状况发生了改变，菲斯回乡的时间缩短了一半，可以经常见到她的妈妈和女儿了。

过去，铁路运输从蒙巴萨到内罗毕需要20多个小时，而且列车运行不稳定，脱轨等事故时有发生，公路运输更是费时费力。如今，从欧洲、美洲等地驶来的满载小麦的货轮靠泊在蒙巴萨港，码头传输带将小麦源源不断运至蒙内铁路上的港支线16道，装上在那里等候的火车，不到10小时，这些小麦便运抵内罗毕，再通过货运被运往临近城市及周边国家。当地一家粮食运输公司负责人高兴地说：“以前需要几百辆货车运完的粮食，现在只需要两三趟列车就能拉走，蒙内铁路为我们节省了大量的运输时间和成本。”蒙内铁路上奔跑的“幸福列车”，给更多中肯年轻人带来追逐梦想的机会，他们共同续写中非友谊的美好故事，一起奔向充满希望的未来。

回望历史长河——在争取平等、自由、解放的正义事业里，中非以独立自主的鲜明底色，汇成团结协作、联合自强的共同语言，镌刻改写世界政治、经济、文化版图的光辉印记。

纵观时代大势——21世纪的今天，以中国和非洲为代表的“全球南方”蓬勃发展，成为国际社会一支愈发有影响力的力量，推动国际力量对比朝着更加均衡的方向发展，深刻影响人类社会历史进程。

思考讨论

1. 2024年中非合作论坛北京峰会的召开是中非友好合作的生动缩影，也开启了中非携手共筑新时代全天候中非命运共同体的新征程。结合案例，你认为新时代以来中非在共建人类命运共同体方面取得了哪些显著进展？

2. 中非命运共同体是人类命运共同体的重要组成部分，结合现实，请谈谈中国为推动构建人类命运共同体提出了哪些中国倡议和方案。

3. 党的二十大报告指出，推动构建人类命运共同体是中国式现代化的本质要求之一。你认为中国式现代化为推动构建人类命运共同体创造了哪些新机遇？

教学建议

本案例主要适用于第十六章第三节“推动构建人类命运共同体”部分的辅助教学。案例以 2024 年中非合作论坛北京峰会为切入点，既从宏观层面展现了中非关系的历史性提升，也以蒙内铁路为例从微观层面讲述了中非友好合作取得的重要成就，全面呈现了中非双方积极构建命运共同体的重要进展，生动诠释了中国提出构建人类命运共同体的丰富内涵，也树立起中国携手国际社会共同构建人类命运共同体的成功范例。

组织教学建议

第一，本案例适用于教学总结环节。教师在对“推动构建人类命运共同体”这一知识点进行系统讲解后，可以引入本案例，并通过对本案例的分析讲解让学生进一步深化对人类命运共同体丰富内涵以及中国推动构建人类命运共同体理念实践的认识和理解，更加坚定与非洲国家和人民携手共筑新时代全天候中非命运共同体的决心和信心，自觉投入推动构建人类命运共同体的时代洪流之中。

第二，教学中应对案例内容进行适当补充和扩展。为了让学生更全面了解中非携手共建人类命运共同体的历史渊源和现实根基，教学中应对 20 世纪 60 年代以来的中非友好合作进程尤其是中非合作论坛成立以来中非关系的发展进行系统介绍。自 2000 年成立以来，中非合作论坛已先后举行了 2006 年北京峰会、2015 年约翰内斯堡峰会、2018 年北京峰会，2024 年论坛会议是中非合作论坛第四次以峰会形式举办的会议。作为中国与非洲大陆友谊与合作的桥梁，中非合作论坛不仅是一个多边对话机制，更是双方携手共谋发展、实现共同繁荣的重要平台，见证了中非关系从传统的友好互助迈向全方位、宽领域、深层次的全面战略合作伙伴关系的历史性跨越：从 2006 年中非合作论坛北京峰会确立中非新型战略伙伴关系，到 2015 年中非合作论坛约翰内斯堡峰会确立中非全面战略合作伙伴关系，到 2018 年中非合作论坛北京峰会确定共筑更加紧密的中非命运共同体，再到 2024 年中非合作论坛北京峰会提出携手推进现代化，共筑高水平中非命运共同体，中非携手构建人类命运共同体的合作不断提质升级。这些补充讲解可以让学生更加全面地认识中非友好合作的历史与现实，更加深刻地把握中非命运共同体的时代意涵。

第三，教学中应注意引导学生从全球视野来思考认识中国推动构建人类命运共同体的理念和实践。案例以中非携手构建中非命运共同体的生动实践为主要内容，这为学生全面把握中国推动构建人类命运共同体的理念和实践提供了生动素材。在此基础上，教师还应引导学生进一步发散思维，可组织学生在课上交流讨论其所了解的其他人类命运共同体样态，从双边、地区、全球等层面去思考还有哪些推动构建人类命运共同体的有效实践，如在双边层面中国与越南、柬埔寨、巴基斯坦等国建立的命运共同体，在地区层面建立的周边命运共同体，亚太命运共同体，中阿、中拉、中国—太平洋岛国等命运共同体，在全球层面建立的网络空间命运共同体、人类卫生健康共同体、人与自然生命共同体、海洋命运共同体等。其中，中非命运共同体是最早提出的区域命运共同体，坚持真诚友好、平等相待，互利共赢、共同发展，主持公道、捍卫正义，顺应时势、开放包容，已经成为中国与地区国家构建命运共同体的典范。

第四，教学中可以适当运用相关文献和影视资料来辅助开展教学。中非携手构建人类命运共同体已经取得丰硕成果，这为案例教学的开展提供了重要支撑。2024年9月初，在中非合作论坛北京峰会即将召开之际，由中央广播电视总台精心打造的纪录片《万里为邻》在多平台陆续播出。该纪录片共三集，每集30分钟，三集分别题为《跨越山海》《向心而行》《共赴未来》，全景式呈现中非在科技、经济及人文交流方面的合作成果，生动记录中非互利共赢、民心相通、文明互鉴的故事。此外，为全面介绍构建人类命运共同体的思想内涵和生动实践，增进国际社会的了解和理解，凝聚广泛共识，更好与各国携手构建人类命运共同体，国务院新闻办公室于2023年9月26日发布了《携手构建人类命运共同体：中国的倡议与行动》白皮书，全面展现了十年来构建人类命运共同体理念日益深入人心、不断取得有效进展的发展历程。在学生课下观看学习上述材料的基础上，教师在课上可以组织学生进行针对性讨论，从而更好发挥学生的主体性。

■ 总结提升建议

第一，中非命运共同体是中非携手构建人类命运共同体的生动实践，为推动构建人类命运共同体树立了典范。作为人类命运共同体的重要组成部分，中非命运共同体具有基础性地位和示范性样本的关键作用。中国和非洲历来是合作共赢的利益共同体、休戚与共的命运共同体，这不仅继承自中非共同反殖反帝、争取民族独立斗争的深厚历史情谊，更植根于中非追求“中国梦”“非洲梦”理想的现实。习近平曾深刻指出：“中国是世界上最大的发展中国家，非洲是发展中国家最集中的大陆，中非早已结成休戚与共的命运共同体。我们愿同非洲人民心往一处想、劲往一处使，共筑更加紧密的中非命运共同体，为推动构建人类命运共同体树立典范。”以此为遵循，中非携手打造责任共担、合作共赢、幸福共享、文化共兴、安全共筑、和谐共生的中非命运共同体，实施了“十大合作计划”，发起了“八大行动”，共同开展推进现代化“十大伙伴行动”，共同推进世界现代化进程。从坦赞铁路到埃塞俄比亚首条高速公路亚的斯亚贝巴—阿达玛公路，再到肯尼亚“幸福路”蒙内铁路，中非以切实行动有效推进合作共赢，仅是新建和升级的公路就将近10万公里、铁路超1万公里、桥梁近千座、港口近百个，助力非洲打通发展脉络，切实推动中非高水平命运共同体的构建。在习近平和非方领导人的共同引领下，中非携手掀起全球南方现代化热潮，必将为构建人类命运共同体树立更加光辉的典范。

第二，推动构建人类命运共同体是中国回答和解决关乎人类前途命运的时代之问的中国答案，是新时代中国对外工作的总目标。党的二十大报告明确提出：“中国始终坚持维护世界和平、促进共同发展的外交政策宗旨，致力于推动构建人类命运共同体。”新时代以来，习近平立足中华民族伟大复兴战略全局和世界百年未有之大变局，把中华民族伟大复兴与全人类的前途命运紧密联系起来，为携手国际社会共同建设持久和平、普遍安全、共同繁荣、开放包容、清洁美丽的世界贡献了重要的中国方案，为解决世界各国所面临的国际难题提供了中国智慧。为此，中国大力弘扬和平、发展、公平、正义、民主、自由的全人类共同价值，有效凝聚起世界各国人民的价值共识，为构建人类命运共同体筑牢思想基础。正如案例中介绍的那样，中非双方以共逐现代化之梦的壮阔实践来携手开创全球南方现代化新道路，共同创造人类文明新形态，以高水平中非命运共同体、新时代全天候中非命运共同体为推动构建人类命运共同体注入新的动力。

第三，中国提出了一系列中国倡议和方案，以实际行动携手国际社会构建人类命运共同体。党的二十届三中全会重申，中国式现代化是走和平发展道路的现代化，为此必须坚定奉行独立自主的和平外交政策，推动构建人类命运共同体。这是对新时代中国特色大国外交理念实践的生动总结：中国积极参与全球治理体系改革和建设，倡导共商共建共享的中国特色全球治理观，支持以非洲为代表的广大发展中国家在国际事务中获得更多的发言权，致力于推动全球治理体系和国际格局向着更加公平公正的方向发展。中国还发起了“一带一路”倡议，为深化共建国家互利共赢合作打造新平台；提出了全球发展倡议、全球安全倡议、全球文明倡议，为深化国际合作、携手构建人类命运共同体提供重要依托。正是在高质量共建“一带一路”倡议的推动下，才有了肯尼亚蒙内铁路的建成通车。这条铁路不仅极大地改善了当地的交通运输状况，还标志着非洲铁路网初步形成，对于提升非洲内部连通性、降低物流成本、促进区域经济一体化具有深远影响，被视为肯尼亚乃至东非地区经济发展的重要引擎。

第四，中国式现代化为推动构建人类命运共同体、推进世界现代化进程作出重大贡献。习近平曾深刻指出：“实现现代化是近代以来中国人民的不懈追求，也是世界各国人民的共同追求。”中国式现代化所取得的重大成就具有重要的世界意义，中国之治不仅打破了“现代化＝西方化”的迷思，打破了“西方中心主义”和“西方模式”的垄断，而且给世界上那些既希望加快发展又希望保持自身独立性的国家和民族提供了全新选择，为广大发展中国家基于自身国情自主探索各具特色的现代化之路提供了有益启示和经验，开辟了通往构建人类命运共同体的新道路。中国和非洲的人口约占世界总人口的 1/3，没有中非的现代化，就没有世界的现代化。为此，中国积极以中国式现代化为包括非洲国家在内的世界各国共同实现现代化创造新机遇，习近平在 2024 年中非合作论坛北京峰会上就中非携手推进现代化提出了六大主张，指出要携手推进公正合理的现代化、开放共赢的现代化、人民至上的现代化、多元包容的现代化、生态友好的现代化以及和平安全的现代化，进一步丰富了全球南方国家走向现代化的内涵。

■ 启示意义

中非友好穿越时空、跨越山海、薪火相传。在世界百年未有之大变局中，中非肩并肩、手拉手，坚定捍卫彼此正当权益；在经济全球化大潮中，中非强筋骨、壮体魄，累累硕果惠及中非亿万百姓；在大灾大疫面前，中非同甘苦、共拼搏，书写了一个个中非友好的感人故事，始终相互理解、彼此支持，树立了新型国际关系的典范。从新型战略伙伴关系，到全面战略合作伙伴关系，再到新时代全天候中非命运共同体，中非关系正处于历史最好时期。

志合者，不以山海为远；相知者，不以万里为遥。经过几十年的辛勤耕耘，中非关系正处于历史最好时期；成立25年的中非合作论坛，愈发走向成熟和完善；相似的历史遭遇和共同的发展愿望，也让中非携手构建人类命运共同体的步履更加坚定有力。展望未来，在联合自强、求新求变、发展振兴的道路上，中非将在现代化征程上携手同行，助力全球南方现代化，绘就人类发展史上崭新的画卷，共同推动世界走向和平、安全、繁荣、进步的光明前景，谱写构建人类命运共同体的崭新篇章。

案例
29

以腐观风、以风挖腐：打好风腐同查同治“组合拳”

核心阅读

“风腐一体”“风腐同查”接连入选2021年度、2022年度十大反腐热词。2021年1月22日，习近平在十九届中央纪委五次全会上强调，腐败问题和不正之风交织，“四风”成为腐败滋长的温床。2022年11月14日，中央纪委办公厅印发的《关于贯彻党的二十大部署要求 锲而不舍落实中央八项规定精神深化纠治“四风”工作的意见》明确提出，对风腐一体问题深挖细查，健全风腐同查的工作机制。2024年1月10日，二十届中央纪委三次全会审议通过的公报指出，健全风腐同查同治工作机制，既“由风查腐”又“由腐纠风”。“风腐一体”“风腐同查”“风腐同查同治”，是党的十八大以来以习近平同志为核心的党中央破除作风痼疾、坚定推进全面从严治党的创新性举措，体现了我们党对新时代作风建设实践规律的深刻认识和科学把握，彰显出我们党坚持正风肃纪反腐一起抓、扎实推进全面从严治党的坚定决心。

作风建设和反腐败斗争都是党的建设的重大任务。党的作风就是党的形象，关系人心向背，关系党的生死存亡；腐败是我们党作为执政党面临的最大威胁，是党和人民的死敌。党的十八大以来，以习近平同志为核心的党中央以制定实施中央八项规定开局破题，始终以严的基调、严的措施、严的氛围统筹推进反“四风”和反腐败，纠治“四风”工作取得显著成效，反腐败斗争取得压倒性胜利并全面巩固。新征程上，中国共产党提出健全风腐同查同治工作机制，既“由风查腐”，防止“以风盖腐”，深挖不正之风背后的请托办事、利益输送等腐败问题，又“由腐纠风”，细查腐败背后的享乐奢靡等作风问题，以风腐同查同治的实际行动纵深推进全面从严治党，以党的自我革命为全面推进中国式现代化提供坚强保障。

由风查腐，坚决铲除腐败毒瘤

不正之风是腐败滋生的温床。各级纪检监察机关坚持严查“四风”相关的利益输送、权钱交易等腐败问题，紧盯带有腐化特征的享乐、奢靡等不正之风，探寻隐藏在违规收送礼品礼金、违规吃喝、快递送礼、隐蔽场所吃喝等不正之风中的腐败问题，持续加固中央八项规定堤坝。

2022年6月，重庆市北碚区纪委监委在国企领域专项检查中收到关于董某作风问题举报，线索直指董某在2021年7月偕家人接受管理服务对象段某的旅游活动安排。认真研判后，该区纪委监委对其入住酒店时间、费用支付记录等信息进行了核实，并对相关人员开展谈话，很快查明董某及其家人旅游的住宿费、餐饮费全部由段某支付的事实。该区纪委监委进一步深挖段某安排董某及其家人旅游的目的事由等，彻查背后是否存在请托办事、利益输送等问题。真相随之浮出水面。原来，董某负责其所在单位的渣场管理工作，为寻求董某照顾，段某等一些经营渣土运输业务的老板便经常邀请其吃饭、喝酒、进出高档娱乐场所，并送红包礼金，安排免费旅游，"帮助"其装修房屋等，进行多角度"围猎"。

从试探性地收取500元的"小红包"，到对单笔50万元的贿款来者不拒，董某一步步堕入违法犯罪的深渊。2017年至2022年，董某利用职务便利，在运渣手续审批、渣土倾倒、运渣监管等方面，为他人提供帮助，收受"好处费"共计300余万元，最终被开除党籍、开除公职，并因犯受贿罪被判处有期徒刑五年，并处罚金25万元。

"由风查腐"并未就此收兵。在查办董某案时，北碚区纪委监委进一步发现，涉案老板还以红包、饭局、酒局等为纽带，与包括董某在内的个别党员领导干部织起"利益网"，请托办事，进而谋取巨额利益。此案另有3名党员干部被"双开"，并被追究刑事责任。

面对由风及腐、风腐一体的现实风险，2024年，重庆市纪委监委坚持分层分类纠治"四风"问题。2024年以来，截至3月31日，重庆市各级纪检监察机关已查处违反中央八项规定精神问题313起，批评教育和处理391人。

由腐纠风，强力纠治作风顽疾

作风问题和腐败问题同根同源、一体同生。各级纪检监察机关坚持在审查调查工作中，凡查腐败案件必挖作风问题，既查清涉案对象本人的"四风"问题，也要跳出个案看部门和地方的干部作风，做到以案看风、风腐同查，不断营造风清气正的政治生态。

山西省晋能控股集团于2020年9月成立，是一家资产总额超万亿元、职工50余万人、煤炭产能4亿多吨的特大型省属国有企业，在保障能源安全中起着举足轻重的作用。然而，在原党委书记、董事长郭某的错误带领下，晋能控股集团落实党中央及省委决策部署时一度跑偏走样，不正之风泛滥，圈子文化盛行，权钱交易肆虐，政治生态恶化，华丽的外表下危机四伏。

郭某在工作中将企业当作"独立王国"，刚愎自用、独断专横，把个人意志凌驾于组织之上。他任人唯亲、任人唯钱，仅在谋取人事利益方面，受贿就高达2 000余万元。

上有所好，下必甚焉。在郭某的影响下，同煤集团原各级干部上行下效，逢年过节请客送礼，请托办事收受红包成风，喝酒只喝"一茅五"（1573、茅台、五粮液），政治生态一度遭到严重破坏。

在查办郭某案的过程中，纪检监察机关既查他的权钱交易、官商勾连、违规插手项目运作等腐败问题，又特别注意查处这一腐败案件中涉及的不正之风，深挖郭某和其他相关人员涉嫌违反中央八项规定精神问题线索，做到由腐纠风、风腐同查。截至2024年1月，已立案审查调查的干部中，包括张某、张某等轩岗煤电四任“一把手”及塔山矿连续三任“一把手”均被查处，是典型的系统性坍塌、集体性沦陷。

根据系列案件暴露出的突出问题，山西省纪委监委制发了 12 份纪检监察建议，召开了深化晋能控股集团以案促改工作推进会，成立了以案促改和止损挽损工作专班，推动晋能控股集团净化政治生态，重塑组织架构，加强改革创新，建章立制、堵塞漏洞、降本增效。以案促改促治促建已取得阶段性成效，晋能控股集团党的建设得到加强，帮助企业止损挽损 312 亿余元，集团利润由 2020 年的 68 亿元跃升至 2022 年的 326 亿元，增长超过 3.7 倍，2023 年在国内动力煤价格下降幅度较大的情况下，集团利润达 300 亿元，腐败和不正之风得到有效遏制。

抓早抓小，坚决防止由风及腐

“祸患常积于忽微，而智勇多困于所溺。”“关心我的健康，每周送有机蔬菜”“关心我的家人，安排境外旅游”“热衷收礼送礼、吃吃喝喝”……从违纪违法人员的忏悔书中不难看出，一包烟、一瓶酒、一顿饭、一张卡、一场牌、一份礼，往往是党员干部从违纪走向违法的肇始。

云南省各级纪检监察机关扭住“小饭局”“小福利”“小特权”等风腐同源、风腐一体问题深层纠治，自 2022 年起深入开展以“小”见严纠“四风”专项行动，在此基础上，2023 年开展以“小”见严纠“四风”“固堤行动”，列出重点工作清单，细化具体情形，并明确深挖隐形变异“四风”的重点举措。2022 年以来，云南省纪委监委已开展了违规配备使用公务用车、公款购买烟酒和高档茶叶、违规收送礼品礼金、超标准使用办公用房、违规吃喝等主题的专项整治，并对所查处的典型案例及时通报曝光。2022 年，云南省纪检监察机关共查处违反中央八项规定精神问题 2 178 起，批评教育帮助和处理 3 074 人，其中给予党纪政务处分 2 264 人。

广西壮族自治区纪委监委把查处的典型案例剖开来看，准确把握风腐同源、由风及腐、风腐一体的特征，对违规“一桌餐”吃喝、违规收送礼品礼金等突出问题，开展“小切口”集中整治。自治区纪委监委在“纠”字上下功夫，制定《党员领导干部抵制享乐奢靡突出问题行为规范》，梳理出违规吃喝、违规收送礼品礼金、违规发放津贴补贴、公款旅游等 8 个方面 36 种具体情形，明确作风纪律规矩，配套案例警示，推动筑牢拒腐防变思想堤坝。2024 年 1—3 月，广西就违规收礼、违规公款吃喝等享乐主义、奢靡之风问题共查处案件 365 起，批评教育和处理 571 人，其中给予党纪政务处分 470 人。

标本兼治，推进风腐同查同治体制机制

风腐同查是手段，同治才是目的。各级纪检监察机关坚定不移推进风腐同查同治，在总结一体纠治风腐问题经验的基础上，将实践证明行之有效的做法固化上升为制度机制，推动风腐同查同治工作常态化长效化。

甘肃省甘州区纪委监委在深入研究相关典型案例的基础上，制定了深化风腐同查同审同治机制，建立常态教育提醒、线索单列管理、线索深挖核查、直查直办直督、风腐同审把关、开展点题整治、贯通联动协作、通报曝光震慑、以案促改促治、严格考核评价十项机制。

广西壮族自治区纪委监委把风腐问题统筹来抓、一体纠治，出台《自治区纪委监委机关风腐同治工作机制》，把线索深挖、线索查办、沟通会审、通报曝光、以案促改、研判分析六项机制贯穿监督执纪各环节全过程，不断提高治本效能。

黑龙江省哈尔滨市纪委监委制发了《哈尔滨市纪委监委风腐同查同治工作机制（试行）》，明确采取线索摸排、同步深挖、协作配合等措施，实现对风腐交织问题的深挖细查、严防严治。该机制明确规定纪检监察机关凡查腐败案件，必深挖相关联的作风问题；凡查违规吃喝、违规收送礼品礼金等作风问题，必深挖隐藏背后的利益交换、请托办事等腐败问题。

全面从严治党永远在路上，纠治“四风”一刻不能停。“四风”问题是党员干部蜕化变质的“萌芽点”，是滋生腐败的温床，“四风”问题往往和腐败问题互为表里、相互交织、相伴相生。必须一如既往落实中央八项规定精神，紧盯“四风”新问题新动向，深挖根源，精准纠治，坚决防止“由风及腐”“风腐一体”等问题的出现，着力营造风清气正的良好政治生态，提升党的建设质量和水平，厚植执政根基，为以中国式现代化推动实现中华民族伟大复兴奠定坚实基础。

思考讨论

1. 如何理解“风腐一体”，即怎样认识作风问题与腐败问题互为表里、同根同源？
2. 如何理解“风腐同查同治”是破解作风痼疾、深入推进全面从严治党的创新性举措？
3. 为什么说党的建设是一项系统工程？结合案例谈谈你的理解。

教学建议

本案例主要适用于第十七章第三节“坚定不移推进反腐败斗争”部分的辅助教学。案例主要展示的是在中国共产党的领导下既坚持“由风查腐”，又推进“由腐纠风”，一体推进风腐同查同治的生动实践。

组织教学建议

第一，要引导学生认识和把握“风腐同查同治”的内涵要义。案例主要从各级纪检监察机关“由风查腐”“由腐纠风”“抓早抓小”“标本兼治”四个方面阐述其具体举措。梳理案例的基本思路，展示坚持风腐同查同治所查处的典型案件，使学生理解风腐一体的主要特征，即不正之风滋生掩藏腐败行为，腐败行为助长加剧不正之风甚至催生新的作风问题，进而把握不正之风与腐败问题互为表里、同根同源的相互关系。

第二，组织学生观看反腐电视专题片《护航》第二集《风腐同治》，使学生深刻认识中国共产党坚持一体推进风腐同查同治的坚定决心。“风腐同查同治”案例中所呈现的一个个典型案件，体现了中国共产党既“由风查腐”，又“由腐纠风”，彰显了防治风腐一体问题的力度之大、成效之显著。引导学生从典型案例中看到党坚持风腐问题一体深挖细查、正风肃纪反腐协同推进，以此扎实推进全面从严治党、营造风清气正政治生态的坚定决心。

第三，引导学生认识和理解全面从严治党必须从作风问题入手，抓早抓小，防微杜渐。从案例中呈现的风腐同查同治案件可以看到，案件的查处是从群众反映的问题意见入手，涉案人往往是从一盒烟、一瓶酒、一顿饭等小事开始走上违法违纪的道路，他们的理想信念在违规吃喝、收送礼品礼金、接受娱乐活动等不正之风中逐渐崩塌，进而一步步发展到权钱交易、大搞腐败，甚至带坏一方风气，严重影响党的纯洁性和先进性。结合案件中涉案人员腐败问题产生演变的大致脉络，引导学生认识到人民群众反映的每一个问题、每一条意见对于加强作风建设的重要性；认识到作风建设不能大而化之、泛泛而谈，要从细节、小事入手抓作风建设，对隐藏在工作细节中的“四风”问题不遗漏、不放过，坚持抓早抓小、防微杜渐。

第四，引导学生深刻认识和把握新征程上一体推进风腐同查同治的重要意义。从查处的案件看，党内一些不正之风依然顽固多发、潜滋暗长，风腐交织现象仍然屡见不鲜。这里要引导学生深刻认识到，加强党的作风建设、持续推进反腐败斗争的形势依然严峻。在这样的背景下一体推进风腐同查同治，体现了党站在关系生死存亡的高度来认识和推进作风建设，凸显了党以踏石留印、抓铁有痕的韧劲清除作风腐败积弊，是新时代坚持推进全面从严治党的重要内容。

■ 总结提升建议

第一，作风问题与腐败问题同源共流、一体共生。作风问题集中表现为形式主义、官僚主义、享乐主义和奢靡之风“四风”问题，指党员和公职人员在思想、工作和生活等方面出现了与其身份不相符的不端正、不恰当态度或行为，其根源是先进性丧失、纯洁性玷污、革命性动摇、责任心缺乏、政绩观错位、权力观扭曲，思想蜕化、物欲膨胀、甘于堕落，投身灯红酒绿、纸醉金迷的腐朽生活。腐败问题则涉及更为严重的违法甚至犯罪行为，其根源在于权力滥用、以权谋私，往往造成国家和人民利益受损、公共资源流失乃至影响党和国家事业发展等严重后果。作风问题和腐败问题本质上都是党员和公职人员背离初心使命、理想信仰动摇、无视群众利益的外化表现，是违反党的纪律和国家法律法规要求的失范行为，与我们党的性质宗旨格格不入。作风问题并不直接等同于腐败问题，但腐败行为往往肇始于不正之风。作风上的问题通常带有苗头性、倾向性特征，处于蜕化变质的萌发阶段，是腐败问题的重要源头，如若得不到及时干预和纠正，长期积累发酵势必形成破窗效应，加剧腐败现象的产生和蔓延。不正之风和腐败问题互为表里、相互交织，必须坚持风腐同查同治，以风腐同查同治的实际行动推动全面从严治党向纵深发展。

第二，风腐同查同治是党的十八大以来以习近平同志为核心的党中央破除作风痼疾、坚定推进全面从严治党的创新性举措。新时代以来，以习近平同志为核心的党中央贯彻执行中央八项规定，推进作风建设和反腐败斗争，纠治“四风”工作取得显著成效，反腐败斗争取得压倒性胜利并全面巩固。需要指出的是，党内一些不正之风依然顽固多发、潜滋暗长，风腐交织现象仍然屡见不鲜，深入推进全面从严治党的形势依然严峻。基于此，以习近平同志为核心的党中央在总结新时代全面从严治党实践经验的基础上提出“风腐同查同治”，坚持整饬党风和惩治腐败一体谋划、同步推进，既“由风查腐”，严肃查处不正之风背后的腐败，坚决斩断由风及腐的链条；又“由腐纠风”，深挖细查腐败案件中的作风问题，坚决清除侵害党健康肌体的病毒。风腐同查同治，体现了党对风腐演变规律性的深刻认识和把握、对正风肃纪反腐实践规律的深刻认识和把握，为新征程上深入推进全面从严治党、党风廉政建设和反腐败斗争指明了方向路径，彰显了全面从严治党永远在路上、党的自我革命永远在路上的坚定决心。

第三，全面从严治党必须从作风建设入手，抓早抓小，防微杜渐。党的作风就是党的形象，关系人心向背，关系党的生死存亡。作风建设无小事，党员干部腐化堕落大多肇始于作风问题。一张不起眼的购物卡、一次寻常的推杯换盏、一趟不经意的旅游，都可能是思想防线松动的开始。藏在一顿饭、一包烟、一瓶酒、一张卡里的享乐奢靡之风往往是党员干部破纪违规甚至堕落的开始，进而演变为在请吃送礼中大搞利益交换、大行腐败之实。而腐败又会助长“四风”滋生蔓延的气焰，最终使人蜕变成集经济贪婪、生活腐化、贪图享乐于一身的腐败分子。久而久之，如果不引起警惕、不加以抵御，便会影响党的先进性和纯洁性，影响党和政府在人民群众心目中的威信，动摇党的执政根基。党的十八大以来，中国共产党推进全面从严治党，坚持以中央八项规定开题破局，从作风建设入手，抓早抓小，防微杜渐。从一张小小的贺年卡、一盒小小的月饼着手，厉行节约反对浪费，清理超标办公用房，遏制“舌尖上的浪费”，刹住“车轮上的铺张”，整治“会所里的歪风”，紧盯时间节点，点名道姓通报曝光……作风建设取得显著成效。风腐同查同治，坚持从细节、小事入手，对新出现的不良苗头抓早、抓小，把作风隐患消除在萌芽状态，有效防止由风及腐。

第四，作风建设是一项系统工程，必须坚持一体推进。作风建设是一项长期复杂的系统工程，涉及党的建设的方方面面。党的十八大以来，以习近平同志为核心的党中央始终坚持作风建设永远在路上，持续开展党内集中教育，强化理想信念，端正思想作风；坚持以上率下，切实贯彻民主集中制，夯实干部作风；坚持密切联系群众，贯彻群众路线，改进工作作风；出台和修订了一批党内法规，形成了比较完善的党内法规体系，不断健全巩固党的作风建设长效机制。把作风建设和反腐置于关系党生死存亡的高度来抓，坚持风腐同查同治，精准把脉查找作风顽疾，找准纠治的点位和方向，协同发力、深入纠治，既“由风查腐”，又“由腐纠风”，坚决斩断由风及腐、由风变腐的勾连纽带。同时坚持标本兼治，注重建立健全风腐同查同治的体制机制，不断提升风腐同查同治的综合效能。这些生动体现了中国共产党把握一体推进理念，坚持以系统思维推动全面从严治党向纵深发展。

启示意义

“轻者重之端，小者大之源”，必须以系统思维深化风腐同查同治。党的十八大以来，以习近平同志为核心的党中央从制定执行中央八项规定切入整饬作风，以雷霆万钧之势推进反腐败斗争，激荡清风正气、凝聚党心民心，为党和国家各项事业发展提供了坚强保障。不难看到，党内不正之风和腐败问题在一定程度上仍然存在，必须做到警钟长鸣，震慑常在。在以中国式现代化推进中华民族伟大复兴的新征程上，我们党必须保持自身的先进性和纯洁性，密切同人民群众的血肉联系，要从关系党的生死存亡的高度来认识和推进风腐同查同治，对风腐一体问题深挖细查，健全风腐同查工作机制，以踏石留印、抓铁有痕的韧劲清除治理作风积弊，凝聚民心，厚植党执政的基础，推动全面从严治党向纵深发展。

参考文献

［1］当代中国研究所．新时代这十年．北京：人民出版社，2023.

［2］中共中央宣传部理论局．百年大党面对面．北京：学习出版社，2022.

［3］刘红，袁泉，雷阳．世界屋脊之上，千年小康梦想照进现实．人民网，2020-11-19.

［4］尕玛多吉．雪域高原见证反贫奇迹：西藏历史性消除绝对贫困纪实．光明日报，2020-12-18（5）.

［5］贾璇．实探淄博烤串：一把串搅动一座城“爆火”能变“长红”吗?．中国经济周刊，2023（8）.

［6］十组数据见证新时代伟大成就．新华网，2023-12-12.

［7］邹伟，胡浩，荣启涵．民生小事大情怀：记习近平总书记倡导推进“厕所革命”．新华网，2017-11-28.

［8］张素．新征程上再领风骚，习近平勉励沙县小吃背后的“大文章”．中国新闻网，2021-03-26.

［9］王斌来，姜峰，屈信明．高水平共建西部陆海新通道．人民日报，2023-12-06（1）.

［10］中共中央宣传部理论局．中国式现代化面对面．北京：学习出版社，2023.

［11］张鹏．南岭村社区：致富思源 富而思进．深圳侨报，2024-08-07（4）.

［12］任仲平．把全面深化改革作为推进中国式现代化的根本动力．人民日报，2024-06-25（1）.

［13］武卫政，顾春，王浩．不断增强农民的获得感幸福感：浙江 15 年持续推进“千村示范、万村整治”工程纪实．人民日报，2018-12-29（6）.

［14］祝梅．“浙”里的乡村村村见风景．浙江日报，2021-09-23（1）.

［15］张烁，江琳，程龙．粤港澳大湾区建设迈出坚实步伐（奋进新征程 建功新时代·伟大变革）．人民日报，2022-05-26（4）.

［16］马跃峰，刘少华．看毕节五年的五个视角．人民日报（海外版），2023-07-19（5）.

［17］光明日报联合调研组．感恩奋进的蝶变之路：贵州省毕节市建设贯彻新发展理念示范区的实践及启示．光明日报，2023-07-20（7）.

［18］科技成果转化新模式迭出 东莞松山湖科学城加速培育新质生产力．中国经济网，2024-07-26.

［19］程龙．潮涌大湾区 风劲好扬帆（谱写新篇章）．人民日报，2022-05-26（6）.

［20］光明日报调研组．小商品闯出大市场做成大产业：浙江省义乌市以改革创新培育发展新动能的生动实践．光明日报，2024-02-09（5）.

［21］本书编写组. 党的二十届三中全会《决定》学习辅导百问. 北京：党建读物出版社，2024.

［22］陶李，靳畅. 守住绿水青山 共享金山银山：浙江余村的“最佳旅游乡村”发展之路. 中国旅游报，2021-12-13（2）.

［23］蒋雨彤. 念好“山水经”打好“生态牌”：沿着总书记的足迹之浙江篇. 中国青年报，2022-06-06（1）.

［24］李建斌. 让不锈钢薄到可以论克卖. 光明日报，2020-07-19（7）.

［25］蒋殊. 解码“百炼钢做成了绕指柔”（逐梦·十年奋进路）. 人民日报，2022-11-16（20）.

［26］本报调研组. 火火的“乡村赛事”，醉了农人美了贵州：“村 BA”“村超”火爆带给我们的启示. 光明日报，2023-08-14（4）.

［27］中共贵州省委宣传部调研组. “村超”、“村 BA”何以火爆出圈. 求是，2024（11）.

［28］丁伯婕. 最后一个“断点”是如何打通的（法治头条·调查研究）. 人民日报，2022-10-27（15）.

［29］宋杰. 上海“半马苏河”新画卷. 中国经济周刊，2022（11）.

［30］唐亚林. 党的领导是全过程人民民主的根本政治保证. 中国党政干部论坛，2021（7）.

［31］刘翰书，曾露. 九龙坡区创新打造全过程人民民主基层单元“一号信箱”议出来 300 个停车位. 重庆日报网，2023-08-02.

［32］斯董瑾，李寄，郑福良，等. 让民意畅通直达 让民主可感可触：西湖区人大深入推进全过程人民民主基层单元建设. 杭州日报，2022-10-27（8）.

［33］习近平. 习近平谈治国理政：第 4 卷. 北京：外文出版社，2022.

［34］苏雁. 从“昆山制造”向“昆山创造”跃升. 光明日报，2022-10-17（12）.

［35］李拯. 推进中国式现代化，如何“走在前、做示范”（连线评论员·身边的改革故事）. 人民日报，2024-09-19（5）.

［36］光明日报调研组. 八桂石榴别样红：广西加快创建铸牢中华民族共同体意识示范区. 光明日报，2023-09-01（5）.

［37］何明华. 继续在民族团结进步上走在全国前列：广西扎实推进铸牢中华民族共同体意识示范区建设. 广西日报，2024-08-23（5）.

［38］翁浩浩，钱祎，万笑影. 绘就法治中国的浙江画卷：法治浙江建设十五周年纪事. 浙江在线，2021-04-25.

［39］陈东升，王春. 从法治浙江到争创法治中国示范区 为推进中国式现代化注入法治新动力. 法治日报，2023-07-24（1）.

［40］李凤双，闫起磊. 文脉传承兴正定. 瞭望，2024（6）.

［41］江时强，项开来，涂洪长. 派江吻海“福”绵长：解码榕城福州的文化自信样本. 新华网，2023-06-16.

［42］王永前，李钧德，齐中熙，等. 习近平的山海情. 人民日报，2022-07-24（1）.

［43］王磊，齐中熙，李钧德. 习近平情系西海固. 瞭望，2021（31）.

[44] 王健生. 浙江：数字化改革开拓引领变革先行路径. 中国改革报，2023-12-18 (2).

[45] 张汉青. 浙江：数字化改革驱动“整体智治”. 经济参考报，2021-03-04 (6).

[46] 曾毅. 优化治理单元 激发社区活力. 光明日报，2023-09-17 (7).

[47] 金龙君. 单元下沉 精准分类 多元治理“和邻友约”城市社区治理的海曙模式. 浙江日报，2023-11-29 (15).

[48] 鲁畅. “西城小哥”为基层治理注入新力量. 半月谈，2023 (7).

[49] “西城小哥”助力基层社会治理. 北京日报，2023-03-06 (4).

[50] 杨斌英，梅亦洋，王凌云. 建设开放活力新织里. 浙江日报，2024-03-15 (12).

[51] 马剑，岳德亮，李劲. 织里绣出美好生活. 瞭望，2019 (7).

[52] 王滢波. 勒索软件：数字经济时代的网络黑手. 光明日报，2017-06-07 (14).

[53] 温婧. 滴滴被处罚款80.26亿元. 北京青年报，2022-07-22 (8).

[54] 孙冰. “黑客帝国”实锤！美国长期监听中国人手机并实施网络攻击. 中国经济周刊，2022 (17).

[55] 中华人民共和国国务院台湾事务办公室，国务院新闻办公室. 《台湾问题与新时代中国统一事业》白皮书发表. 新华网，2022-08-10.

[56] 刘结一. 坚持贯彻新时代党解决台湾问题的总体方略. 求是，2022 (23).

[57] 袁彩霞，刘璇. “幸福列车”奔跑在蒙内铁路上. 人民日报（海外版），2023-06-29 (5).

[58] 关国平. 逐梦现代化，不变的尊重、热爱和支持：写在2024年中非合作论坛峰会召开之际. 光明日报，2024-09-04 (8).

[59] 李凤双，闫起磊. 文脉传承兴正定. 瞭望，2024 (6).

[60] 于文静，王立彬，高敬，等. 牢牢把住粮食安全主动权：以习近平同志为核心的党中央带领人民干好这件头等大事. 光明日报，2022-09-23 (1).

[61] 汪晓东，李翔，刘书文. 谱写农业农村改革发展新的华彩乐章：习近平总书记关于“三农”工作重要论述综述. 人民日报，2021-09-23 (1).

[62] 赵永平，朱隽，顾仲阳，等. 总书记的“三农”情怀. 人民日报，2022-09-22 (1).

[63] 乔子轩. 深入纠治风腐交织问题. 中国纪检监察报，2024-04-22 (6).

[64] 董毅. 风腐同查同治 深化标本兼治. 山西日报，2024-01-29 (5).

[65] 初英杰. 以“小”见严固堤坝. 中国纪检监察报，2023-02-27 (6).

[66] 李明子. 陌生的“尔滨”，真实的哈尔滨. 中国新闻周刊，2024 (6).

后　　记

本书是2021年度教育部高校思想政治理论课教师研究专项重大课题攻关项目“高校思政课习近平新时代中国特色社会主义思想教学案例库建设研究”（项目批准号：21JDSZKZ01）的阶段性研究成果。在课题推进过程中，得到了教育部社科司主管领导的悉心指导，得到了中国人民大学出版社郭晓明、牛晋芳编审的鼎力支持，以及编辑的精心编校，谨此表示衷心的感谢和深深的敬意。

本书是集体智慧的结晶，由课题首席专家杨慧民主持完成，依托教育部高校思想政治理论课名师工作室（大连理工大学）、大连理工大学思想政治理论课案例教学研究中心开展工作，并得到大连理工大学马克思主义学院党政领导的全力支持。除大连理工大学外，大连交通大学、大连工业大学、西安财经大学的部分教师也参与了编统工作。编写组分工如下：

葛丽君、贾迪：案例2、3、4、10、21；

王新影：案例19、20、26、28；

王娜：案例11、25；

刘鹏飞：案例1、5、6、8、9、14；

张超：案例18、22、23、24；

屈宏：案例27；

王晶梅：案例12、13、15；

刘秉贤：案例7；

张灿：案例29；

赵劲：案例16、17。

杨丽丽参加了部分案例编写工作。杨慧民负责统稿、定稿。团队成员3年多来的同心协力、精诚合作和战斗友谊成就了本书，在此一并表示感谢。

习近平新时代中国特色社会主义思想内容丰富，但并非所有内容都适合开展案例教学。有些重大理论问题或理论难题，教学案例难以承载和驾驭，只能靠理论自身的魅力来解答。由此，本书虽主要以全国统编教材《习近平新时代中国特色社会主义思想概论》的主要内容和逻辑结构为编写体例，但所选编案例并非对应或涵括每一个理论框架内的所有内容，章节之间案例分布也稍欠均衡，教师可根据教学需要和自身实际灵活选用。

在编写过程中，我们团队参考了许多相关文献资料，无法一一列出，望相关作者谅解，在此表示诚挚的谢意。由于编者能力水平有限，书中一定存在缺点和不足，敬请方家不吝赐教指正。

本书得到了大连理工大学马克思主义学院教材出版经费的资助，特此感谢。

主编

2024年10月

图书在版编目（CIP）数据

新时代高校思想政治理论课教学案例精选. 第 3 辑/杨慧民，刘鹏飞主编 . -- 北京：中国人民大学出版社，2025. 8. -- ISBN 978-7-300-33955-9

Ⅰ. G641

中国国家版本馆 CIP 数据核字第 2025PL4708 号

新时代高校思想政治理论课教学案例精选（第 3 辑）

主　编　杨慧民　刘鹏飞

Xinshidai Gaoxiao Sixiang Zhengzhi Lilunke Jiaoxue Anli Jingxuan

出版发行	中国人民大学出版社		
社　　址	北京中关村大街 31 号	**邮政编码**	100080
电　　话	010－62511242（总编室）		010－62511770（质管部）
	010－82501766（邮购部）		010－62514148（门市部）
	010－62511173（发行公司）		010－62515275（盗版举报）
网　　址	http://www.crup.com.cn		
经　　销	新华书店		
印　　刷	中煤（北京）印务有限公司		
开　　本	787 mm×1092 mm　1/16	**版　　次**	2025 年 8 月第 1 版
印　　张	13 插页 1	**印　　次**	2025 年 8 月第 1 次印刷
字　　数	294 000	**定　　价**	79.00 元